U0574414

演一辈子小人物

牛犇 口述
刘深 执笔

人民出版社

习近平写信勉励新近入党的电影表演艺术家牛犇

继续在从艺做人上作表率，带动更多文艺工作者做有信仰、有情怀、有担当的人

新华社北京 2018 年 6 月 26 日电 中共中央总书记、国家主席、中央军委主席习近平 6 月 25 日给新近入党的电影表演艺术家牛犇写信，勉励他发挥好党员先锋模范作用，继续在从艺做人上为广大文艺工作者作表率。

习近平在信中说，得知你在耄耋之年加入了中国共产党，实现了自己的夙愿，我为此感到高兴。

习近平指出，你把党当作母亲，把入党当成神圣的事情，60 多年矢志不渝追求进步，决心一辈子跟党走，这份执着的坚守令人感动。

习近平表示，几十年来，你以党员标准要求自己，把为人民创作作为人生追求，坚持社会效益至上，塑造了许多富有生命力、感染力的艺术形象，受到人民群众高度评价和充分肯定。希望你发挥好党员先锋模范作用，继续在从艺做人上作表率，带动更多文艺工作者做有信仰、有情怀、有担当的人，为繁荣发展社会主义文艺贡献力量。

近日，83 岁高龄的电影表演艺术家牛犇入党一事，引起媒体和社会广泛关注。牛犇是上海电影制片厂演员，11 岁起从事表演工作，参演过《龙须沟》《红色娘子军》《天云山传奇》《牧马人》等一批脍炙人口的影片。因其对中国电影的贡献，2017 年获得金鸡奖终身成就奖。牛犇经历过旧社会的苦难，受老一辈电影人的影响，青年时期就立志加入中国共产党，几十年从未放弃追求进步。近年来，他又多次向组织表达入党意愿。今年 5 月 31 日，中共上海电影（集团）有限公司演员剧团支部委员会同意吸收牛犇为中共预备党员。

我首登银幕，出演沈浮导演的电影《圣城记》里的小牛子（躺在谢添扮演的神父怀中）

我在香港拍摄的第一部电影《火葬》中，扮演白杨的小丈夫，并第一次成为主演之一

1949 年，我（右前）与电影前辈们在香港

1952 年，我（左一）与三个哥哥在北京团聚

我（右）回到新中国出演的第一部电影《龙须沟》剧照

我（右）在电影《山间铃响马帮来》的剧照

我（右一）在话剧《英雄的阵地》中扮演解放军战士的剧照

我（右）在拍摄电影《海魂》期间与赵丹合影

我（右）在电影《沙漠追匪记》的剧照

我（左）在电影《红色娘子军》的剧照

我（穿军装者）在电影《英雄小八路》中扮演解放军叔叔

我（左）在电影《飞刀华》中扮演戏班艺人

我（左）与谢晋导演交谈

我（前排左三）在电影《牧马人》外景地

我在电视连续剧《汪洋中的一条船》中扮演民间艺人

我在电影《海鸥老人》中出演男主角

1983 年 5 月，我（前左）参加第三十六届戛纳国际电影节

2017 年，我与陶玉玲（左）、袁霞（右）获得第十六届中国电影表演艺术学会金凤凰奖终身成就奖

我与太太王惠玲拜访恩师谢添（后排中）和白杨（前）

我（前）和电影界前辈相聚深圳

我与秦怡在出访途中

我看望表演艺术家、作家黄宗英

耄耋之年加入中国共产党，我在党旗下心潮澎湃

我作为老演员和新党员参加电影党课

我（右）和妻子王惠玲后来补拍的结婚照

我如今尽享儿孙满堂的天伦之乐

目录 CONTENTS

秦怡序 一辈子爱电影

牛犇同志把他80多年的人生经历，尤其是从事电影演员工作的往事记录下来，这是一件很有意义的事情。

从新中国刚刚成立开始，我和牛犇同志都在上海电影制片厂做演员，60多年来，一起见证了上影和新中国电影的发展。在“文化大革命”期间，我们都曾经失去过拍电影的权利，但是，我们都没有放弃这个一生追求和热爱的事业。

我和牛犇同志都是从少年时代就进入电影界的小演员，虽然一起合作的戏不多，但彼此还是很了解的。他一直甘于扮演电影中的“小人物”，在表演上认真刻画人物形象，创作了不少好作品，给观众留下了很深的印象。这些都是应该被记住的。

牛犇同志从少年一直演到老年，而且跨越了不同的历史年

代，痴心不改，这是非常难能可贵的坚持。他是与中国最早一代电影导演和演员合作过的电影人，从进入电影界开始，就得到了前辈们的悉心呵护和指点。他是许多老电影人看着长大的，在学艺和做人等方面，都得到了老一代电影人的真传。因而，他也一直非常虚心，非常尊重老一代艺术家。尽管他也快 90 岁了，但在我们眼里，他还是那个乐观、顽皮的小牛子。

1982 年，我和康泰同志一起主演电视剧《上海屋檐下》，并因此获得了第一届大众电视金鹰奖优秀女演员奖。当时，牛犇同志是上影电视部的负责人，为拍这部戏付出了很多心血。那时候，电视剧还是新生事物。牛犇同志是改革开放之后，我国电视剧事业的开拓者之一。看到他的成长和进步，我一直都非常为他高兴。

2018 年，我和牛犇同志都参加了电影《那些女人》的演出。他 84 岁，我 96 岁，我们努力坚持拍戏，也是坚持对电影事业的热爱，这也是上影人的精神和中国电影人的好传统。也是在那一年，我同意做牛犇同志的入党介绍人。如今，他能够实现多年的入党愿望，我很为他高兴。他是年轻艺术工作者的榜样。

牛犇同志在上影一直积极追求进步，几十年没有改变初衷。牛犇同志入党后，习近平总书记写信向他表示祝贺，充分肯定了他把党当作母亲，把入党当成神圣的事情，60 多年矢志不渝地追求进步，决心一辈子跟党走的执着坚守。

我们都是经历过旧中国和新中国历史转折的电影人，深深知道电影应该为谁服务的道理。我们都把为人民创作作为理想和追求，在艺术道路上，为年轻一代作表率。牛犇同志从少年时代开始做演员，能够得到几代电影观众的喜爱，就是因为他始终没有忘记初心，才塑造出那么多让观众认可的艺术形象。

牛犇是个好同志。希望这本书能够让读者了解到中国电影人成长、追求和奋斗的历史，坚持正确的艺术方向，做有信仰、有情怀、有担当的人，为繁荣社会主义电影事业作贡献。为此，我愿意与牛犇同志共勉。

是为序。

秦怡

2020 年 4 月于上海

张艺谋 序　为老爷子的艺德竖大拇指

听说牛犇老师要出书了，我很高兴，也很好奇。

牛犇老师不是作家，他跟我说过小时候也没有读太多的书。可是我知道，牛犇老师是艺术家，生活给予过他太多的营养，人民给了他许多的知识。他要出书，一定说的是实话，写的是实事。可以想象，牛犇老师书中的故事一定像他在银幕上塑造的角色那样，既有光彩，也有特色，更有个性。

我和牛犇老师曾经有过愉快的合作。老爷子是一个有光彩、有特色、有个性的好演员。小时候，我就看过牛犇老师的电影，《红色娘子军》啦，《海魂》啦；改革开放后，又看到他在《牧马人》当中特别出色的表演。我就想，如果有一天我当导演，我一定会

请这老爷子。

终于有了合作的机会。他初到摄制组，我去迎接他。他大我16岁，几乎相差一代人。而且，他还是11岁就从影的童星，合作的演员是白杨、赵丹、于蓝……带他拍戏的导演是沈浮、张骏祥、谢晋……都是大师、大家。可老爷子见了我却那么谦恭、那么真诚，我很感动。

他们这代人，把人民视为父母，把艺术当作生命。进了剧组，他就不是牛犇了，也不是多次拿过金鸡奖、百花奖的演员了。他已经融入角色，成了未来银幕上的“那一个”。服装、道具、化装……跟他接触的部门没有一个不说老爷子“较劲”的。一件衣裳，一顶草帽，一抹胡茬……到了牛犇老师那里，他都会让它们“活”起来；一句台词，一声叹息，一滴泪水，牛犇老师都会让它们生动无比。倘若把牛犇老师放到群演队伍中，我敢说没有人能认出他是明星，只会有人问他：“你住哪乡哪镇，是来赶集的还是来做活儿的？”

牛犇老师演起戏来有他的牛劲，工作态度也像牛一般犟，但他不摆老资格，听得进不同意见。有一场戏，他们几个迎镜走来。我看见牛犇老师瞥了旁边一眼，急忙喊停，悄悄一问，老爷子说他是特地设计的，想表现角色的松弛状态。我说，此刻的规定情境不宜眼睛向别处瞟，否则，观众会走神、出戏。老爷子略一思忖，一拍脑门儿：“导演说得对。你是站在全局，我设计人物只站在个体，说得对，我就服从！”说实话，我挺不好意思的。现场那么多人，可老爷子一点儿没有下不来台的感觉，立刻照着我的提议又拍了几条，都非常精彩。我在为老爷子演技点赞的同时，心里也为老爷子的艺德竖大拇指。不用说，他又演活了一个人物。

牛犇老师塑造的角色都是鲜活的，因为他是从人民中来、到人民中去的，又在银幕上再现了人民。

这就是我心中的牛犇老师。

2021 年 1 月

自　序　角色虽小，戏大过天

我是从旧社会走过来的电影演员，从抗日战争到解放战争，从北平到香港拍戏。我拍的第一部有角色的电影，是在抗日战争胜利后的 1945 年下半年，到现在快 80 年了。所以说，中国电影近 120 年的历史，我亲身经历和见证了一大半。

新中国成立后，我从香港到了上海，一直在上海电影制片厂当演员，没改过行。除了“文化大革命”时期，我失去了 10 年拍戏的机会，甚至失去过做演员的资格，先后到“五七”干校和工厂“战高温”劳动。改革开放之后，我又回到了上影演员剧团。那时，我已经 40 多岁。我拍的戏有电影，有电视剧，还演过话剧。除了做演员，我还做过导演，也是新中国最早的电视连续剧制片人和导演之一。

从 11 岁参加沈浮导演的电影《圣城记》开始，我当演员已经 78 年。曾经有人说我是童星，后来又说我是明星，这个我真的不敢当。我演的角色虽然很多，但大多是配角和“小人物”，没有哪个角色让我觉得是“永垂不朽”的。说我是老戏骨，只能说我的经验多一些吧！

我的老师赵丹先生在他的电影表演专著中说过，“没有小角色，只有小演员”。这句话也是我的座右铭。我演了一辈子小人物，演小角色习惯了，自己不觉得小，但是，我从来不甘于做一个“小演员”。

我当年进入电影界是误打误撞，就是为了吃个饱饭。从一个流浪的孩子，由童年、少年、青年到中年，直至进入老年，我的不同人生阶段都被电影记录下来，成为永恒的影像，这是我的运气。说句老实话，我能见证并继续陪伴中国电影的一段历史，我的一些银幕形象能被观众记住和喜爱，这已经让我很知足。

回忆从香港回到内地的时候，正是我从儿童演员到青年演员的转型期，就像戏曲演员面临的“倒仓”一样，是生理现象，搞不好就要转行，我也有同样的危机感。当时，我非常迷茫，对于成年角色有点不知所措。在这个时候，正是那些前辈艺术家给了我指点和帮助，让我很自然地度过了这个阶段，于是，就有了电影《龙须沟》中二嘎子这个角色的塑造。

我合作过的很多老导演、老演员都去世了，但他们永远留在历史和我的记忆里。我有幸受到老一代电影艺术家的厚爱与呵护，他们既是我的启蒙老师，也是我生活上和艺术生涯中感激与尊敬的前辈。我现在快 90 岁了，一直在拍戏，就是对前辈艺术精神的传承，也是对他们最好的纪念和回报。

我对老艺术家最大的感恩，不仅是他们在表演上的言传身教，更在信仰和精神追求上，指引了我的人生方向。

我从青年时期就立志加入中国共产党，几十年从未放弃追求进步；近年来，又多次向党组织表达入党意愿。2018年5月31日，上影演员剧团党支部同意吸收我为中共预备党员，我终于实现了加入中国共产党的愿望。2018年6月25日，习近平总书记专门给我写了信，鼓励我“发挥好党员先锋模范作用，继续在从艺做人上作表率，带动更多文艺工作者做有信仰、有情怀、有担当的人，为繁荣发展社会主义文艺贡献力量”。这是对我最大的激励和鞭策。

2019年6月3日，我如期转正，成为中国共产党正式党员。

在积极要求进步的道路上，我还有一颗青春年少一般不服老的心。还是那句老话：角色虽小，戏大过天。多拍戏、拍好戏，让我的人生经历和艺术生涯对社会有用，尤其是对年轻人有点激励，这件事大过天。

习近平总书记给我写信，对我寄予很大希望。我在这个年纪还能做点事，锣鼓点儿不仅要敲，还要敲出一个和谐的音，起到一个老艺人的表率作用。我们做事要务实，不要哗众取宠。把老一代艺术家的艺德传下去，这是作为一个艺术家的责任。这么多年来，我只能说，我没给咱们中国电影人丢脸。习近平总书记对我给予殷切期待，我也不能让他失望。

无论战争年代还是和平时期，电影不仅是大众娱乐的重要形式，也是一种文化武器。我们的国歌《义勇军进行曲》，就是20世纪30年代上海电通影片公司拍摄的电影《风云儿女》的主题歌。我是从旧社会走过来的苦孩子，认定拍电影就是为人民服务。不为人民大众，那艺术还为谁呢？我这么说，并不是什么大道理，而是我的人生经历中煎熬出来的。

生有涯而艺无涯。我之所以把它写出来，只是通过真实记录我的电影生涯，让读者了解中国电影的如风往事，重现那些令人尊敬的老一代艺术家的音容笑貌，分享电影从业经验和教训。这些都是我应该做的。

2022 年 3 月于上海

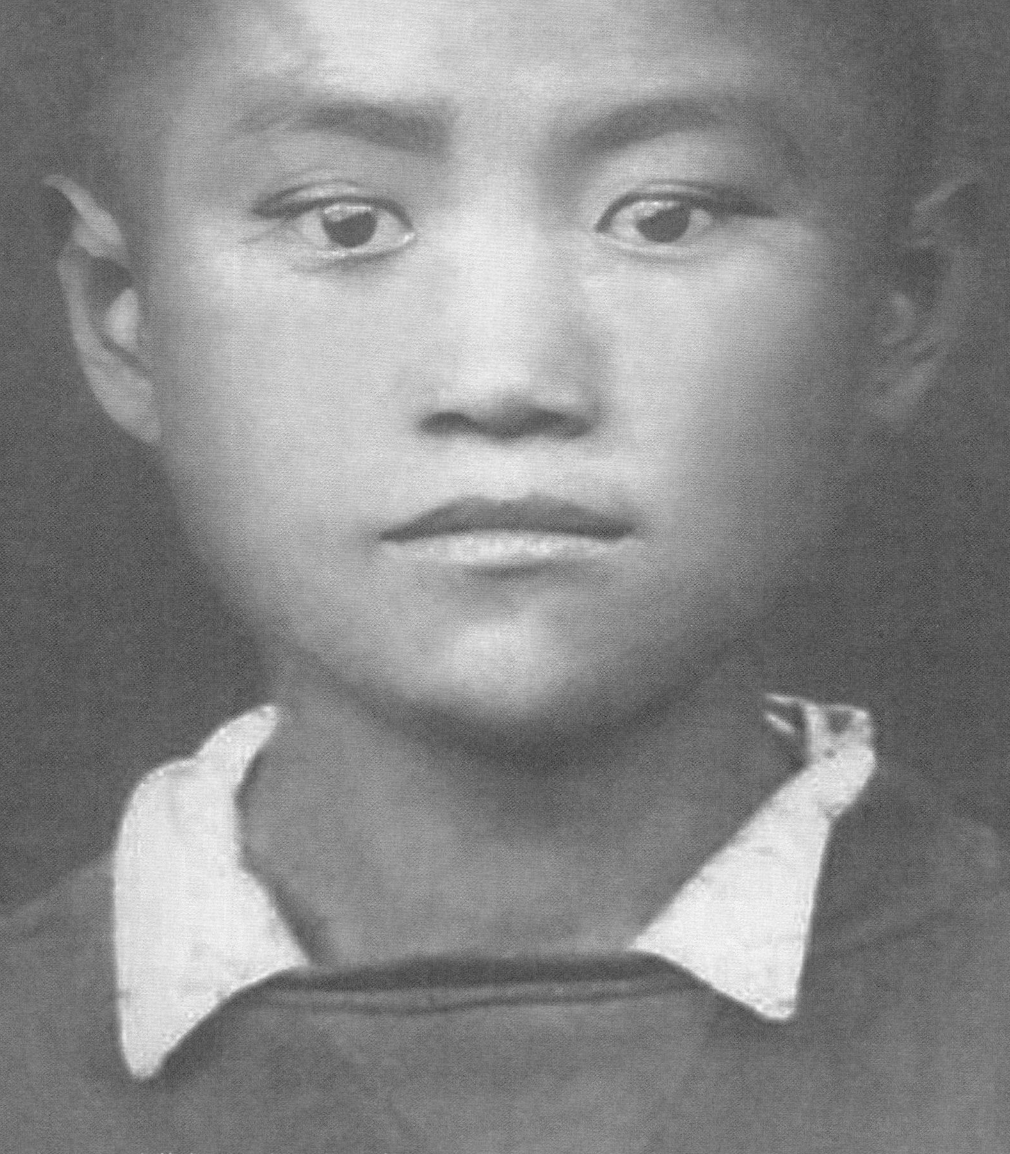

大约在 1947 年，我 13 岁，为办理赴香港的证件，在北平（今北京）白塔寺地摊儿上拍摄的照片。这是迄今发现的我最早的照片。

第一章　童年失去父母的爱

同一天失去了父母

我原名叫张学景，乳名叫金生，出生在天津。我记得，我的家住在明发胡同，靠着子牙河。我很小的时候，父母就去世了，连我的具体出生年份都不大确切，只记得是在 9 月份。

有一点可以确定，我是属狗的。后来查日历，属狗应该是 1934 年出生。我哥哥在家里门板上刻过字，写的是“1935 属狗”，后来，这块门板给卖掉了。在 20 世纪 50 年代初，我从北京到上海工作时，要填履历表，就写了 1935 年出生。如果是 1935 年 9 月份出生，我就变成属猪的了。

我们兄妹七个，五男二女，是“学”字辈。大哥叫张学杰，二哥早年夭折了，三哥张学修，四哥张学俭；然后是一个姐姐，叫张学珍；后面就是我——张学景，男孩里活下来的排老四；我后面有个小妹妹，叫张学兰，比我小 5 岁，属兔的，1939 年生人。

生下我们几个孩子之后，我母亲又怀孕了。那时候，我大哥结婚了，恰好我大嫂也怀孕了。按照封建的说法，婆婆和儿媳妇一起生孩子，这是很难为情的事。我母亲就请胡同儿里卖野药的郎中堕胎，吃了堕胎药。我母亲得了血崩，就是大出血，后来一直没治好。

那时候，没有现在这么科学的避孕方法，所以，女人怀孕的随意性就很大。我母亲和儿媳妇同时怀孕，虽然是个巧合，却酿成了大祸。

我父亲是太平洋保险公司里的小职员，职位是很低的，每天都要睡在单位里值班，一两个礼拜才回家一趟。我父亲睡在单位里，也没有人照顾，有一次中午睡觉着凉了，患了严重的感冒，又转成肺炎。有人说他得了“瘟病”，在喉咙里头发作，吞咽困难。他在床上躺了一两个月。我记得很清楚，那时候，我们家的

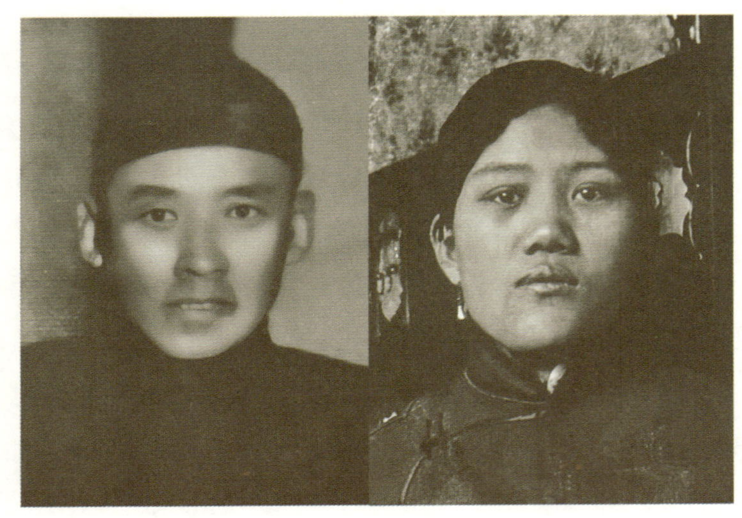

我的父亲张子厚（1894—1943）、母亲张刘氏（1898—1943）

正房有三间，左边是我大哥、大嫂，右边是爸爸、妈妈带着我们几个孩子住，中间是客厅。父母都病倒之后，大哥、大嫂的房子腾给父亲住。我们家的屋子里，这边躺着父亲，那边躺着母亲。

1943 年，我的父亲、母亲是同一天去世的。我父亲是在中午十一二点“走”的。当时，怕病重的母亲接受不了，我们把她那个房间的窗户都挡上了，门也关上了，想让她听不见也看不见。

我那时候太小，一点儿都不懂事。我记得，家里人把快咽气的爸爸搁到停尸板上，一会儿说他缓过来了，就把他搬到屋里的床上；待会儿又说他不行了，再给他抬到院子里。按照民间说法儿，人死在家里晦气。从早晨 8 点钟开始，一直到中午 11 点多钟，我爸爸回光返照好几次，才把这口气咽完。这个印象是很深的。现在想起来，我爸就像是被折腾死的。

我演了这么多年的电影，一直没演过垂死的人。要是演这种人，我有生活——他是出气多，进气少，最后一口气，好像打两个嗝儿一样，人就完了。大人说我爸爸走了，我也不明白走是要去哪里，只是觉得不是个好事儿。我就拿那个面口袋布啊，给我爸爸顺着眼角擦往下流的泪。大人说，只能叫儿子干这个事儿。我是最小的儿子，给我爸爸擦完泪，出去买寿衣的哥哥也回来了，给爸爸把衣服穿好。

刚送走我爸爸，我还站在旁边擦眼泪呢，屋里头，我妈睡醒觉了，让我们都进去。她说：“我刚才睡觉，你们的爸爸来找我了，让我跟他一块儿走。”我都听不懂是什么意思。后来，我妈妈也开始倒气、喘气、抽气，到下午三四点钟，也咽气了。我印象那天是夏末的时候，穿的衣服不厚。

装棺材的时候，我母亲停在院子里头，客厅里停着我父亲，两口棺材是同一天出的殡。这样巧合的悲剧太罕见，人家邻居看了之后，心里都很不落忍。我父母亲这一走，扔下一群孩子。那年，我才 9 岁，我妹妹只有 4 岁。

在年幼无知的时候就失去了双亲，我的人生因此改变了方向和轨道。那时的我，正需要父母呵护和疼爱。那天上午，爸爸的后事还没办完，下午又给妈妈办后事……现在回想起来，那是多大的悲剧和不幸啊！让一个小孩子如何承受呢？

1952 年，我（左一）从香港回到北京后与三个哥哥合影。右起依次为大哥张学杰、三哥张学修、四哥张学俭，他们穿着我从香港给他们买的衣服。

失去生活来源

小时候的印象有点儿模糊了，我就记得：父母的棺材在家里停了七七四十九天，每隔七天上一次漆。有人来吊丧，还有和尚念经、驱鬼。给父母办丧事，本来是悲痛的事，但我年纪小，只觉得家里很热闹。我拿着哭丧棒，还学和尚拿着拂尘的样子。

我父母亲出殡，都是由我的一个大爷和叔叔们操持的。这个大爷排行老六，我叫他“六大爷”。我爸爸在哥儿弟兄里排行老八。我父亲走的时候 49 岁，我母亲才 45 岁。因为家里生活太困难了，吃不到一顿饱饭，我三哥张学修过继给六大爷，还有四哥张学俭过继给三大爷，姐姐张学珍过继给姑姑。

我和大哥张学杰、妹妹张学兰一直跟着父母一起过。我自小和母亲接触就少，是大嫂照看大的。人家都说，老嫂比母，无父从兄。父母离去之后，大嫂就成了母亲，给我很多母爱，也给我带来很多温暖。当然，她对我们的管教也是很严苛的，没少打我和妹妹。

我爷爷开过水果庄，阔气的时候，家里住别墅，有车夫、马夫，吃饭都是外面酒楼的伙计提着篮子送来的，像现在的外卖一样。到我父亲这一辈儿，就是我六大爷比较富裕。我记得，六大爷是开呢绒庄的，家里房子大。他抽大烟，就是鸦片，还雇了几个佣人。我大哥就在他的店里做学徒，帮着打理生意。六大爷家赡养着我们家族好几位老人，我们家的生活也是常年靠这位六大爷接济。

1948 年，我在电影《海誓》的香港外景地

六大爷娶了一个填房，就是小老婆，也叫妾。这个填房是二婚。那时候，一般人对寡妇是看不太起的，但她有文化，嫁给我六大爷，还带了一笔钱来。就是这样，我们家的人还是看不起她。原配的六娘一看娶了个填房进来，就疯了。1937 年，日本兵占领天津后，她带着女儿离家出走，去了北平（今北京）。后来听说，原配的六娘寻了短见。

那年，天津发大水，我六大爷那个呢绒店被水给淹了。我记得，我大哥还扎猛子下去，到水里捞回来几匹布。而我六大爷跟后娶的六娘坐在船上。他们自己买的船嘛，就在那个大街上的水里撑船。从此，我六大爷的生意就不行了，生活不好过了，对我们的接济也越来越少了。不久，六大爷死了。这期间又发生了一个家庭变故，改变了我和我们家的命运。

二婚的六娘嫁过来的时候，带过来一个“拖油瓶儿”，就是她和前夫生的女儿，外加一个女婿。按照老规矩，这个“拖油瓶儿”不算我们张家的人，我们张家是不认她的。至于那个女婿，都没资格穿孝袍。

给六大爷发丧的时候，我大哥作为家里的主事人，把那个女婿的孝袍撕了。就为这个事，六娘娘儿俩闹丧。这一闹之后呢，六娘伤心了，心里想：你不是不承认我吗？你吃着我，喝着我，最后还跟我闹，我就不资助你了。其实，这个积怨早就有了，只是六大爷这一走，才爆发出来。在旧社会，这种事儿特别多。

六娘的接济一断，我家里的生活只靠我大哥做工挣的那一点儿钱，维持不下去了。父母一走，我大哥就成了家族里的老大。他觉得在天津待下去挺丢脸的，总不能去要饭吧？我大哥说：丢脸不能丢在当堂。我和大哥、大嫂，还有小妹妹，就到北平投奔我表姐，就是原配六娘带走的那个孩子。

对我们张家来说，原配六娘走了，就属于泼出去的水。但是，泼出去归泼出去，疯归疯，她和我六大爷生的孩子，还是我们张家的人，跟那个“拖油瓶儿”是不一样的。

从天津到北平

我和妹妹，跟着大哥、大嫂坐火车到北平投奔表姐，还带着锅碗瓢勺。当时，连火车票都买不起。我个子小，可以买半票。大哥为了省钱，就让我跟着一个大人混过去。结果被查到没票，加倍罚了一张票钱。我大嫂心疼钱，觉得我是个累赘，给我一顿斥责。现在想想，那次逃票的经历，是我平生第一次“演戏”，但我演得不像，被识破了。

我那个表姐夫在华北电影股份有限公司工作。这个公司是日本人开的，也就是后来中电三厂的前身。我和大哥、大嫂就住在表姐家那个大杂院儿里，上房住的是日本人。正赶上日本在太平洋战场上失利，很多日本在华企业不景气，都裁人。院子里的日本人，有的要当兵上战场，有的就喝酒发泄，很颓废。

表姐夫一失业，就不能介绍我大哥到华北电影公司工作了。我大哥只得租了间最便宜的房子，我们都挤在一个屋里头，就靠我大嫂卖陪嫁的东西度日。邻居看见我大哥就说：你这样不行啊！像个少爷一样，干活儿没力气，什么都不懂，你得学一门儿手艺。

我们在北平待了那么一两年，我大嫂已经生了两个孩子。1945年，日本投降，那个院子里住的日本家属全都被遣送回国了。我大哥通过人家介绍，当上了汽车辅助工，相当于副驾驶吧，给司机打下手。这算是一门很不错的手艺。那时候，一部卡车得两个人开，发动机不带自动打火，需要副驾驶手摇发动汽车，他还得帮着搬东西。我大哥当副驾驶跟了两年车，司机才教他开车，怎么挂挡、踩刹车之类的。

我大哥当上了小工，每个月挣的钱勉强够家里开销，能保证最低生活。那时候，家里吃饭都很难，基本上吃窝窝头，有时候，一顿饭就是三张玉米面饼：我大哥吃一张；大嫂和妹妹分一张；我吃一张，还得分一块给大嫂。

小时候，在我的记忆里就没吃过饱饭，过年才炖一次肉。当时，我的四哥在北平一家印刷厂当学徒，每个月发工资了，他就带我到街上小馆子里打“牙祭”，能吃个完整的烧饼。回到家，我说，这回可吃饱了。我是无意中说错了话。我大嫂一听不乐意了，就说：“这回你吃饱了，昨天你没吃饱啊？前天你没吃饱？你怎么长这么大的？”我大哥听大嫂这么一说，为了给大嫂面子，上来就给我一个大巴掌。

家里都是定量吃饭，保证我大哥每天能喝上一口酒、吃一点儿花生米，或者买点儿驴肉之类的。别人吃玉米面，我大哥吃白面，因为他要出体力，要给他吃点儿好的。有时候单给我大哥做一碗面条，他吃剩下的，我大嫂再加点儿什么调料，给我们做面条汤。我们看着花生米，都觉得是好吃的。如果家里吃一顿贴饼子熬小鱼，那就是美味了。直到现在，我都会做。

那时候，我大嫂坐月子，都是我伺候她，给孩子洗尿布，要刮那个尿布上的屎。那年月布少，尿布不够用，洗完了得赶紧晾上，不然，来不及给孩子换。到冬天，尿布洗完就晾到竹筐上，下面用炉子烤着；人家有钱的，是晾在铁丝上。我还要生炉子、烧开水、劈柴，每天买油盐柴米，买煤，做菜、煮饭；再熬小米粥、煮鸡蛋，然后剥好了鸡蛋，放到大嫂的碗里。

她一个月可以吃60个鸡蛋，都是我大哥提前积攒的。大嫂有时奖励我一口，奖半个白煮鸡蛋。所以，一直到现在，

白煮鸡蛋都是我最向往的美食，那就是最高级的了。我大嫂对我们很疼爱，但脾气也挺大的，看我和妹妹不顺眼，抄起一根棍子就打。有时候，她打我妹妹，我看不下去，就替妹妹罚跪。

我们一家六口人，每天的生活标准就一块钱：买一毛钱煤球、两毛钱玉米面，还要买柴火引火，再买点儿豆油和酱油。总之，日子过得很苦，直到我拍电影《圣城记》，才开始有饱饭吃。

为了减轻家里的负担，我就去捡煤核儿，就是人家没烧透的煤。我和妹妹拿铁丝做的火钩子，把煤核儿挑出来，敲一敲，放到土筐里带回家。这种煤核儿蒸馒头的火候更好。我还跟着拉煤的大车，给人家卸煤。煤车上掉下来滚到旁边的煤块儿，我就用脚踢到一边，然后捡起来拿回家。

我帮邻居排队买配给面，人家给我一点儿苞谷面做酬劳。我们家一个月要吃三袋面粉。那个面口袋是布做的，洗干净之后，大嫂给我做衣服穿。那年月，你想要个面口袋，得买整袋的面粉才行，零买的没有。

我和妹妹从小就得给家里拎水，那时候年纪小，又矮又瘦，吃不饱，拎起水来摇摇晃晃的，每天都得把水缸装满了。我们还洗全家人的衣服。有一回，我妹妹洗衣服，我大嫂嫌她肥皂用多了，骂了她。我妹妹还不服气，惹了大嫂。大嫂抡起棍子就往她脑袋上打，打得我妹妹满脸淌血。外面的孩子就趴窗户看热闹。后来，是一个街坊看不过眼，把我妹妹抱到他家，处理了伤口，还给了口吃的。

那次，我大哥出差了，我们都求街坊千万别告诉我大哥，怕大嫂知道。我大嫂打人挺狠的，顺手逮着什么家伙儿就打，有扫把、擀面棍、鸡毛掸子……有时候，我大哥的孩子淘气，大嫂就打我，怪我没照看好。

最近，我和妹妹在上海重逢。她回忆说，当时因为老挨大嫂打，她经常到护城河边儿想轻生。我妹妹一直想早点离开家，16岁就出嫁了。我一直不知道她小时候心里那么苦，那个心理阴影是很大的。现在想想，我大嫂打我们，我大哥肯定是知道的，但他也没办法管。我们也理解，长嫂如母，大哥、大嫂就是我们的家长。也是因为小，我们那时候不理解大哥、大嫂养家糊口的难处。我记得，大嫂每天抽两只烟，都是散装的那种。我还捡烟头回来给大嫂。

我当年很贪玩，玩的时候也爱琢磨。我把竹竿儿弄弯，做成竹圈儿，再弄上蜘蛛网，黏的，去套知了。知了一沾上就跑不了。我还找城边儿上那些个窟窿，对着它们尿尿，待会儿就从里面爬出个屎壳螂。我用洋火盒儿，就是火柴盒，做一个小车子，像慈禧太后逃到陕西时坐的那种带个小亭子的马车。我把屎壳螂搁在前头，当那个马。屎壳螂爬得很慢，后面拖着洋火盒儿，用俩纸片儿当轱辘，再用铅笔画上车条，这就做成一辆小马车。

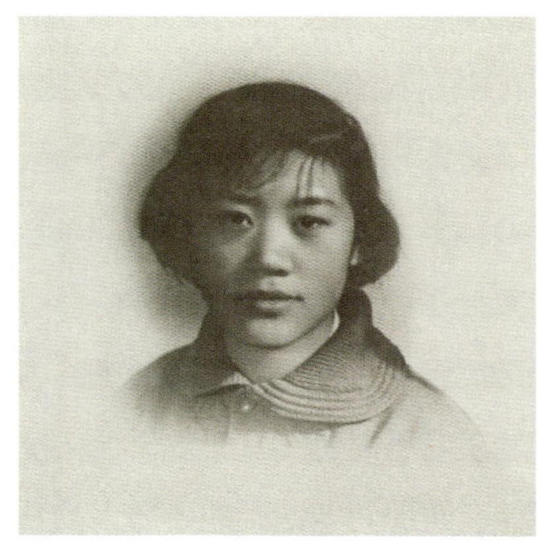

我的妹妹张学兰

2020 年 6 月，我与妹妹张学兰在上海重逢

我用这个，可以跟有钱人家的孩子换钱。

有一次，我因为贪玩，路上把替人家买的东西弄丢了，是朝鲜人卖的。我当时在河边儿看别的小孩抓鱼：在河沟里把水一拦，淘掉水，那不就可以抓鱼吗？一转眼儿，我买的小纸包就不见了。这可怎么办？我也赔不起啊。我又回去找那朝鲜人。我说，我给了你钱，你没给我东西。朝鲜人老板就说，我给你了，你当时是这么拿的。但是，我愣说没给，要不，你到我家去翻。我又哭又闹，他看我是小孩子，也不像那种说假话的，又给了我一包。我回来再到河边儿找，那群孩子已经散了。我又找到了那个纸包。我就想，今天赚了，等于赚了几块钱回去，发了笔小财。

像那句老话说的，穷人的孩子早当家，也早懂事。我很珍视童年那段时光，虽然那时候很苦。当时，一年才有一双新布鞋。

1948 年，我在香港拍摄电影《大凉山恩仇记》

我拍戏赚了点儿钱，就想买双球鞋。买新鞋钱不够，我就在旧货摊上买双旧的，人家没穿坏卖掉的，鞋底子有点磨平了，面儿上有点旧了，刷刷还很干净。买回来，我给缝一缝，穿上以后，心里那个得意劲儿啊！

我记得，阔人家孩子穿的那种球鞋是“回力”牌的，在靠近脚踝骨那儿，有一块橡胶皮子，圆的，就是商标。我在修鞋的那里看见有破皮子，就弄了一块偷偷藏起来。我把它剪成圆的，按照机器的眼儿砸开，贴在我那双旧鞋上。我那双鞋穿裂了之后，自己缝缝再穿。

男孩子淘气，废鞋，我的一双旧鞋顶人家穿两双新鞋。后来，我的两个孩子一直到小学毕业，都是我做布鞋给他们穿。早上起来，我就打“袼褙儿”。这是北方土话，就是把破布用浆糊裱糊成厚片，晒干用来做布鞋。我先打个鞋面儿，沿鞋口上鞋底子，再买现成的塑料鞋底一上。白天给鞋弄好了，用东西撑上，刷上水，晾干。我儿子晚上就可以穿新鞋了。

小时候生活的很多细节，我都记得很清楚，后来都成了我拍戏的生活积累。比如人家吃完的水果，我把那个水果核儿再啃

啃；人家吃西瓜扔掉的，我去溜西瓜皮，把那红的瓤儿一直啃到白的西瓜衣。所以到现在，我都喜欢吃那西瓜底下的白瓤儿。那时候，还把那个白瓤儿用盐腌了，当咸菜吃。买不起瓜子，就捡南瓜子和西瓜子晾干。

第二章　11岁与电影结缘

帮演员跑腿儿

1945 年“光复”了，就是日本投降那年，我大哥考了驾照，可以做正式的汽车驾驶员了，大杂院儿里的人就介绍他到中电三厂当司机。这个是“老中电”，就是中央电影摄影场，国民党官办的。它下属的中电三厂，是国民党接收日本人的华北电影股份有限公司下属华影制作所改成的，也叫中电三场，位置在北平新街口北大街。厂长叫徐昂千。这个厂就是后来北京电影制片厂的前身。中电一厂和中电二厂都在上海，这是后话。

1937 年卢沟桥事变之后，日本人和他们扶植的汉奸为了加强对华北电影的控制，于 1939 年 11 月成立华北电影股份有限公司。它的前身是新民映画协会。这个协会是“满映”（株式会社满洲映画协会）的分支机构，放映的都是为日本帝国主义服务、镇压抗日活动的“治安强化”电影。总之，它们都是奴化中国人的文化工具。在上海，日本人还成立了一个“华影”（中华电影联合股份有限公司）。

我大哥张学杰这个人比较聪明，那些大卡车啊，他都钻研，人家就很重视他。后来，我大哥做了汽车班的班长。很多演员去拍戏，就坐他开的车子；电影厂很多活儿，也用他的车。他可以分配司机了，算是个小头目，收入也比较固定。有段时间，我大哥的工钱是按小米来计算的，再核成钱，我记得是一年256斤小米。

我大哥张学杰（右）和大嫂的结婚照

我大哥到中电三厂工作以后，我们家从那个大杂院儿搬到厂里的宿舍。这是个三进院儿，前院儿和中院儿都是四合院儿，后院儿是欧式的，还有假山石，有果树，挺讲究的。这个环境改变了我的命运，我从事电影行业，就是从这里开始的。

我在电影厂的院子里，刚开始给邻居看看孩子，人家把小孩吃的饼干给我一块两块，就算是报酬了。宿舍里住的都是电影厂的人，有演员，有摄影师、化装师、照明师、美工师等等。这些

朱莎（1928—1994）

人都是我的老师，后来一直保持着长久的友谊。比如电影演员朱莎，给《王子复仇记》里边儿奥菲莉亚配音的，就是莎士比亚的《哈姆雷特》，那个是1948年的老版本。我和朱莎后来都在上海电影制片厂，一起合作过《十三号凶宅》《苗家儿女》《红色娘子军》，她妈妈还认我做干儿子。1994年，朱莎病危，我和老伴儿一连10天去瑞金医院看望，后来还帮她料理后事。

除了给演员们看孩子，我还跑腿儿帮他们买东西。谢添那时在谈恋爱，他自行车的车胎没气了，我帮着打气，他常常给我个五分钱、两分钱。那时候，三分钱可以买一块烤红薯。我也不管多少，有一点儿钱都是好的。

演第一部电影

我算是中电三厂的职工家属，又住在厂里的宿舍，接触的都是演员和剧组的人，算是我进入电影圈儿的近水楼台吧。抗战刚刚胜利，1945年下半年，沈浮导演要拍《圣城记》。这是个抗战题材的片子，讲述美国传教士金神父在中国帮助中国人民抗日的故事，请的是谢添和白杨做男、女主演。

沈浮（1905—1994）

在14年的艰苦抗日时期，电影人颠沛流离，从沦陷区纷纷到大后方避难，失去了创作电影的和平环境。《圣城记》是中电三厂成立后的第一部作品，也是经历了卢沟桥事变后8年离乱，一批优秀电影人重拾艺术梦的代表作之一。那个戏里有个村童的角色，叫“小牛子”，就是我扮演的。

谢添平时很喜欢我，又是天津老乡。他看我挺机灵的，就向沈浮导演推荐我演小牛子。我还记得，谢添来家里找我，拉着我说去拍戏，要见导演。我一听，要做大明星了，兴奋得跳起来。

我大哥不是电影厂的人吗？他知道规矩，说见导演可是大事儿，得穿得像点儿样子。我去见沈浮，连件像样儿的汗衫都没有，鞋都是露脚趾头的。我大嫂就给我缝鞋，又拿面口袋做了件汗衫，其实很简单，装上一个领子，前头加一块布，做个领口儿，缝起来，再钉上两个扣子。

第二天，谢添跟我说，见沈先生别紧张。去见沈浮导演，我一点儿都没扭扭捏捏的。沈浮胖胖的，属于中国电影的第一代导演，那时候已经是名导了。我记得，一进门，摆着几个大沙发。沈浮穿着大短裤，坐在椅子上，把腿往办公台上一搁。沈浮用天津话问我：“你会演戏吗？”还没等谢添介绍，我就说

“我会”，然后，一下子就跳到沙发背儿上。沈浮一看就说：这孩子还真“够料”的。这个“够料”是天津土话，意思就是够调皮的，是那块料。

谢添（1914—2003）

我演小牛子

《圣城记》是中电三厂拍的黑白片，片长 108 分钟，在 1946 年上映。编剧和导演都是沈浮，谢添扮演男主角金神父，女主角是白杨，扮演一个华侨女教师。那个片子的演员还有齐衡、魏鹤龄、史弘、韩涛、林静等等。那时候，中电三厂刚刚成立，更何况抗日战争刚结束，北平拍电影的条件远远不如上海，非常简陋。

《圣城记》这个片子现在很难找了，我觉得应该还有拷贝留下来。那个电影的“本事”（即“梗概”）讲的是，美国传教士金神父，在中国北方一个叫土城子的小村子传教 30 多年。除了传教，他还下乡行医、办学校，教育贫苦农民的子弟。

抗战爆发后，爱国华侨女青年朱荔回国，在金神父办的小学当老师。这个漂亮的女教师就是白杨扮演的，她和齐衡扮演的年轻军官罗大军谈恋爱。日军占领了土城子，罗大军、朱荔和一群

1946年，电影《圣城记》的宣传页

妇孺藏到金神父的教堂里。日军大佐派兵包围教堂搜捕。罗大军和一批壮丁逃走，朱荔被抓。最后，小牛子死了，金神父也被日军派特务刺杀了，教堂的钟声在凄风苦雨中回荡。朱荔听到钟声非常悲痛，对抗日战士罗大军和他带走参加游击队的乡亲充满期待。

那是我第一次拍戏，才11岁嘛，什么都不懂。有一场戏，我至今难忘。游击队员正在花园里休息，有的在擦枪，有的在洗衣服、晒被子。我跑过去报信儿，说日本鬼子进村了。日本鬼子闯进来，日军大佐问我见没见到游击队，我就摇头。这时，那个大佐看到桌上有个烟头，其实是游击队员遗漏的，还在冒烟。我灵机一动，拿起那个烟屁股就叼在嘴里，然后，背着手大摇大摆就走，那日本鬼子追过来就打我。

那个日军大佐叫岛琦，是韩涛扮演的。韩涛穿着日本军装，戴着假胡子，凶巴巴地对着我。平时，我们都住一个大院儿里，都很熟的。他和太太出去跳舞，就让我帮着看孩子。那天那场戏，我应该演出来害怕的样子，但是一看韩涛吹胡子瞪眼睛的，我就想笑，一笑就出戏了。沈浮导演一看我的情绪不对，赶紧喊“克脱”（Cut），就是停止的意思。这个镜头得“NG”，就是重拍。谢添在旁边看着就急了，过来打了我一个嘴巴。我当时吓懵了。谢添平时对我蛮好的，一下子对我这么凶，我很委屈，加上既紧张又害怕，就吓哭了。

沈浮导演看见我哭了，眼泪直在眼眶里转，马上喊“开麦拉”（Camera），就是开机的意思。这个镜头还真就拍得很好，我是真哭，不是装出来的。拍完戏，谢添就来哄我，还给我一块糖，说演戏都是假的，但是要认真，一个人拍不好，耽误所有人。他又说：“你拍不好戏，长大了怎么当大明星？”我们这一行有句行话：小孩儿和动物的戏最难拍，因为不好控制。这话真是一点儿都不假。多少年过去了，谢添打我那一巴掌，我永远难忘。

后来，谢添跟我说，“文化大革命”期间，造反派批斗沈浮，说他和修正主义穿一条裤子。沈浮就说，我当导演能赚钱，怎么会和别人穿一条裤子？!

1946 年，电影《圣城记》剧照，左为白杨，右为谢添

1946 年，电影《圣城记》的宣传页

1946 年，我出演首部电影《圣城记》中的小牛子（前）。扮演美国神父的男主角谢添，怀里抱着我这个第一次拍电影的小老乡，把我带进了电影界。后来，谢添把我的本名张学景改为“牛犇”。我一直很珍视这张剧照，对谢添老师充满崇敬，我们之间的友谊一直没有间断。

拍戏就是学手艺

沈浮导演也是天津人，高高大大的，手掌很大，长着连鬓胡子，脸刮得铁青，看上去挺吓人的。金神父的原型是个意大利人，因为那时美国是盟国，又跟国民党关系很好，就改成了美国神父。《圣城记》这个片子有一张很出名的剧照，就是谢添演的金神父抱着小牛子，也就是我。在戏里，小牛子被日本飞机炸死了，金神父非常悲愤地抱起小牛子，周围都是凄凄惨惨的老百姓。

谢添那时候很年轻，三十几岁演七八十岁的人，还是美国人，这对化装师是很大的挑战。那个化装师叫李洪泉，他找到辅仁大学的一个传教士，跟金神父这个角色的年龄差不多，和谢添的脸型也挺像的，这个参考作用很大。

你可以想象，谢添演这个神父，说话要有西洋腔调儿，穿着黑长袍，还把头发都剃光了，等到刚长出头茬儿，再用剃须刀修成一个地图型的，是谢了顶的扮相。谢添的胡子，都是一根一根粘上去的，再用火碱烫弯。美国人不是大鼻子吗？就安上一个假鼻子，是用口香糖做的，化一次装要 5 个多小时。那时候，谢添才三十出头儿的年纪，天气又热，演那个戏算是遭了“洋罪”。谢添就说，他以后再也不演外国老头儿了。

新中国成立后，我与沈浮导演（右）一直在上海电影制片厂共事

《圣城记》还使用了一个新技术，叫作起重机摄影车。摄影师和摄影机在起重机上面，随着起重机的移动拍摄；录音师也在这台起重机上。沈浮导演对画面的构图是十分讲究的，可以说，每一帧画面都可以独立成一幅画。

1946 年，电影《圣城记》的宣传页

《圣城记》和后来《清宫秘史》的摄影师都是庄国钧，他 20 多岁就在上海电影圈子里出名了，除了摄影，还当过导演。《圣城记》里有个镜头，庄国钧运用了“复摄”的手法。拍阳光下的村庄，我们都知道，拍太阳不能逆光去拍的，那怎么办呢？先拍背着阳光的村庄，然后到摄影棚里，把胶片倒回去，再拍银幕上的太阳高悬、蓝天白云。这个手法有点儿像现在的电脑 P 图。

鲜为人知的幕后技术

再说说《圣城记》的布景。布景师叫万古蟾，他是中国动画片的创始人之一、著名的万氏兄弟之一、万籁鸣的孪生弟弟，后来是著名的美术片导演。布景有个术语叫“接顶子”。这个片子里不是有座教堂吗？教堂的顶子钉在一个木头架子上，木架子架在一个高台上。你从镜头里看，这个顶子和教堂是接到一起的。这接顶子的技术需要摄影师与美工师合作，是明星影片公司续拍《火烧红莲寺》时首创的。

沈浮导演要求有个大全景镜头：田野村庄里有个教堂。用现在的话说叫“带关系”，就是教堂周围要有乡村环境。这个让摄影师犯了愁。景色好的地方没教堂，教堂周围的景又不好。庄国钧就跟万古蟾商量，搭了一个木头的教堂门脸儿。搭这个门脸儿也不容易，先按照画面的比例要求定尺寸，然后画图，木头门脸儿做好了，再抹上泥，涂上油彩。你别看这个镜头在片子里不长，够美工组忙乎几天的。

《圣城记》在布景上采用了“银幕背景”，当时叫“机关背景”，或者说英文“白古让”（Background）。这在当时是一种很新的技术，有点儿类似现在说的“抠像”。就是用摄影机拍摄来外景，比如飞机、大楼、海洋、原野和街道之类的，再用背景放映机投射到大银幕上，然后在这个背景前面搭布景，比如火车车厢。布

1946 年，电影《圣城记》剧照

景是“死”的，固定不动，但背景是活动的。所以，拍摄的时候很有难度，光线之类的和背景要接戏。

这个做法是著名制片人张善琨在上海最先引进的美国好莱坞技术。后来，朱石麟导演在香港拍《清宫秘史》，片子里出现颐和园和故宫的背景，就是张骏祥导演替他在北平拍的实景。实际上，整个戏都是在香港搭景拍的。说起这个“银幕背景”，合成拍摄是有难度的，就是前面的布景和背景的光要保持一致，不然就穿帮了。

剧组里那些前辈

《圣城记》那部戏里还有个小细节。齐衡和白杨演的这对儿恋人有个接吻的情节，这种镜头在当时是不好直接表现的。沈浮导演想了个办法，拍的是白杨的影子，非常巧妙，又有美感。对这个处理手法，当时的影评还引用了两句诗：“花影映墙知春意，何劳玉人费司裁。”

后来，《圣城记》这个片子遭到左翼电影界的批评，说把抗日希望都寄托在美国人身上了。主要是因为解放战争一开始，美国政府支持国民党了。其实，沈浮导演当时就在报纸上说过，抗战胜利了，但和平并没有到来，内战又开始了。《圣城记》宣传页的广告词是：“北国烽火，大地怒焰，人类至爱，儿女恋情。”这部戏应该是沈浮导演希望停止内战、实现和平的一

1945 年，电影《圣城记》剧组合影，前排的小男孩是 12 岁的我

个隐喻吧。

《圣城记》团队是我在电影生涯中加入的第一个剧组。谢添比我大 20 岁，出生在天津，原籍是广东番禺。他在电影界有很多绰号，比如“银幕千面人”啊、“四大名丑”之一啊。谢添戏路很宽，正派、反派都演得好。他也是个好导演，是我的引路人和恩师。因为《圣城记》这部戏，白杨在两年后推荐我到香港拍《火葬》，演她的小丈夫，让我有机会在香港进一步得到锻炼。

后来，我和史弘合作拍了《碧血千秋》《满庭芳》《甦凤记》；《甦凤记》剧组也有韩涛。我在香港和林静合作过《诗礼传家》。新中国成立之后，我又在《燎原》里与齐衡、魏鹤龄有合作。我拍《飞刀华》时，剧组里也有魏鹤龄，他同样是天津人。他们都是我的老师。应该说，我一走进电影圈，就向这些表演艺术家偷师学艺，是我的幸运。如今，他们都不在了，我一直很怀念他们。现在都讲“圈子”、讲“人脉”，你入行的时候跟什么人在一起，就是什么起点。

受到进步思想影响

在《圣城记》剧组里，我第一次学会唱进步歌曲，到现在还会唱，比如《卖报歌》。还有“小嘛小儿郎，背着那书包上学堂，不是为做官，也不是为面子光，只为穷人要翻身啊，不受人欺负，也不做牛和羊……”，最后这句以前是“没脸见爹娘”。

我们那个时候学文化，不是为了做官，而是为了老百姓，要让穷人翻身得解放。这不都是进步思想吗？我自己是苦出身，但受苦穷人翻身的道理，是这样被点醒的。如今想想，我从那时候就开始受到革命思想的熏陶，对我后来世界观、人生观、价值观的形成影响很大。我是苦孩子，接受这些革命思想是本能的，不是说我到晚年才萌生入党的愿望。

20 世纪 80 年代初，我与恩师谢添在上海电影制片厂的录音棚

此后才知道，我受到那些进步思想影响不是偶然的。剧组的好多人，比如场记、剪辑师都是党的地下工作者，还有参加过新四军的。他们教我唱《朱大嫂送鸡蛋》："母鸡下鸡蛋呀，咕哒咕哒叫啊，朱大嫂收鸡蛋，进了土窑依呀嘿……收了鸡蛋整十个，扭吧扭吧到村口，给那个八路军，说声同志你辛苦了，当兵的拿了鸡蛋哈哈笑"，唱完还说了段道白："只要你们打胜仗，我们的鸡蛋就管吃饱。当兵的要打仗，不打仗可对不起朱大嫂。"这些都是潜移默化的革命教育啊！

《圣城记》是我拍摄的第一部电影，演那个戏，还有接着在中电三厂拍的几部电影，我用的还是本名张学景。从此，我就走上了电影之路。演了《圣城记》以后，人家都管我叫"小牛子"。离开北平去香港的时候，谢添给我取了现在这个艺名。他说："小牛子，你再加三个牛，就叫'牛犇'吧。四头牛跑得比谁都

快!”就这样，到香港拍片子的时候，“牛犇”就成了我的艺名，也是我身份证上的名字，一直到现在。我的原名张学景慢慢地就被忘记了。在这里正式告诉一下各位读者和观众：我不姓牛，也不属牛。

第三章　在中电三厂跑龙套

《天桥》里的“小乞丐”

1946年，我在中电三厂又拍了《天桥》和《甦凤记》。《天桥》是王元龙导演兼主演，演员还有杜骊珠、言小朋。那个片子说的是老北平天桥儿一个戏班子，颠沛流离、命运坎坷的故事。

王元龙（1903—1969）

大家都知道，天桥儿那里撂地摊儿的、耍把式卖艺的，形形色色的行当都有。天祥茶园是一个戏班儿的场子，班主叫穆鸿春，他的儿子穆小楼从小就在戏班儿里跟着演出。穆鸿春的师弟带着女儿花小凤来投奔，言小朋扮演的穆小楼与杜骊珠扮演的小凤就成了青梅竹马，一起学艺，后来日久生情。

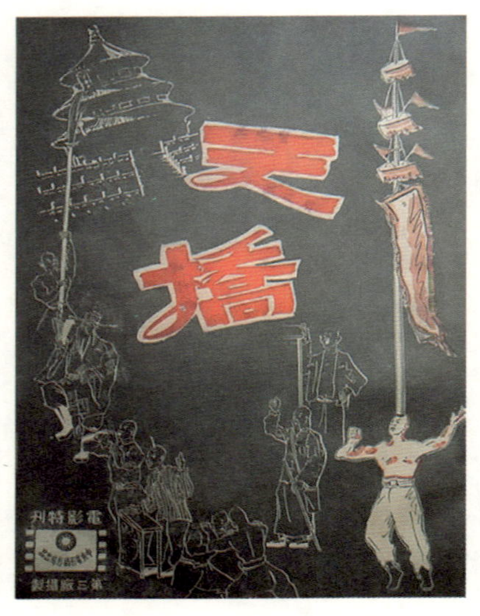

1946 年，电影《天桥》海报

有个纨绔子弟看中花小凤，和老鸨密谋霸占了小凤，小楼很伤心。后来，小凤被纨绔子弟抛弃，又被老鸨带到上海，成了有名的交际花，整天花天酒地的。这时候，穆鸿春父子拒绝给日本人献艺，决定出走。有一次，小凤被流氓殴打并毁容，成了乞丐。日本投降以后，穆鸿春父子回来重开旧业。看到他们在台上演戏，小凤自惭形秽，非常悔恨。

我在这部戏里演一个学戏的苦孩子，那扮相就像乞丐，满头是疥疮还流脓，人家看着都发恶心。用现在的话说，叫“自毁形象”。那年月做学徒演戏嘛，让演啥我就演啥，从来都不挑戏的。

这个疥疮流脓的装是怎么化的呢？还是《圣城记》的化装师李洪泉，他先把我的头发局部剃光，然后再用糯米纸粘上，再抹上油彩。那个流脓的效果很逼真，别人都不爱接近我了。说起那个糯米纸，就是胶囊的前身。那时候做药还没发明出来胶囊，就用糯米纸把苦药包起来吃。

王元龙导演比我大 30 多岁，也是天津人。他在剧组里很喜欢我，每次见到我都摸摸头。王元龙是演员出身，他是保定军校毕业的，还当过兵。王元龙在 20 世纪 20 年代主演的几部电影很轰动，形象粗犷硬朗，在当时可以说是首席男星，有“银坛霸王”的称号。他有个弟弟叫王次龙，也是演员出身的导演。他们三兄弟还有个王伯龙，一起开过电影公司。王元龙后来又嫖又赌，很快名声就坏了，可惜他的才华。王次龙也是因为吸毒过量，很年轻就死了。

《甦凤记》里的小虎子

拍《天桥》那年，我还拍了《甦凤记》。这部戏的编剧叫刘北鸥，导演是汤晓丹，主演有路明、项堃、史弘、韩涛、林立、梁新、李健和周婷等人。我演的那个角色叫“小虎子”。

《甦凤记》的女一号是个评剧名伶，叫李莲秋，由路明扮演。她和史弘扮演的记者一起讨论评剧怎么改革，很有共同语言，慢慢就有了感情。

汤晓丹（1910—2012）

这时候，来了一个空军军官，叫袁尚青，项堃扮演的。实际上，这是个假冒的军官。袁尚青一边讨好李莲秋，一边还追求演色情戏的

1946 年，电影《甦凤记》剧照中的我（左二）

小金花。喜欢李莲秋的记者误以为她和袁尚青有染，就生气不来往了。李莲秋的养母和小金花贪财心切，被假冒军官袁尚青骗了钱财。李莲秋知道真相后很受打击，想跳楼自杀，最后被警察救了。这个戏是很讽刺现实的。在当时的社会，充满了尔虞我诈、欺骗、贪婪，所谓真挚的爱情，在现实面前只能是悲剧。

拿如今的话说，《甦凤记》是民国戏。我在片子里虽然只演个房东的孩子，但在中电三厂刚入行那两三年，连着拍了几部戏，逐渐积累镜头前的经验，这个过程是必不可少的。导演和一起对戏的演员都很专业，我尽管没学过表演课，全凭着大人的指导和自己幼稚的天性。总之，一个片子有质量要求，不能因为我是孩子就降低标准。但是，做群演得付出辛苦，经常是等一晚上才拍一个镜头，为了拿两毛钱的工钱。

《满庭芳》和《碧血千秋》

到了 1947 年，我又连续拍了几部戏。

《满庭芳》是梅阡导演的，主角有林默予、谢添、项堃、史弘、李景波、董淑敏等人，讲的是抗战时北平郊区铁路边一个大杂院儿里的故事。那个院子里住的都是穷苦人。谢添扮演的老魏是耍木偶戏的。项堃扮演老魏的儿子谢武，在抗战中被打断了一条胳膊。

林默予演一个少妇，叫白羽，她的丈夫周木斋离家 8 年突然回来了。这个周木斋是史弘扮演的，不仅发了财，还带回一个小妾，要和白羽离婚，又要把儿子带走。邻居们都很生气。老魏就把周木斋和白羽家的故事编成木偶戏，叫《新武家坡》。

周木斋看了这个戏，很受触动，幡然悔悟，这家人就重归于好了。“满庭芳”是个词牌子，比喻战乱期间穷苦人的真实生活。那个年代，很多家庭悲剧是社会动乱和贫困造成的。这个片子只能在做人的品德上讲道理，结尾还是让人们看到希望的。

我在这个戏里演的是大杂院儿里的孩子。我之前演过戏，在几个儿童演员里，算有点儿经验的，应该比别的孩子戏多一点。但是呢，那个剧组有个负责人，大概是电影厂的一个科长，他的孩子也要来演，就顶了给我的那个角色。我大哥在电影厂里只是个司机，地位不高，没办法，就得让给当头儿的孩子演。

戏里有个剧情，那孩子要打我一个嘴巴。我就和他说好了，等戏拍完，我也得打他一个嘴巴，我得“报仇”。拍完戏，我俩

梅阡（1916—2002）

找了个背静地方，我一个嘴巴打过去，下手有点重。那孩子年纪比我小，被我打哭了。小孩子之间的过节儿嘛，梅阡导演后来知道了也没说什么。

我小时候特别顽皮，尤其爱搞恶作剧。有一场戏，梅阡导演一喊“开麦拉”，全场都肃静了。李景波有个镜头，他从外头走进大杂院儿，往大缸上一坐，就开始说台词儿。我呢，事先躺在那个缸里，就像杂技团玩缸的一样，脚底下顶着那个缸盖儿。李景波一说台词儿，我从底下一蹬，他就弹起来了，看看屁股底下说：“这什么玩意儿?”李景波一坐下，我又一蹬，弄得他演不下去了。梅阡导演赶紧喊停，胶片也浪费了。大家都哈哈笑，我就跑了。

我捉弄过很多人，梅阡、张骏祥、吴祖光都被我捉弄过。那时候年纪小，我就觉得很好玩儿。大人们也哭笑不得。后来，我长大了还是喜欢捉弄人，这是后话。现在想起来，当年的电影界长辈不跟小孩子一般见识，这不光是修养的问题，他们用宽容保护了儿童的天性。我看现在的一些儿童演员，候场的时候被家长和经纪人管得很严，这也不许动，那也不许摸，只能老老实实待着。这样管教出来的孩子能演好戏？就算长大了不当职业演员，做人也可能是失败的。

《满庭芳》那个戏里不是有木偶吗？那木偶是史弘的姐姐亲手刻的，是她家传的手艺。有些景是在天津拍的，颐中烟草公司大楼的外景就是。《满庭芳》首映是在天津的两个戏院，一个叫“北洋”，另一个叫“美琪”。天津是我老家，我参加这个剧组，算是衣锦还乡了。

《碧血千秋》也是梅阡导演的，主演有沈浩、史弘、史林，沈浩演秋瑾。秋瑾的故事，大家都知道，但这个戏的故事侧重点不大一样。

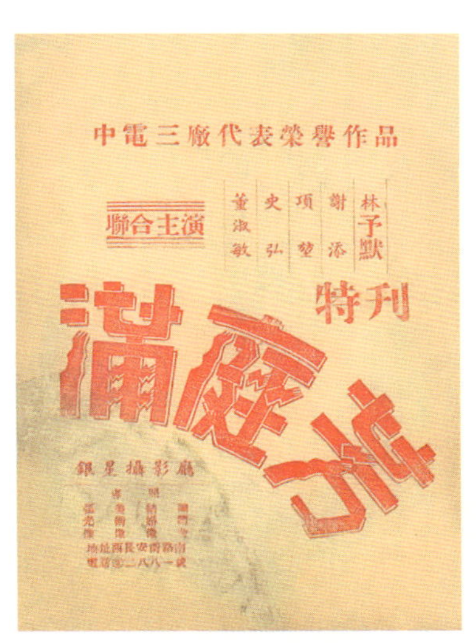

1948 年，电影《满庭芳》宣传页

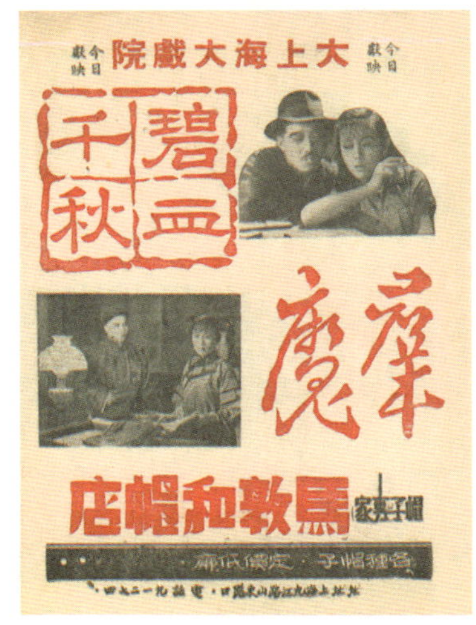

1948 年，电影《碧血千秋》宣传页

秋瑾认识了革命党人徐锡麟，很向往革命。这时候，秋瑾已经嫁给王廷钧，还生了两个孩子。秋瑾要参加革命，王廷钧不理解，她就去日本留学。回国以后，秋瑾和徐锡麟又联系上了。徐锡麟让秋瑾掩护从上海往浙江运军火，还向她表白了爱意。秋瑾是来参加革命的，就拒绝了徐锡麟。徐锡麟准备行刺清廷官员，不是被清兵包围了吗？他在狱中给秋瑾写了一封血书，秋瑾看了很难过，也很悲愤，决心一死。后来，秋瑾也被清军抓到杀害了。我和沈浩后来是上影厂的同事，谈起当年在《碧血千秋》剧组的往事，很多人不知道她演过秋瑾。

《十三号凶宅》

《十三号凶宅》是个翻拍的戏，算恐怖片。

那个戏的故事原型是北平民间传说中的几大凶宅之一，就是原来清朝的郑王府。之所以是凶宅，因为住在那里的人经常莫名其妙就死了，还有女鬼夜哭之类的。

《十三号凶宅》上映没多久，就惹来一场名誉权官司，在北平闹得满城风雨。那个末代“铁帽子王”叫金昭煦，把中电三厂的厂长徐昂千，还有导演徐昌霖、主演谢添都告上了法庭。意思是说，这部片子编造情节，对他父亲和祖父构成诽谤、侮辱。

这个末代亲王已经败光了家业，沦落到拉黄包车为生，当时是北平很出名的破落贵族。后来，金昭煦把王府祠堂卖了两万多大洋，又以 10 万大洋把整个王府典当给西什库教堂。几年后，典当的费用还不起了，这个王府被法院查封，租给了中国大学。

末代郑亲王金昭煦索赔 70 亿法币的精神损失费，法庭最后判中电三厂赔偿 13 亿法币，并把《十三号凶宅》中的“郑亲王府”改为“正亲王府”才让上映。据说，末代郑亲王得了这笔钱很快花光，又去拉黄包车了。

1948 年，电影《十三号凶宅》宣传页

我记得《十三号凶宅》的女主角是白光，就是演女鬼的那个；男演员有谢添、王元龙、史弘、李景波；那片子里，还有在《圣城记》和魏鹤龄演夫妻的林静。

其实，那里有几个演员都同时扮演好几个角色。我算群众演员吧，在演员表里都没名字，但有工钱就行。那时候，大演员拿金条或者国币（即法币）。我记得，一般的群众演员一天有一两毛钱，儿童演员一般是5分钱或者8分钱，我比别人多一点工钱，都是当天结账。我妹妹也当过群众演员，跟在黄包车后面跑，演阔太太身边的孩子，也能挣个书本费。

徐昌霖（1916—2001）

自从拍了《圣城记》，我也算是中电三厂演员队伍里的人了，有合适的戏就会叫上我。我从不挑戏，听安排，让演啥就演啥。内行都明白，一部戏哪个角色都演好才行。红花还得绿叶扶，跑龙套也得到位，不然，你再大的明星也得被跑龙套的废了。穷人的孩子早当家，跑龙套挣学费，能给家里减轻一点儿负担。我记得妹妹上的是回民小学，人家是15斤小米的学费，她就得交30斤小米，基本靠我们自己挣钱。

白光（1921—1999）

《十三号凶宅》是徐昌霖导演的。他在20世纪40年代创作了话剧《重庆屋檐下》《黄金潮》《密支那风云》，抗战胜利后写过电影剧本《天堂春梦》。新中国成立后，徐昌霖执导过《方珍珠》，也是《情长谊深》的编剧和导演；改革开放后，他是《小小得月楼》的编剧之一。后来，我们一起合作过一部戏，叫《球迷》。

女主角白光在20世纪四五十年代特别红。据说，她的艺名来自电影放映机放出的那道白光。当时，白光被称为“一代妖

我写给徐昌霖导演的信，现在收藏于上海电影博物馆

妮”，但很快就到马来西亚隐居了。《十三号凶宅》在 20 世纪 70 年代中期又在香港翻拍，吴思远导演，女主角是恬妮。

穷人家孩子早懂事

我记得，第一次拍戏的时候，人家问我：今天拍了几个镜头？我想起在现场数过照明灯，一共有 40 多盏灯，就说拍了 40 多个镜头。人家说，不可能这么多啊！原来，我把灯当成镜头了，你说幼稚不？那时候，顶多一天拍十来个镜头，已经是最多的了。

当年，我们这些演配角的群众演员，或者叫跑龙套的，都很和睦，非常齐心，现在叫抱团儿取暖，彼此不能有利害冲突。一有通知接一个角色，就要试戏，没像样的衣服怎么办？我拿出一件衣服，你拿出一条裤子；或者到当铺当东西，换一点钱，凑起来买套衣服，给试戏的穿上去见导演，帮他能接到新戏。接到戏，拿了酬劳，先把当掉的东西赎回来，大伙儿再吃一顿。都是这么互相帮的。

那年月拍戏，不像现在很多演员之间钩心斗角的，都挺抱团儿，谁也不能拆台。大家都自己掂量着，互相谦让，也不攀比、不抢戏。副导演来挑演员，比如第一个演员要300块，他去问第二个，要500块，第三个可能要600块了。他再跑去找第一个演员，已经不是300块，涨到400块。你用谁？400块的还是最便宜的。

讲职业道德不是说空话。你不守规矩，大家就都没饭吃，那不成恶性循环了吗？最后倒霉还是落到你的饭碗上。现在的利害关系就是另一种了：让你演了，我就没得演，得想办法害你，然后我上。拉关系走后门、背后坑你，各种手段都用上了。

那时候，中电三厂拍戏有特约演员，就是戏多的、角色重要的、拍摄时间比较长的。像我做临时演员，有戏找我才去，每天的工钱也是逐渐涨的。开始发的钱是法币，同时还有关金券。关金券是海关金单位兑换券的简称。海关原来收税是收白银的，因为不方便，就改成关金券了。后来，关金券也进入市场流通。

关金券比法币值钱。我记得，一开始，1元关金券折合法币20元。但是，那几年通货膨胀，关金券和法币都贬值，而且差不多贬成废纸了。国民党政府就改为发行金圆券。记得我到香港之前，300万法币折合1元金圆券，一张面额100元的金圆券，等于3个亿法币。这钱“毛”成这样。金圆券一出来，法币和关金券就废除了。没办法，东西再贵也得买，不买更贵。那时候，涨价不

1949 年，我（前左）与赵钱孙（后）、秦小龙（前右）、秦小龙的弟弟二娃子在香港太平山外景地

是一天一涨，半天就涨好几次。买几斤米，要推一洋车的纸币去。

我在北平上小学

我有了酬劳，可以补贴家里的生活，也可以上学念书了。说起上学读书，是我一生的遗憾，因为家里那个条件，我一直没机会正经念书。我的印象里，小时候进过几天私塾，挨过老师的板子。

那时候去私塾一个礼拜或者 10 天，给老师一点儿钱。老师坐在炕上，念《三字经》，或者是《百家姓》，念完了就让我背书。

我背不出来，老师就打手心。

我在北平上的学校就在新街口四条。那个小学就是后来的西城区西四北四条小学，是京城最古老的小学之一，从清朝光绪九年（1883 年）到现在，有 140 多年历史了。如今，这所学校又改叫北京师范大学京师附小。

我算插班生。我记得老师是个老姑娘，一直没结婚。她叫金淑珍，家里有个二奶奶。她是父亲的小老婆生的。金老师平常在家里办补习班，她跟别人都收钱，但不收我的钱，因为我帮她做

1951 年，我在电影《狂风之夜》拍摄地

家务。她有个侄子叫金宝林，和我一个班，我负责把白天学的功课教给他。

我天天把金老师的自行车扛出去，打好气，让她骑。她对我蛮喜欢的。有一次，她要带我们一块儿出去旅游。我说我不去，金老师就问为什么。因为我没钱，同学们出去玩儿，都带点儿饼什么的，我没有，就说不去了。

金老师看我挺可怜的，一定要带我去。那个二奶奶也让我去，还给我馍馍。二奶奶对我很好，有时候看到我带的馍馍变馊了，她都给扔了，不让我吃，给我换成新蒸的馍馍。你别看就是一个馍馍，那里边儿有人情，这就是人性。一个馍馍既能饱肚子，又暖心，没过过苦日子的人是体会不到的。

那时候，我上学读书的时间并不多，经常请假，因为总是有戏拍。在那所小学读了不久，我就去香港拍戏了。我大嫂为我做了一件中山装。

第四章　到香港拍戏

香港国语片往事

1948 年前后，解放战争打得正激烈，我跟着白杨到了香港；当时，上海的一批电影人也来了。那之后的几年里，“南下影人”对香港国语电影产生了很大影响，可以说奠定了后来“港产片”辉煌的基础。所谓国语，指的是普通话对白，“国语片”是相对粤语片和英语片说的。

“南下影人”在香港拍摄的国语片，给香港打下了华语电影的底子，对台湾电影的影响也是很大的，这些都是对上海电影传统的延续。内地电影人成批到香港一共有三次。第一批是在 1937 年卢沟桥事变爆发后。上海沦陷了，一批爱国的电影人不愿意为日本人服务，纷纷来到被称为“孤岛天堂”的香港。

当时的香港，除了来自沦陷区的电影人，也有来自国民党统治区的电影人。比如，国民党官办的中国电影制片厂，1938 年

1949 年，电影《春风秋雨》剧照中的我（右）

在香港设立一个分部，创办了大地影业公司。“大地”拍摄了蔡楚生编导的《孤岛天堂》，夏衍编剧、司徒慧敏导演的《白云故乡》等。因此，这批进步电影人到香港不仅仅是避难，他们还继续拍摄抗日爱国主题的电影。

没想到，到了 1941 年底，太平洋战争爆发，日本人占领了香港。香港沦陷后，这批内地来的进步电影人的处境十分危险。在中共中央南方局和周恩来的领导下，广东人民抗日游击总队配合中共地方党组织，还有八路军、新四军驻港办事处，把这批电影人营救了出来，包括夏衍、蔡楚生、司徒慧敏、金山、王莹、章泯、沙蒙、凤子、蓝马等人，还有电影明星胡蝶。

第二批是在 1945 年日本投降以后。赶走了日本人，人们都希望过上太平日子，但内战的苗头又来了：社会非常动荡，拍电影没有好环境。又一批电影人来到香港，继续追求艺术梦想，他们当中有朱石麟、卜万苍、但杜宇、任彭年、舒适、周璇、胡蝶等等。

李祖永（1903 — 1959）

当年，蒋伯英等人在香港成立了“大中华”，全称是大中华电影企业股份有限公司，是香港光复后开办的第一家电影公司。招揽的人才很强，像编剧吴祖光，导演张石川、朱石麟、文逸民、方沛霖等人，演员有胡蝶、周璇、龚秋霞、上官云珠、陈娟娟、舒适、黄河、严化、王斑等人，作曲家有陈歌辛、黎锦光这些人。“大中华”在1946年拍了第一部片子，叫《芦花翻白燕子飞》；何非光是编剧和导演，龚秋霞和王豪主演。这是一部以抗战离乱为背景，讲述一对未婚夫妇战后重逢的爱情悲剧片。

内地电影人第三批到香港是在1948年到1949年，也就是新中国成立之前。我就是跟着这批人去的。我到香港后进了“永华”（永华影业公司）。这家公司当时刚成立一年，是宁波阔少李祖永创办的。他毕业于南开大学，后来到美国留过学。李祖永在美国读书时，就对好莱坞电影着迷。

抗战胜利后，李祖永移居香港。他的家族都是搞实业的，从爷爷那辈儿就很出名，家族企业是印刷厂，印钞票，都是德国的机器；他们家还做房地产生意。李祖永搞电影纯属个人兴趣，也是很时尚的。在中国建立好莱坞那样的电影事业，他一直有这

1948 年，我在香港永华影业公司的布景前

个梦想，就投资 200 万港币，在香港开办电影制片厂。

李祖永的这笔投资是很大的，他找来上海著名制片家张善琨来具体运作。张善琨是上海电影界的风云人物。这个人的背景很复杂，投靠黄金荣加入过青帮，主持过大世界游艺场；上海戏曲界演连台本戏，最先使用机关布景的也是他。

20 世纪 30 年代初，张善琨在上海创办了新华影业公司。那时候，上海的电影业基本被“明星”和“联华”两家公司垄断，而且控制了内地和海外的发行。但是，张善琨这个人不信邪，两三年就把“新华”做成了大公司。

“新华”第一部片子是 1935 年上映的《红羊豪侠传》，虽然以太平天国运动为背景，其实是京剧连本剧改编的武侠片。这个片子是杨小仲导演，洪秀全由田方扮演，其他都是原来的舞台剧演员。《红羊豪侠传》在电影技术上很有创意，把舞台京剧、机关布景都结合进来。这部片子还开创了 3 项纪录：进入外商经营的豪华电影院的第一部国产电影，开创了电影午夜场与“贺岁档”的先河。

上海沦为“孤岛”之后，“新华”和十几家电影公司合并成“中联”（中华联合制片股份有限公司），张善琨是总经理。后来，“中联”解散。汪伪政权成立了“华影”（中华电影联合股份有限公司），张善琨又出任主要职务。这个职务后来惹祸了，日本人和国民党都抓过他。日本投降后，有人说他“附逆”，就是当过汉奸的意思；也有人说他暗地是通国民党的。张善琨是电影事业家群体的一个传奇，他这次到香港，是因为在抗战时期的上海身份太复杂了。

当时，“永华”在中国的私营电影制片厂里是最好的，商标是“九级浮图”，进口了全套一流设备，包括摄影、洗印、录音和照明这些器材，还自己建了很大的摄影棚，排场非常大。此外，雄心勃勃的李祖永网罗了一流的电影人才。张善琨不挂任何头衔，但有运营实权。

1935 年，《申报》上的电影《红羊豪侠传》广告

“永华”的编导委员会以欧阳予倩为首，编剧有柯灵、周贻白等人，导演有卜万苍、朱石麟、李萍倩、张骏祥等人；男演员有刘琼、陶金、

《永华电影丛刊》封面

王元龙，女演员有李丽华、白杨、舒绣文等人。这里提一句，尽管欧阳予倩是中共的人，但张善琨请他来，是因为在上海一起创办“新华”的交情。左翼电影人也是借这个机会融入了香港的主流电影界。

“永华”的开山之作

“永华”从 1947 年 8 月开始出片子，创牌子的作品是卜万苍导演的《国魂》和朱石麟导演的《清宫秘史》，开局就很火爆。

《清宫秘史》是 1948 年上映的，曾在欧美、中东等 10 多个国家和地区公映。主要情节是戊戌变法前后，光绪皇帝支持康有为那些人变法失败后，慈禧太后垂帘听政，光绪被软禁。义和团运动爆发后，八国联军逼近京城。慈禧太后带着光绪跑了，又逼着珍妃跳井自杀。

白沉和岑范作为朱石麟的学生，做了《清宫秘史》的副导演。朱石麟因为背部受过伤，行动不方便，他是离不开副导演的。舒适、胡小峰也做过朱石麟的副导演。《清宫秘史》男、女主角是舒适和周璇，一个演光绪皇帝，一个演珍妃。当初，舒适推荐舒绣文演慈禧太后，因为朱石麟事先答应了唐若青，舒绣文就没演成。唐若青扮演的慈禧，到现在也是没人超越的。很多事情都是机缘巧合，没有假设。如果当初是舒绣文来演，可能就是另一个戏了。

1948 年，电影《清宫秘史》海报

《清宫秘史》的演员阵容很强，洪波扮演大太监李莲英，鲍方演六君子之一刘光第，陈琦饰瑾妃。周璇当年是最红的，又是“金嗓子”，《清宫秘史》里原来有周璇的两首歌:《御香缥缈录》和《冷宫怨》。后来，《冷宫怨》被剪掉了，其中有几句歌词很伤感：“君恩似海最难忘，瀛台有路空怅望。说什么帝王家，说什么富贵场，倒不如人间夫妇，落了个地久天长。”

舒适和周璇他们配音的时候，我就去看样片。里边的台词儿，我都能背出来:“小李子，我就喜欢你给我梳头，从没掉过一根儿头发。”有个特写镜头，太监李莲英梳下来慈禧老佛爷的头发，都藏在袖口儿里了。

《国魂》的导演是卜万苍。剧本是吴祖光根据他自己的话剧《正气歌》改编的。演员阵容也非常强大，有刘琼、顾而已、殷秀岑、孙景路、王元龙、顾也鲁、袁美云、王熙春、高占非、乔奇、罗维等等。刘琼因为在片中演文天祥被誉为“电影皇帝”，那个作品应该是他的表演巅峰之作。

大家对文天祥的故事都很熟悉了。这个片子讲的是：元兵大

1948 年，电影《国魂》海报

举进攻的国难之际，文天祥一直忍辱负重、忠君爱国，但被小人陷害，两次被伯颜俘虏。伯颜就是灭南宋的元军将领。

文天祥宁死不降，最后被元世祖忽必烈下令杀了。“人生自古谁无死，留取丹心照汗青”这两句诗是千古名句，《过零丁洋》里的“零丁洋”，就是现在深圳蛇口外海。当时，元兵还是希望文天祥投降，他在坐船经过零丁洋的时候写下了这首诗。如今，那里叫“伶仃洋”，有内伶仃和外伶仃，“伶仃”两个字和原来的不一样了。

《国魂》在当年是非常轰动的片子，报纸上的评价很高，标题都是“中国电影不朽名制”“最动人的故事、最伟大的电影”“近四十年来中国最伟大的电影”……

《春雷》是“永华”拍的第三部片子，讲的是企业家潘叔明坐飞机去上海，和未婚妻李含芬举行婚礼，途中遇到一个交际花。因为天气不好，飞机临时降到香港。潘叔明被交际花勾引，就出轨了。之后，潘叔明到上海和李含芬完婚，又觉得有点儿对不起那个交际花，打算赔她一笔钱。没想到，潘叔明在出差途中又遇到船难。

上海这边儿都以为潘叔明死了，交际花就找到李含芬，说她怀了潘叔明的孩子。李含芬又伤心又添堵，答应交际花，分给她一半财产，还负责替她带孩子。过了几年，潘叔明突然出现了，交际花又来闹事。李含芬很动情地劝她，交际花也觉得有愧，就成全了潘叔明和李含芬。

1949 年，电影《春雷》海报

这个片子是李萍倩导演的，李丽华、孙景路、严化、王薇主演，还有郑玉如、孙芷君等人。严化是因为主演《三笑》出名的。他有两个儿子——秦沛和姜大卫，后来都是知名的电影人，他的女儿严慧也是童星，三兄妹还一同出演过电影。可惜，严化在 20 世纪 50 年代初英年早逝。他的妻子红薇也是演员出身，后来改嫁制片人尔光，生下了长大以后成为导演的尔冬升。

第一次当主演

我到香港的时间大概是 1947 年底或 1948 年初。当时，张骏祥到北平来，帮《清宫秘史》那个片子拍外景，顺便为他的新片《火葬》选演员。张骏祥定的女主角是白杨。白杨觉得她在这个戏里的小搭档很重要，就通过谢添找到我，推荐我去香港，跟她在片子里搭档。

1949 年，电影《火葬》剧照中的我与白杨，这是我最喜欢的一张照片

20世纪90年代初，我与白杨在上海

因为一起演过《圣城记》，白杨了解我。新片子《火葬》里，她演我的童养媳，叫刘双喜；我演她的小丈夫，是个少爷，叫孟长春。那时候，我才十三四岁。白杨跟我“结婚”的那张剧照很经典：她是凤冠霞帔的穿戴；我是长袍马褂、披红戴花，戴个瓜皮帽。我还记得片子里的儿歌：“十八岁的女儿九岁的郎，晚上抱你上牙床，不是公婆双双在，你是儿子我是娘。”

张骏祥当时有个艺名，叫袁俊。他导演的《火葬》是白杨和陶金主演的。这个戏讲的是青年男女展大鹏和刘双喜双双殉情的悲剧故事——土豪赖三看到刘双喜长得漂亮，就在她嫁给孟长春那天来抢花轿，结果遇到陶金扮演的展大鹏出手相救。

孟长春的母亲是寡妇，开个车马店，人称孟奶奶，是戴耘扮演的。她把展大鹏收为干儿子，招进家里帮助打理生意。展大鹏与刘双喜产生了感情，遭吕恩扮演的土娼黑翠妒忌。

展大鹏和刘双喜打算私奔，就谎称陪着孟长春到山里进香，打算乘机撇下孟长春。结果呢，孟长春与展大鹏一纠缠，小长春一脚踩空，掉到悬崖下面摔死了。孟奶奶知道刘双喜怀了展大鹏的孩子，也气死了。赖三和黑翠来捉奸，展大鹏和刘双喜自焚殉情。

1949 年，电影《火葬》剧照中的我与白杨

1949 年，电影《火葬》的宣传页上，我与白杨、陶金、吕恩、戴耘、赵钱孙并列出现在主演名单中。

《火葬》是 1949 年 10 月上映的，后来在巴拿马国际电影节上获了奖。这个戏在香港和台湾上演后很轰动。演了这个片子，我就有点儿小名气了，有报纸说我是“神童”“童星”。谢添后来跟我说，当时在北京看了我演的这个戏，他是很自豪的。《火葬》是我演员生涯中第一次当主演的作品。1951 年，内地有一部《两家春》，和这个剧情很像，但结尾不一样了。

山顶进香那场戏是：展大鹏和刘双喜把我骗到山顶，扔到山上。我在悬崖那儿问进香的人：“你们看见我媳妇儿没有？”人家说好像看见过。我看到展大鹏搂着刘双喜，就喊起来：“哎呀，大哥抢我媳妇儿！”剧情设计是这样的——我往后退，然后一不小心踏空，掉下悬崖摔死了。

1949 年，电影《火葬》剧照中的我

1949 年，电影《火葬》剧照中的我与吕恩、李丽华、陶金（右起）

拍这场戏的时候，那里不是真的悬崖，而是摄影棚里搭了一个两米多高的台子，还有很多场工在保护我。结果，拍了三四次都没拍成。张骏祥导演问："你怎么还不往后倒啊？"他越说我越紧张，心里很害怕。明明后头有好多场工在保护我，我还是不敢往后倒。不光是怕，我不知道怎么做这个失重的动作，不会控制身体，脑袋里是空的。最后，他们想了一个办法：把我脚踩的那块石头抽掉。一抽掉，我就掉下去了，就这么拍完了这场戏。

在张骏祥家包饺子

说个笑话。张骏祥导演平时很凶的，是个说一不二的人，非常严厉。大家都说他是“霸王导演”，谁都不敢惹他。那天，正好拍我妈妈孟奶奶那场戏：她在那儿吃药，干儿子展大鹏在药里下了毒，老太太生命垂危，气氛很肃穆。

张骏祥（1910—1996）

这时候，我又搞了个怪。院子里有两张大躺椅。我们的剧务姓高，戴着厚眼镜片，他没事儿就喜欢坐在躺椅上。躺椅底下有个十字撑，我就弄了一根 4 寸长的洋钉子，顶在那个十字撑上。高剧务往上一坐，钉子正好扎屁股。那时候，我也是不知深浅，小孩儿嘛。

这么一场严肃的戏，张骏祥导演刚一喊“开麦拉”，就听见高剧务“嗷”地一声大叫。张骏祥连忙喊：“停停停，什么事儿？”高剧务拿着那个洋钉子给张骏祥看，说他扎了屁股。高剧务一叫，我就笑了，笑完就跑。这一下，他们都知道是我干的了。

高剧务说：“你看小牛子坏不坏？他搁那么大个洋钉子。”张骏祥就喊我：“你过来。你怎么回事？你怎么好把钉子搁这儿？给人家的屁股又扎个洞！”他这么一说，旁边人都哈哈大笑。张骏祥说话时是一本正经的幽默。那么严肃的一个导演，一看是我干的，不但没说我，还调侃了一下。倒是副导演陈怀皑对我说，这么做很危险的，再不能这样了。

张骏祥出生于江苏镇江，他不光是导演和编剧，还是作家和

1949 年，我在电影《火葬》拍摄现场

电影理论家，主编过《中国电影大辞典》。他是清华大学西洋文学系毕业的，后来在美国耶鲁大学戏剧研究院读过书。新中国成立后，他先后导演了《翠岗红旗》《白求恩大夫》等影片，还当过文化部电影局副局长。

我还记得在张骏祥家过圣诞节的情景。大家一起包饺子，我站在椅子上和馅儿、和面。饺子是中式吃法，他家里还摆着蜡烛。吃饭之前要祷告，最后还得说“阿门”。那时节，我觉得“阿门”的意思就是“大家吃吧”，因为一说完“阿门”，就可以吃饭了。

吃饭的时候，张骏祥坐在大餐桌那边，我和秦小龙等几个孩子坐这边。张骏祥真的就像我的长辈和父亲。我从小就没了父

1949 年，我在香港

1949 年，我（右二）与导演张骏祥（左一）、演员赵钱孙（右一）等人在电影《春风秋雨》剧组，摄于香港太平山顶缆车前

母，张骏祥比我哥哥、嫂子还要亲。所以，在香港那两年，我过得最满足。张骏祥非常喜欢孩子，这是他的天性。现在翻看张骏祥在周末带我到香港太平山顶坐缆车的那些照片，我心里还流着一股暖流。我在那儿没家没业的，张骏祥给了我家庭的温暖和亲人的爱。

第五章　电影前辈的呵护

演李丽华的弟弟

如果说中电三厂让我踏进了电影界的门槛，那么，香港则是让我和扮演的角色一起成长的地方。

程步高（1898—1966）

电影《海誓》是在 1949 年 11 月上映的，柯灵编剧，程步高导演。李丽华与陶金分别扮演女主角秋姐和男主角黄大，他们在戏里是青梅竹马。这个戏的演员还有刘琦、王斑、罗维和戴耘。这部片子讲述的是渔民和渔霸之间一段恩怨情仇。

梁九嫂是渔工老梁的妻子，她找渔霸顾老板的儿子顾三借钱时受辱，渔民黄大挺身相救。黄大得知父亲被顾老板迫害死了，就替父报仇，把顾老板推下山崖，逃到梁九嫂家中躲避。秋姐误会他们私通，就向顾三出卖了黄大。黄大被顾三装进麻袋扔进大海，秋姐因为害死了自己的爱人非常悔恨，就投海自尽了。

《海誓》那个戏里的水是搭在院子里的，还有一条大船，用小船可以推过去。我演的是李丽华的弟弟，掉到海里淹死了。一开始，总说我的配音效果不好。我灵机一动，就含了口水，让水在喉咙里打转儿，出来那个声音效果就是溺水那种。那天，电影厂的老板过去探班，看见我就说，这孩子很聪明。他看到我泡在水里蛮可怜的，就拿出一大盒巧克力糖给我。

扮演秋姐的李丽华是当年中国电影界第一大美人儿，她的脸上没经过任何加工，是“原装”的，也很接地气。我演秋姐的弟弟，叫小雄。程步高导演说，牛犇长得丑，怎么演李丽华的弟弟？他请来专门化美女装的化装师宋小江，让宋小江按照美女为我化装。

宋小江给我又抹口红，又打眼影，把我搞得很漂亮。我和李丽华有张剧照，现在还留着呢。程步高说，这才像李丽华的弟弟！李丽华看了就说：“我的弟弟还没这么漂亮呢！”别人就问，怎么会呢？“我弟弟还没出生呢！”原来，她就没弟弟，把我当成亲弟弟一样看待的。

李丽华像亲姐姐一样

李丽华对我非常好，像姐姐一样照顾我。我记得，她给我买

1949 年，电影《海誓》剧照中的我与李丽华

过一双靴子，是在香港一家很有名的皮鞋店买的。我在李丽华家既像保姆，又像寄养的儿子，就是一家人。我天天给李丽华的孩子喂饭；只有我喂，那孩子才吃得开心。

李丽华的妈妈叫张少泉，一脸麻子，是唱老旦的。京剧名角杨宝森到香港演出，专门到李丽华家里拜访。我还记得杨宝森吊嗓子的样子：用食指按着鼻子下边儿的人中发声。杨宝森是演老生的，当时就是“四大须生”之一，也是杨派的创始人。

我和李丽华一家人经常一块儿出去玩，现在还有照片留下来。一家子到山里玩儿，香港人叫“行山”。我喜欢钓鱼，带上了剧组的道具鱼篓。鱼篓在废旧码头那儿掉到海里。我都急哭

1949年，电影《海誓》剧照中的陶金与李丽华

了，非要下海找鱼篓。李丽华就哄我，说给我买衣服。

当时，香港很流行美国西部牛仔的打扮。在香港最出名的Bata服装店，李丽华给我买了那种帽檐很大的牛仔帽、短短的蓝粗布牛仔上衣，还有高帮皮靴，牛仔裤是镶宝石的。回到家，我一转身就跑回服装店把衣服退掉，用那个钱去看电影了。后来，李丽华问我，那衣服你穿得好吗？我说穿得好。实际上，我一天都没穿。

陶金和李丽华

在香港那段日子里，陶金跟李丽华因为拍戏产生了感情，在当时电影圈子里是公开的秘密。他们对我也不回避。我那时候的生活、谈演出之类的事，都是陶金一手安排。他帮我去跟人家签合同，相当于我的经纪人。当时怕港币贬值，陶金把我的工钱都买成金子、镯子、手链、戒指、手表和衣服，还买吃的。我需要生活费了，都是他那儿给我。

有一次，我跟陶金、李丽华到香港最有名的太子饭店吃饭。李丽华和我商量，怎么捉弄陶金一下。陶金怕老鼠，而我那时候喜欢养小白鼠，是当宠物养的。李丽华把她的手绢儿给我，包上一只小白鼠，偷偷塞到陶金的白色西装兜儿里。

那天，陶金打着红领带，非常气派。到了付款的时候，我和李丽华就瞅着他。他一摸兜儿，要摸钱包，肯定是摸到了小白鼠，整个人就定格儿了。他定在那儿很长时间，然后，小白鼠就跑出来了。饭店里的人全惊动了，衣着笔挺的服务生都趴在地上找。大明星的口袋里跑出一只老鼠，大家都帮忙找嘛。我和李丽华也假装找。陶金扭头就跑了。这件事，香港的报纸都登了。

对陶金的名字，大家不陌生。1947 年，他因为和白杨主演《八千里路云和月》和《一江春水向东流》，一下子就轰动了，创了电影票房纪录，那应该是他们演艺生涯的巅峰。作为老搭档，陶金和白杨在香港还一起演过一部戏，叫《山河泪》，我也

1949 年，电影《海誓》剧照，右起：陶金、李丽华、杨薇

有个角色。

陶金不光是电影演员，后来还是导演和编剧，剧情片和戏曲片都能拍。他出生于苏州，是济南戏剧训练班毕业的。他大我18岁，还演过《黄浦江边》和《宋景诗》；执导过故事片《护士日记》，戏曲电影《齐王求将》《十五贯》《西园记》等等。陶金是因为演《八千里路云和月》和《一江春水向东流》大红大紫的，原来选的男主角是陈天国，曾经是秦怡的丈夫，因为陈天国要价高，陶金就接了这两个戏。

陶金在香港和李丽华一起拍了几个戏，日久生情吧，就出了婚外恋，甚至到了谈婚论嫁的程度。那时，陶金是电影圈里标准的“老实人”，而且已经结婚了，他太太是话剧和电影明星章曼苹，两人已经有了女儿和儿子。

1951年初，我和陶金他们都回到了上海。陶金和李丽华

1949年，电影《海誓》剧照，左为李丽华，右为陶金

有过约定：回去就跟章曼苹离婚，两人正大光明地结合。但是，章曼苹坚决不同意离婚。陶金看到两个孩子也挺可怜的，就给李丽华写了一封长信，表示不能再续情缘了。李丽华回信表示理解。

分手与归途

李丽华和陶金这段往事也确实挺令人唏嘘的。章曼苹在20世纪30年代比陶金名气大多了。我还记得，刚回到上海时在陶金家里住过。我睡沙发，陶金和章曼苹吵架，我就装睡。有一回，陶金一气之下泼了章曼萍一杯水。章曼萍跑到屋里，我还以为她生气了，要出什么大事儿。不料想她也拿来一杯水，朝陶金泼过去，结果都泼到我身上。这时候，我就不能装睡了。陶金看着我说："你怎么还不睡觉?"

陶金返回内地后拍的第一个片子是《方珍珠》，徐昌霖导演的。当时，"永华"高薪聘请陶金回香港，被他拒绝了。后来，陶金导演了《和平鸽》，还出演男主角，女主角是一起从香港回来的周璇。《和平鸽》是周璇演的最后一部电影。

2017年，李丽华在美国去世，活了93岁。她原籍河北，出生在上海。李丽华出身梨园世家，从小拜京剧名宿穆铁芬、章遏云为师。1944年，李丽华有一个很轰动的花边儿新闻，就是和张裕葡萄酒创始人的儿子在青岛订婚。当时有杂志说："张

1950 年前后，我（前）在香港荔枝角沙滩

裕酿酒公司的小厂主，年纪轻轻，拥有大量产业，艳福天来，一只天鹅落入他的怀抱!”李丽华在当时已经主演了《千里送京娘》和《春江遗恨》等一系列片子，在上海非常红。张公子的父亲是张裕酿酒公司创始人张弼士，非常出名的“红顶商人”，当年见慈禧太后都免跪的。

李丽华 16 岁进入上海艺华影片公司，1940 年因为主演《三笑》成名，此后又主演《红玫瑰》《雪里红》《一鸣惊人》等片子。1955 年，她主演了香港第一部彩色电影《海棠红》。20 世纪 60 年代，李丽华又在香港主演了《武则天》《杨贵妃》《万古流芳》等等。从上海、香港、台湾再到美国好莱坞，李丽华是第一位在好莱坞担纲女主角的华裔女星，从影 40 多年，一生主演了 120 多部影片，被誉为“影坛常青树”。

李丽华因为主演《故都春梦》和《扬子江风云》，先后在 1965 年和 1969 年获得台湾金马奖最佳女主角奖；2015 年 8 月，被授予第五十二届台湾金马奖终身成就奖；2016 年 1 月，获得第三十五届香港电影金像奖终身成就奖。我记得，李丽华在《海誓》里还唱了三首插曲——《捕鱼人》《渔歌》和《天边月》。现在的年轻人可能不了解这位昔日光彩夺目的明星，她在中国电影史上是有很高位置的。李丽华拍戏气场很大，后来人称“小咪姐”，因为她出生时很瘦弱，就像一只小猫咪。

我又是主演之一

《春风秋雨》改编自黄谷柳的长篇小说《虾球传》，所以有个别名，叫《虾球传第一部》。这部片子的编剧和导演都是吴祖光，岑范是助理导演。主演有舒适、吕恩、叶小珠，还有我；演员还有金彼得、杨薇、侯景夫、郑玉如等人。

到香港后拍的第一部片子《火葬》中，我被列为主演，是印在宣传品上的；我成为《春风秋雨》的四位主演之一，是香港电影资料馆正式史料上记载的。扮演虾球的叶小珠，是著名女演员叶露茜的弟弟。

这部片子讲述在虾球没出世之前，他的哥哥被征兵，他的父亲到金山做苦工。这个“金山”就是美国的旧金山，那时候把到美国西部淘金的华工叫作“金山客”。虾球和母亲相依为命，后来流落街头。他在街上卖东西，遇到警察抓无照小贩。他扔下篮子就跑，母亲血本无归，还遭警察一顿毒打。

1949 年，电影《春风秋雨》剧照中的我（右一）

虾球离家出走，被流氓王狗仔收留当了“马仔”，后来，又投靠了黑社会老大鳄鱼头。舒适演这个鳄鱼头。虾球在坐牢的时候认识了牛仔，这个牛仔就是我扮演

的，属于人小鬼大那种人，教虾球偷东西。出狱后，两人一起加入了王狗仔的小偷团伙。

有一次，虾球偷了一个“金山客”一万美金。“金山客”丢了血汗钱，就神经错乱了。后来，虾球知道这个“金山客”就是他的父亲，非常悔恨。他父亲到最后也不知道是被儿子偷的。最后，我们洗手不干了，要到狮子山那边去。“山那边”就是内地，是改过自新的向往之地。

在戏里，我带着虾球到船上，水手把走私货交给我们。我们都是鳄鱼头派来接货的，身上穿的马甲里塞满了酒。轮船就在摄影棚里搭，是从内地来的置景美工做的；大海就是前面说的银幕背景。我记得摄影棚里有很多灯光板，30 厘米宽的那种，在布景上面围了一圈，也就是那种碳精灯。灯太多了也有麻烦：影子多，不好避。所以，要求照明师傅的水平很高。

1949 年，电影《春风秋雨》剧照

1949 年，电影《春风秋雨》剧照中的我（左）与叶小珠

《春风秋雨》是 1949 年 12 月 15 日首映的，很快就风靡香港和东南亚，观众和影评对我扮演的小偷角色也是很肯定的。演虾球的叶小珠出道比我早几年，当时比我演的片子多。20 世纪 60 年代，我拍《英雄小八路》，他是导演助理；80 年代中期，叶小珠演过《非常大总统》。

在香港演彝族孩子

《大凉山恩仇记》是最早反映凉山彝族地区的电影，讲述了汉族和彝族从相互仇杀、冤冤相报，到最后修好的故事。这个戏

是李洪辛编剧、卜万苍导演的。卜万苍的妻子在《春风秋雨》中也有角色，卜万苍去探班，见到了我，就让我到《大凉山恩仇记》演一个彝族小孩。

这个戏的主演有刘琼、孙景路、罗维、舒绣文、鲍方、王元龙等人。我和刘琼、孙景路后来合作过《山间铃响马帮来》。卜万苍导演在中国电影史上资历很深，论名气，可以排在第一代导演代表人物郑正秋和张石川之后。他从1926年就开始导演电影，先后当过“明星”“上海民新”“联华”“艺华”“新华”等几家电影公司的导演。

1949年，我在电影《大凉山恩仇记》中的定妆照

在“华影”，卜万苍导演过周璇主演的《渔家女》。他培养了很多明星，阮玲玉就是卜万苍在导演《挂名的夫妻》招聘演员时选中的。除了阮玲玉，顾兰君、陈云裳、袁美云、陈燕燕都是通过卜万苍的片子成名的；卜万苍和金焰、顾也鲁等男演员的合作也很多。他还拍摄过多部田汉编剧的片子，比如《三个摩登女性》《母性之光》《黄金时代》《凯歌》等。

卜万苍身材很高大，他拍片时有个特点，导演口令只喊“Camera”（开始），不喊“NG”（重拍）和“Cut”

（停），因为那时候都是现场录音，他怕声音录下来，后期剪辑接片麻烦。所以，摄影、技工都看卜万苍的手势，他往下一比画就是停。遇到演员表演得好，卜万苍的手势往下挥得比较慢，让演员的表演尽量保持长一点，他就是这么投入的一个导演。卜万苍说过一句话："电影创作的成败，主要看制片路线的方向是否正确，剧本是灵魂。"

1949 年，电影《大凉山恩仇记》海报

在香港继续读书

在香港，我拍的前两部片子都把我列为主演之一。这是香港电影对我最大的鼓励，让我至今都非常感激。人在成长的道路上，是需要成功感的，因为挫败感本来就不少。对于孩子的培养，激励是最有力量的加油，不能总是挨批评、挨骂。

卜万苍（1903—1974）

那时候年纪小，我不知道主演是个什么光环，自己觉得还是个临时演员。一部戏给我两三天的工作，就已经不得了啦。刚去的时候工资少，拍戏期间吃剧组的客饭。我吃一碗饭就饱了，但还得再盛一碗，拿到太阳底下晒干，第二天泡水吃，就能省出来一顿饭钱。

我演的都是小角色，外行看认为不重要，他们就知道看大明星。但是，做电影这一行儿的都知道，拍戏经验很重要。尤其是我经常和大明星一起搭戏，只是看他们拍戏也有收获，耳濡目染，受到他们的影响。所谓传承，不是说一定有师傅手把手地教你，而是你自己偷师学。在片场，只要你上心，是那块料，人人都是你的老师。

人家看我这小孩儿挺有灵气的，都喜欢我。后来，就能有一个季度的合同了。如果我每天有一个通告，就能拿到合同工钱的十分之一。"通告"是拍戏的术语，就是第二天拍摄工作的具体安排表，比如几点吃早餐、几点化装、几点到现场、拍哪个镜头、在哪个场地、需要什么服装和道具、念什么台词等等，写得很细。写通告的这个人就是统筹，前一天晚上要把通告发到每个人手里，太晚了会影响大家休息。我如今还有保留通告的习惯，以前是算工钱用的，后来就变成了收藏。

渐渐地，我接戏多了，工资高了，收入也稳定了，就可以买衣服、看电影。我又可以去读书了。我读的学校叫九龙塘小学，到现在，我还会唱这个学校的校歌呢。学费不是一个学期交一次，而是按月交。这个学校的学费比较贵，算是贵族子弟学校。我在那儿读了一年，就改上香岛中学，因为它收钱少。

香岛中学是一所爱国学校。新中国刚成立两个多月，就因为挂五星红旗、唱《义勇军进行曲》，校长卢动被港英政府拘捕，然后驱逐出境了。那时候，港英政府有规定：不许挂五星红旗，也不许唱新中国的国歌。

在香港上学期间，我就发挥演戏的特长，给学校募捐。我在

1949 年，香港电影人合影，我的位置在照片上有标记

脖子上挂一个盒子，前面托一个盘子。人家给我港币，我就给他一朵花，再说一声“唔该”，就是粤语“谢谢”。人家看到就叫我“细佬仔”，是小孩子的意思；也有叫我“捞仔”的，从内地来的意思，听我口音就不是香港本地人嘛。

募捐回来，就把钱交给老师。我募来的钱最多，经常受到学校表扬。可能因为我是电影小明星吧，所以在文化课方面就没人管我了。我一拍戏就不能上课，经常要请假。在香岛中学读了差不多一年，我的正式读书生涯就结束了。和前面上学断断续续加

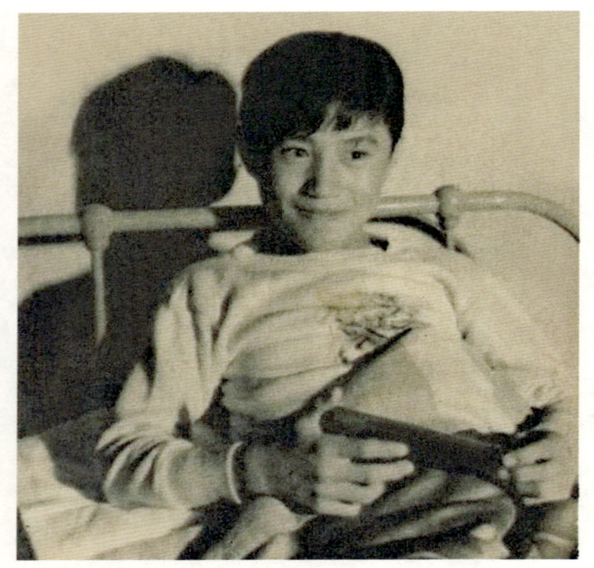

1949 年前后，我在香港片场

起来，我顶多上了 4 年学，之后再没有上学读书的机会。直到现在，香岛中学的校友名册里还有我，举办校庆还给我发邀请函。上海作家程乃珊是我的校友，她小时候在香港生活，20 世纪 90 年代又到香港定居。她爷爷程慕灏是著名的银行家。

第六章　在角色中成长

香港的左派电影

我在香港拍戏那几年，正是国民党蒋介石政权被赶到台湾、新中国成立的历史转折时期，所以，国共两党文化战场上的较量，在香港是很激烈的。如今回想起来，辽沈、淮海、平津三大战役一个接着一个，而且，中国共产党是非常有文化远见的，安排国民党统治区的左翼电影人，像阳翰笙、史东山、欧阳予倩这些人南下香港，不仅是为了给新中国保存力量，香港这个阵地也是必争的，说明中国共产党已经看到了胜利的曙光，已经在考虑新中国的文化战略布局。

来到香港的这些进步电影人，身份都是很隐蔽的。有些人其实就是中共地下组织的人，有特殊使命，有的甚至是负责人。他们在香港发动左派电影活动，先后组建了“五十年代”“大光明”“南群”和“南国”等几家电影公司，后来又有司马文森、刘琼等人加入“新长城”（长城电影制片有限公司）。之后的“新长城”和“凤凰”“新联”，简称“长凤新”，都是左派电影机构。

当时，我只知道拍戏有工钱拿，后来才明白，后期参加的几部片子，都是左派电影公司拍的，像“五十年代”拍摄的《神·鬼·人》和《火凤凰》、“大光明”拍摄的《诗礼传家》、“南国”拍摄的《冬去春来》、“新长城”拍摄的《血海仇》和《狂风之夜》。这些公司投资小，请不起大导演和大明星，也拍不了大场面，主要拍摄一些小成本的现实主义电影。因为资金紧张，一半投资从银行贷款，电影人的报酬占另一半，不给现金，只给干股。回到内地之后，我还收到几千港币的干股报酬。

我在香港四年多，拍了十五六部片子。那个年代，电影拍摄周期比较长，这个数量不算少了。我从一个跑龙套的儿童演员干起，在电影海报上开始进入主演的行列，少年演员里，知名度是挺高的。

1951 年，我在香港外景地

1950 年 5 月，《冬去春来》在香港上映。这是一个农民反抗恶霸的故事。编剧和导演都是章泯，主演有李丽华、冯喆、王元龙、黎灼灼、黄宛苏、王辛、钱千里和戴耘等人。

1950 年，电影《冬去春来》海报

《冬去春来》讲的是：青年农民何连生跟陈桂英产生了爱情。恶霸抢走了桂英家的田地，桂英也被抢去当了第六个小老婆。桂英的父亲和弟弟二娃子去探望桂英，我扮演的就是二娃子。结果，桂英的父亲被恶霸打成重伤，很快就死了，连生也被抓走。桂英因为痛斥恶霸，被恶霸剥了衣服，捆在后院里。

后来，桂英受了风寒卧床不起。连生被放出来后，立即去看桂英，被恶霸发现，毒打桂英，还想把她投到河里淹死。这时，连生赶到，救出了桂英，一起逃走。恶霸的爪牙逼二娃子说出二人去向，还威胁要把连生的妹妹投到水井里。恶霸的种种恶行终于激怒了乡亲们，他们把恶霸绑了起来，控诉他的罪行，追回被他抢走的田地。结局是人们欢欣鼓舞，庆祝冬去春来。

1951 年，电影《火凤凰》海报

《火凤凰》是王为一导演，刘琼、李丽华、姜明、舒适、李浣青主演的，那个戏里还有狄梵、岑范、白沉。

故事里的男主角朱可期是从欧洲留学回来的画家，还是富家子弟。他父亲让他接管生意，但朱可期想继续画画，父子就闹翻了。刘琼扮演的朱可期认识了李丽华扮演的梅丽影，就相爱了。

朱可期搞了一个画展很失败，可梅丽影还是嫁给了他。事业上失意的朱可期到劳工子弟学校当美术教师，他的画风不受欢迎，又转到一家媚俗的杂志社当美术编辑。梅丽影对他很失望，离家出走，到劳工子弟学校当了美术教师。

其实，朱可期并不媚俗，在杂志社很苦闷。他认识到自己的画风脱离生活、不接地气，就重回劳工子弟学校找梅丽影，和她一起在那里执教，他的画也越来越受欢迎。

名字接连登上海报

《虎口余生》是我在香港又被列为主演之一的片子，被称为“中国第一部儿童教育巨制”。我演的角色叫小明。王豪扮演我的父亲，叫胡度，就是“糊涂”的谐音，从事教育工作，每天很忙；孙景路扮演我妈妈，每天都出去打牌。

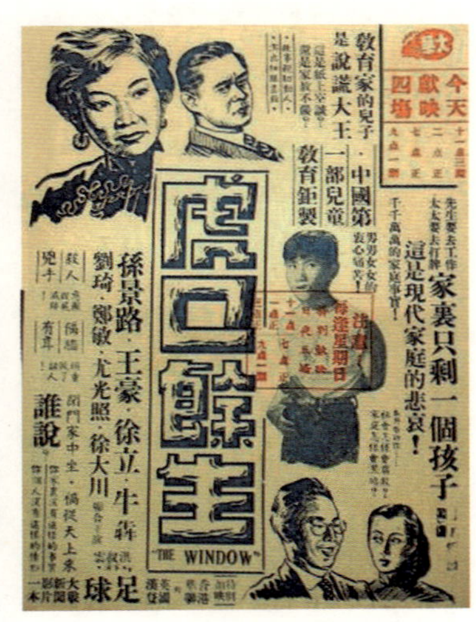

1951 年，电影《虎口余生》宣传页

父母都不管教，小明养成了爱说谎的坏毛病。父亲知道儿子爱撒谎，还用“狼来了”的故事教育小明。有一次，小明目睹了邻居家的谋杀案，赶紧去告诉父母。父亲以为又是“狼来了”，认为儿子撒谎，还把小明训了一顿。实际上，小明确实看到了凶杀案，还差点儿被灭口。故事情节还挺复杂：邻居金先生把他的劫匪同伙陷害坐牢，还诱占同

1951 年，电影《虎口余生》剧照中的我（右）

伙的妻子。

这个同伙越狱来报复金先生，反遭毒手。整个过程被小明看到了。金先生夫妇想杀人灭口，小明就跑了，被追到一座桥上。桥突然断了，金先生摔死了。小明悬在断桥上，被人们救下来。故事的结尾是：小明的母亲认识到对孩子疏于管教，小明也从此不敢撒谎了。

这个故事可以说是童话《狼来了》的现实版。当时的电影海报上就写：教育家的儿子是说谎大王，这是纸上空谈，还是家教不严？这是现代家庭的悲哀，是千千万万的家庭事实！

陈燕燕（1916—1999）

《虎口余生》原名《聪明误》。扮演我父亲的王豪也是天津人，我们合作过好几部片子。王豪在上海就开始演电影，还演过话剧，到香港以后拍过《万众一心》《芦花翻白燕子飞》《碧血千秋》，20 世纪 70 年代在台湾主演过《筧桥英烈传》，后来当过导演。

王豪当时的女朋友也是明星级演员，叫陈燕燕。后来，他们结婚了，还一起成立了一个电影公司。陈燕燕出名很早，当过游泳运动员，16 岁就出演蔡楚生导演的《南国之春》，后来又拍了《三个摩登女性》《母性之光》等很多片子。她是满族正黄旗贵族的后代，扮演的角色都是那种清纯可爱的。当年，报纸上称陈燕燕是“南国乳燕”“美丽的小鸟”。她后来转型演悲剧，又被称为“悲剧皇后”。

拍《虎口余生》的时候，正赶上我丢了很多东西，有照相机，还有爱国公债，放在宿舍的窗台上被偷了。那时候，知道要回内地了，我还换了一些人民币，也不见了。我闹情绪不演了。老板就来哄我，还赔了我钱。

《血海仇》又叫《珠海魂》，司马文森编剧、顾而已导演，主演是陶金、李丽华和韩非等人。我也是主演之一。故事讲的是：陶金扮演的贫苦农民赵福田，被乡霸陈四爷诬陷，被迫卖身到海外做“猪仔”。李丽华扮演的福田的女儿阿英被卖去做了童养媳，幸亏她的小丈夫暗中把她放跑了。我扮演的就是这个同情阿英的小丈夫，叫“小牛”。阿英刚逃出村口，就遇到陈四爷的儿子陈添，被陈添的手下侮辱，后来沦为交际花。

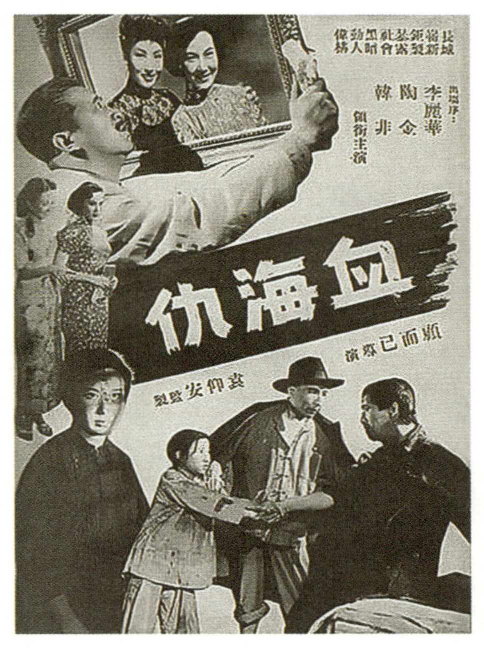

1951 年，电影《血海仇》海报

在海外漂泊十几年的福田回国后，登报寻女。阿英见到了寻人启事，却被陈添禁锢。陈添等人谎称阿英嫁给富豪移居海外，还骗走福田的毕生积蓄；后来，又骗福田说阿英已死。福田愤怒地找陈四爷寻仇，被陈四爷手下打死。阿英目击了这一切，非常悲愤，在争斗中刺死了陈添。

参演陶金导演处女作

《诗礼传家》是香港大光明影业公司的片子，顾而已和顾也

鲁制片，编剧和导演都是陶金，主演有李丽华、陶金、顾而已、顾也鲁和林静，我扮演的角色叫蒋家栋。

这是一部揭露封建制度黑暗的片子，也是陶金导演的第一部作品。这部电影取材于四川永川县一个真实故事：一个封建大家族里的叔叔，毒杀了自己的亲侄女。我还记得，当年的电影海报上写着：“暴露封建、痛诋封建、家庭变法庭、活人嫁死人”，“花轿抬进来，新娘与灵牌结婚；棺材抬出去，侄女被活葬处死”。

《诗礼传家》故事讲的是：李丽华扮演的蒋家珠，生在一个封建大家庭。她 10 岁那年，蒋老爷要为亡兄迎娶媳妇，蒋家珠被许配军阀高司令的第八个儿子。她与同窗兴汉青梅竹马，兴汉的父亲却把儿子送到西北，拆散了这对小恋人。

1952 年，电影《诗礼传家》海报上面也有我的名字

一别 10 年，陶金扮演的兴汉回到家乡。此时的高家更不可一世，高少爷迫奸蒋家寡妇，奈何蒋二老爷不敢惹高家，竟强迫寡妇投江自尽。蒋家珠反抗盲婚，遭到痛打。蒋家的大嫂和二嫂也先后惨死。兴汉与蒋家珠逃往重庆，私订终身。蒋二老爷用诡计把蒋家珠骗回家。等蒋家珠一进家门，蒋二老爷就下令执行家法，蒋家珠被活活勒死。

我扮演的蒋家栋是蒋家珠的弟弟。我还记得，拍最后那场高潮戏的

1952 年，电影《诗礼传家》剧照中，下跪的男孩就是我

时候，我和爷爷都下跪求情，但蒋家珠还是被封建家法害死了。这个影片又名《活葬》，后来改成《诗礼传家》，更是对吃人旧社会的无情讽刺。里面有两首插曲都是李丽华唱的。再度与陶金、李丽华合作，是我电影生涯中很荣幸的机会，我的演技也成熟了很多。现在回想起来，特别感激他们对我的影响。

与一众明星搭戏

和《火凤凰》一样，《神·鬼·人》三部曲也是香港五十年代影业公司拍的片子，根据巴金的小说改编。这三部曲，我只参演了第一部。

1952年，电影《神·鬼·人》海报上的20位巨星中，我排在第三位

《神》由沈寂编剧、顾而已导演，孙景路和陶金主演，讲的是：一个寡妇因为丈夫生前欠了恶霸的钱，被迫去当巫婆，装神弄鬼骗钱，坑害了很多孩子。最后，她自己的孩子也送了命。这个寡妇砸了神像，站出来揭发骗钱真相。

《鬼》是马国亮编剧、白沉导演、刘琼主演，讲的是：一个洗衣工人因为赌博输了钱，把女儿抵押给人贩子。后来，为了把女儿赎出来，他抢了好友妻子的钱，导致好友夫妻不和。这个洗衣工人心里有愧，就把钱还给好友，好友又用这个钱替他赎回了女儿。

《人》由慕容婉儿编剧、舒适导演，主演是韩非和陈娟娟，讲的是：一个会计和妻子本来感情很好。妻子寄钱给生活困难的岳母，丈夫大吵大闹，自己的生活也不节俭。妻子离家出走。丈夫一个人带孩子、做家务，疲于奔命，工作又丢了。最后，还是妻子回来拯救了这个家庭，丈夫恢复了工作，家庭又归于和睦。

《神·鬼·人》三部曲是个大制作，参与的一线演员很多。当时的电影海报用大标题写着："二十巨星参加演出"，"如此阵容空前绝后"。在海报宣传的20位演员中，把我排在第三位，列在刘琼和陶金后面。不是说我比后面的那些明星演得好，从宣传的角度，可能因为我是童星吧，有代表性。

《狂风之夜》是我在“新长城”拍的片子，原名叫《大地的吼声》。这个片子 1952 年 8 月底在香港上映，我已经回到内地了。那部戏是沈寂编剧、岳枫导演，演员很多，有严俊、陈娟娟、平凡、龚秋霞、罗兰、孙芷君、谢贤、岑范、苏秦、罗兰等人。

故事讲的是：江浙姓方的大地主家一共有四房人，都住在一个大宅里。大房家里只剩个寡妇，儿媳妇也刚守寡；二房的性格很懦弱，儿子还体弱多病；三房只生了个女儿，没儿子；四房也剩下个寡妇，带着 12 岁的儿子，叫方性海，给他娶了一个童养媳。我就演这个方性海。

为了家产和各自的利益，这四房整天争斗、互相算计，已经

1952 年，电影《狂风之夜》宣传页

1952 年，电影《狂风之夜》剧照中的我与陈玛莉

没有了亲情。结果，有的人病死，有的人自杀。我的那个童养媳叫兰香，是陈玛莉扮演的。兰香因为受婆婆虐待，最后和三房的女儿一起逃走了。逃走那天正好是狂风之夜，把一棵几百年的枯树都吹倒了，方家的屋子塌了，人也被砸死了。这棵枯树象征着黑暗的封建时代，狂风仿佛是对旧时代的控诉，出走的两个女孩象征着投奔光明。

我和陈玛莉在《血海仇》里也有合作。戏里，她是我的童养媳；戏外，我们互相也挺喜欢的。她会偷偷给我小礼物，我也会给她带糖吃。那时，我才十五六岁，我们之间算是朦朦胧胧的早恋吧。

《生与死》是“永华”的片子，岑范编剧、朱石麟导演，副导演是岑范和白沉；主演有王熙春、洪波、陈琦、徐立，电影海报上也有我的名字。

1953 年，电影《生与死》海报

20 世纪三四十年代的大部分电影取材于当时的市井生活，故事情节给人的感觉就发生在邻居甚至是自己家里，非常接地气。《生与死》讲的是一个家庭主妇在家里受公公和小姑子的气，丈夫对她也不好，一气之下就跑到旅馆里寻死。幸亏旅馆服务员相救，把她要吃的安眠药换下来，没有枉死。这是一部反自杀题材的片子，偷换安眠药这个桥段，在《小城之春》里也有。《生与死》是 1948 年底拍完的，当时底片被烧了，直到 1953 年 1 月才公映。

捉弄人的恶作剧

“永华”是让我很怀念的电影厂，想到它的兴衰就有点伤感。

我不是天天都有戏拍的，实在寂寞了，就自己找乐子，捉弄人。“永华”的化装间窗户都很高，有一人多高呢，是防止有人偷看，因为里头经常有明星嘛。我会老北平那个踩高跷啊，把竹竿儿绑在腿上，中间钉个钉子。演员们正在化装，我趴窗户一露头，里边儿“哎呀”一声，就叫起来，说这地方闹鬼了，搞得女

演员晚上都不敢在那儿化装。

我从小就调皮，童心未泯吧。到了夏天，枣儿熟了。人家院子里有枣树，树梢露在院墙外边。我们一帮小孩儿就琢磨着去打枣儿。我拿块砖头，往那些枣儿上一打。院门口有人把门儿，听见枣儿噼里啪啦地掉，就开始骂：谁家的小孩儿？没教养。我打完枣儿就跑，这边的小伙伴儿就随便捡。他们捡完，到一边儿给我分几个枣儿吃。

在香港拍戏的那段日子里，我闲着就出去看电影，一天能看三个电影，也没别的地方去啊。看电影，我也不老实，就想着怎么捉弄人。香港的口香糖特别黏。前排有两个女孩儿，头发长长的，我就把口香糖粘在座位上。女孩儿的头发和衣服一粘上口香糖，结果就跟猴子择虱子一样，不停地在那儿弄。

香港卖的香烟有铁盒儿。我从铁盒儿旁边打个洞，把鞭炮搁在里头。鞭炮一响，铁盒儿可以蹦得很高。那时候，北方小孩儿都喜欢拉屎看堆儿。他一拉，如果拉出来多了，就顶屁股，只能拉一堆儿一堆儿的。那年月吃杂和面儿，人的肠胃都不好，一般可以拉五六堆儿。我们看那边儿走过来人了，点了鞭炮就跑，屎崩人家一脸。当年，我就这么淘气。

在香港，我住过吴祖光家，他家在3楼。报童送报，都是把报纸用橡皮筋儿绑上，卷成一个小卷儿往楼上扔，“唰”地一个扔到2楼，“唰”地一个扔到3楼，就这么送报纸。香港过年很热闹，每家都蒸年糕、买鲜花、穿新衣服、放鞭炮，除夕晚上要放一夜。

香港有一种鞭炮叫“电光炮”，爆炸后都是碎碎的细屑。香港少女的习俗是，大年初一都要去拍拖，就是谈恋爱。她们的头发梳得光光的，烫着小弯儿，再戴朵花。我在 3 楼，有少女从楼下走过，就点着“电光炮”，瞅准了往下扔，正好掉在她的头发窝儿里。

鞭炮炸了之后，那些小碎花儿在头发里洗不掉。大年初一的，人家就开始骂“冚家惨”，这是粤语里比较狠的骂人话，意思是“你全家都死绝”。我扔完了鞭炮也不跑，还要看着她怎么出洋相，那才有意思。人家在楼下骂，她不知道谁扔的鞭炮，就往楼上看，我也假装往楼上看。你说恶作剧不?

在香港拍夜戏多，白天休息，我就跟着大人活动、吃饭、参加庆祝会之类的。那时候，我被称为童星，也是挺瞩目的。香港电影圈的业余文化生活不少。

当时，大家都住集体宿舍，有时候就带我去跳舞。我不会跳。我这么小的个子，跟个儿高的跳，搂人家腰都够不着。所以，我跟着他们去玩儿，就听听打击乐，吹啊拉的，看个热闹。记得有一次，我和舒适打乒乓球。我个头小，舒适就故意逗我，专门儿给我短球。我够不到那个球，还摔了一跤，手腕骨折了。那时候剧组里的温馨，到现在都历历在目。

大约 1949 年，我在香港外景地

有一次，我出席鸡尾酒

会，想起来我大哥说的，吃西餐不用筷子，用刀叉。我懵懵懂懂地不明白。谢添也告诉过我，你先看别人怎么吃，跟着学还不会吗？我想，这就容易了，先坐着不动，人家开始吃了再动手，结果还是闹了笑话。那次酒会摆着长条桌，都是面对面坐着的。人家动左手，我却动了右手，忘了对面人的手是反过来的，搞颠倒了。

电影界前辈的“百家饭”

在香港，吴祖光是大中华影片公司的编导，也是“永华”的导演。他把我当自己的孩子一样。吴祖光每天在家里客厅给我搭行军床，早上又帮我把床收起来。我还记得吴祖光给我拍的一张照片：我蹲在那儿。他的摄影技术很好，照相机也不错，打光线就用一个台灯。他用的照相机和胶卷儿不是美国的，就是德国的，都是好东西。

1949 年前后，吴祖光给我拍的照片

用现在的话说，吴祖光很跨界。他是剧作家、导演，也是著名的学者。像话剧《凤凰城》《正气歌》《风雪夜归人》，舞台艺术片《梅兰芳的舞台艺术》，评剧《花为媒》，京剧《三打陶三春》，等等，都是他的作品。

有个美工师叫秦威，他的太太叫欧阳红

吴祖光（1917—2003）

樱，也是演员，我们一起拍过《火葬》。他们的孩子叫秦小龙，就是《天亮前后》（《一江春水向东流》下集）里唱“一根扁担，圆溜溜吼嘿……”的那个小演员。那时候，秦小龙很有名，长得也很漂亮。秦小龙还有一个弟弟叫二娃子。我到秦家串门儿，秦威和欧阳红樱就把秦小龙、二娃子兄弟俩叫来陪我。秦威是很好的电影美工师，会画水彩画。他是北平大学西洋画系毕业的，还到日本留过学。新中国成立前后，他到东北电影制片厂和北京电影制片厂继续当美工师。

再说说吕恩，她比我大十几岁，像个大姐姐一样。她和我前后脚儿到“永华”，我们在《火葬》《春风秋雨》中都有合作。在

我的四哥张学俭夫妇

吕恩（1920—2012）

香港，她还帮过我一个大忙。

我的四哥张学俭，还有四嫂的弟弟，当了国民党兵，还没上战场就去了台湾。我一知道两个哥哥去了台湾，就想让他们回大陆。我换了美金给他们做路费，但不知道怎么寄到台湾，就跟吕恩说了。吕恩找一个国民党空军的朋友帮忙，把美金寄给我四哥。两个哥哥从台湾潜逃回来，如果被宪兵抓到，那是犯死罪的。不巧，他们买好船票，船改期了。他们就躲在舱底，最后还是跟着船到了香港。他们终于脱离了国民党，回到了大陆，投向了光明，我也是很自豪的。

吕恩除了演电影，还演了很多话剧。新中国成立后，她一直在北京人民艺术剧院工作，是新中国话剧的第一代“繁漪”，就是《雷雨》那个女主角。我们的友谊保持了几十年。吕恩在世的时候，经常打电话让我到北京玩儿。

我是吃老一代电影人“百家饭”长大的。电影界的前辈们都呵护我，甚至安排我吃住在他们家里，还教会我生活和做人，既像父母，又像哥哥姐姐，都是我的亲人，我至今依然念念不忘。

第七章　懵懵懂懂的进步心

受到进步电影人的影响

现在回过头看，当时无论在上海还是在香港，和第二次世界大战后兴起的意大利新现实主义电影相比，中国左翼电影人的作品是异曲同工的。抗战胜利后，中国人民渴望和平，但没有看到自由和民主，社会依然黑暗，充满着各种不平等。而左派电影的镜头一直对准平民百姓，对准那些小人物生活中的苦难和辛酸，以及贫穷和饥饿带来的家庭悲剧。

左翼电影人很平民化，很接地气，人道主义精神的表达很强烈。当然，他们这些作品的共同缺点就是对现实很迷茫，找不到出路，看不到社会的方向和希望，最多就是在黑暗和艰难中来点儿抱团取暖、道德自我完善，或者加点儿幽默，甚至是黑色幽默。

我到香港以后发现，从内地来到香港的左翼电影人非常关心

1950 年，我在香港

内地时局。毕竟国家的前途命运还迷雾重重，看不大清楚，他们很担心战乱会持续。我一直在进步文化人的圈子里，虽然不懂政治，但知道他们是好人，他们做的事肯定是对的，这一点毫无疑问。这些左翼电影人经常聚在一起，交流从报纸和电台上得到的最新信息，分析形势。他们还成立了几个读书会，有好几十人。这些都是中共地下党的外围组织。

1950 年朝鲜战争爆发后，因为英国加入的是“联合国军”那个阵营，中英关系就紧张了。港英政府对中共在香港渗透的防范很严，左翼电影人搞活动都很隐蔽，因为一旦查到就要被拘捕。所以，到了晚上七八点钟，香港人的夜生活都开始了，我们

1949 年在香港，左起：顾也鲁、顾而已、舒适、陶金、我、李翰祥。当时，李翰祥是美工助理，拍照时，他挤进来占了我的位置。

这儿就定期聚集在一起学习。

我主要是和刘琼、陶金、李丽华他们的读书会一起。他们在 6 楼学习，让我在楼下看门儿，有人来了就向他们报告。我也不懂这种地下工作，怎么知道哪个是好人、哪个是坏人？我就一个人在楼底下玩儿。也可能是他们开会怕我听到后乱说，就把我支走，有时候还给我买点儿吃的。后来，我读了一些老艺人的回忆录，才知道他们学习过《社会发展史》，还有毛主席的《新民主主义论》《在延安文艺座谈会上的讲话》，都是中共香港地下党领导和组织的活动。

到了1950年，这些读书会改叫香港电影工作者学会，简称“影学”，这个组织隶属于中共在香港成立的港九民盟。舒适后来回忆过，当时叫“学会”，不叫“协会”，是为了避免引起港英政府的注意，顾名思义，“学会”就是读书学习。这些左翼电影人还制定了《劳动生活公约》，里边有“四不”：不请客、不送礼、不狂饮、不赌钱，有80多人签了名。1949年10月1日，为了庆祝新中国成立，他们去香港大屿山上摆五角星的图案，有点儿像行为艺术。我个子太小，用不上。他们就开玩笑说，要是有个逗点就好了，可以让我当那个“逗点”。

与马连良同台

1950年1月，司马文森、洪遒、齐闻韶带队，率领香港文艺界回穗劳军团，到广州慰问解放军，我也跟着去了。我还记得，那次去广州，我和马连良一起演《三娘教子》，我扮演小东人。找我客串这个角色，是因为我当时有点小名气，海报上还专门写了“今日特邀童星牛犇先生客串小东人”。我不会唱京剧，马连良就让他的徒弟言少朋教我。

开始让我学八句，我说学不会，后来改成四句，又改成两句，最后决定一句也不唱了。戏里有个细节：马连良饰演的老仆薛保让小东人去向三娘王春娥赔罪。小东人问薛保：“挨打疼不疼？”薛保说：“挨打哪有不疼之理。”小东人说：“既然你知道疼，

1950 年，我（右三）是电影《虎口余生》主演之一

就代替我去挨打吧！”然后就推了薛保一把。

结果，我这一推用力太大，把马连良推了个趔趄。本来，他还有个身段儿，就没亮出来。马连良一撩髯口来了句：“你还真使劲儿啊！”我不知道京剧的动作都是做样子的，不像演电影，要真实的效果。到了后台，马连良对我说：“在舞台上不能使那么大的劲儿。”我说“我想演得真一点儿”，他就无语了。

到广州慰问解放军，我们是准备了节目的。钱千里跟我一块儿演了个活报剧，叫《红军来了》。戏里有个佛龛，国民党兵来查的时候，它就是个祖宗牌位；国民党兵一走，佛龛就反过来，背面写的是“共产党万岁”。那个佛龛道具上有根钉子，要

1951年前后，我在香港

拔掉它，佛龛才能转过来。结果，演出的时候转不过来了，美工忘记拔钉子了。

钱千里演我的爷爷，钉子在佛龛正面，他又不能上舞台来拔钉子，台底下都是观众啊。这可怎么办？我灵机一动在底下给钱千里扶着凳子，接着说："爷爷，我给您扶着点儿。"美工就趁机递过来榔头，比画着要拔钉子。钱千里很聪明，"共产党万岁"这一面就露出来了。我就这么救了这个台，不然穿了帮，就是政治问题。

呼吸到新中国的气息

广州有那种粤式香肠儿，是很有名的。那天，我去买香肠儿，感觉后面有人把手指头伸进我的裤兜里。我不是演过小偷儿吗？知道碰上有小偷儿了。我穿的是牛仔裤，牛仔裤不是很瘦、很紧吗？我就故意把裤子弄得松一点。那小偷儿的手一伸进去，我一撅屁股，他"啊"地叫了一声，手就抽不出来了。卖香肠儿的说：人家在买我的香肠儿，你偷人家东西，到时候付不起钱怎么办？他一拳打过去，把小偷儿揍跑了。

看到解放之后的广州，那种情景和心情是不一样的，给我的感觉，真是换了一个天地，空气都格外舒服。新中国的气息感染着大家，一切都很新鲜。而且，我熟悉的北京已经成了首都，我特别想早点儿回去看看，同时，也很想念那里的亲人，还有北影厂的老师和朋友。

我记得，李丽华那时候买了1000港币的爱国公债。我在广州学的第一首歌叫《团结就是力量》，“团结是力量，团结是力量，我们团结是力量”，几句反复唱，简洁有力。这是新中国刚成立时的歌，不是后来那首《团结就是力量》。我们在火车上唱起这首歌，大家觉得更亲密和团结了。那次从广州回到香港以后，刘琼就在《大公报》上发表文章，谈赴穗观感：目睹了人民解放军纪律严明、共产党言行一致。

尽管对政治懵懵懂懂的，但在进步电影人影响下，我没有走歪路，而且一直走革命的正路。后来才慢慢知道，我身边有很多中共党员。比如赵丹的原配夫人叶露茜，是1947年在香港秘密加入中国共产党的，后来是中共的沪港地下交通员。

戴耘（1909—1995）

像《火葬》里演我母亲的戴耘，当时在“永华”和其他电影公司做特约演员，我们还一起合作过《海誓》和《冬去春来》。她其实是文艺界的老“潜伏”了。戴耘原来在上海工人夜校

做老师，后来在业余互助剧团当演员，以演员职业为掩护，做党的地下工作。她还把9岁的女儿刘彬和11岁的儿子刘泉送到抗日根据地，参加了新四军。这些事当年都是很秘密的。

跟这些前辈在一起，对我有潜移默化的影响。他们都是电影界非常出名的人，我是在这个进步电影圈呵护下长大的。俗话说，近朱者赤，近墨者黑。这种指引和关爱是金钱无法衡量的。

我现在是奔90岁的人了，那些令人尊敬的老艺人绝大部分已不在人世，我很怀念他们。一想起他们，我心里还是那么亲热、那么难忘，他们给了我感情上最大的满足。在我成长的年纪，失去了太多亲人和家庭温暖，这些前辈给了我很有营养的情感补充，是我一生最大的财富。他们为什么能成为明星？除了艺术天赋和付出，还有很多原因。他们的人品和艺德，是别人感受不到的。

香港电影业的此消彼长

在创办之初的两年里，“永华”一口气拍了11部国语片。李祖永这个人政治上属于右派，也就是亲国民党的，慢慢地跟左翼电影人产生了矛盾。从1948年下半年开始，“永华”的主要力量纷纷走了，拍片子的质量和速度都开始下降。到1949年7月，因为意见不合，张善琨和李祖永闹翻了。张善琨退出“永华”，另外成立了长城影业公司，就是“旧长城”。

“旧长城”拍摄了故事片《荡妇心》《血染海棠红》《一代妖姬》

朱石麟（1899—1967）

《琼楼恨》《王氏四侠》《花街》，歌舞片《彩虹曲》等片子。《荡妇心》是根据俄国大作家列夫·托尔斯泰的小说《复活》改编的，导演是岳枫，主演有白光、严俊、龚秋霞、韩非、司马音、王小龙等人。这个片子一上映，香港万人空巷，让女主角白光一夜走红。《彩虹曲》是中国第一部彩色歌舞片，周璇主演的。

风水轮流转。“永华”的对手不仅仅是“旧长城”，还有一批左派电影公司。1949 年，费穆和弟弟费秉（即费彝民）创办了龙马影业公司，投资人是著名的电影事业家吴性栽。10 年前，费穆在上海创办过民华影业公司。专门拍摄国语片的“龙马”是倾向左翼的，司马文森、洪遒、齐闻韶等左翼电影人都先后加盟。

吴性栽不是左翼电影人，但他和费穆私交很好。当年费穆在上海拍《小城之春》，还有梅兰芳主演的戏曲片——中国第一部彩色电影《生死恨》，都是吴性栽投资的，可见吴性栽对费穆的信任。吴性栽属龙，费穆属马，据说“龙马”这个名字是这么来的。

“龙马”的开山之作，是根据法国文豪莫泊桑的小说《羊脂球》改编的，叫《花姑娘》。费穆挖来了李丽华主演，还请来朱石麟导演坐镇。“龙马”一共拍了 9 部片子，朱石麟导演了 8 部，像《花

姑娘》《误佳期》《江湖儿女》《一板之隔》等。《一板之隔》后来还被收进了《世界电影辞典》。可惜的是，“龙马”成立才一年多，费穆就因为心脏病突发去世了，时年 45 岁。龙马影业公司由朱石麟接手。

1950 年，长城影业公司（“旧长城”）改组为长城电影制片有限公司（“新长城”），成为香港较大的电影制片机构

这里提一句费穆的弟弟费彝民，他是著名的报人。费穆在香港的时候，费彝民也从上海被派到香港，筹备《大公报》的复刊，随后担任大公报社的社长。费穆的大女儿费明仪后来成为香港的女高音歌唱家。

1950 年初，右翼倾向的张善琨退出“旧长城”，另组新华影业公司。左翼电影人将“旧长城”改组为长城电影制片有限公司，这就是“新长城”。1950 年朝鲜战争爆发后，香港和内地边境都被封锁了，这在两地边境历史上还是头一次。港英政府对左翼电影人的监视更严了。左派电影创作不能带有明显的政治倾向，又要在市场上生存，就拍一些“中间化”的片子，艺术风格更多样化了。当然，主题都是引导人们向上、向善的。

左翼电影人的工潮

回头再来说“永华”。张善琨的出走、导演和演员人才的流失，加上新对手的竞争，内地电影市场又对香港关闭，“永华”的经营开始走下坡路，资金周转出现问题，陷入严重亏损。李祖永慌了，对公司内部左派人士的控制更严了，连剧本都要亲自审查。李萍倩导演《落难公子》的时候，李祖永发现他没按剧本拍，擅自改动台词，在片场直接把胶片烧了。

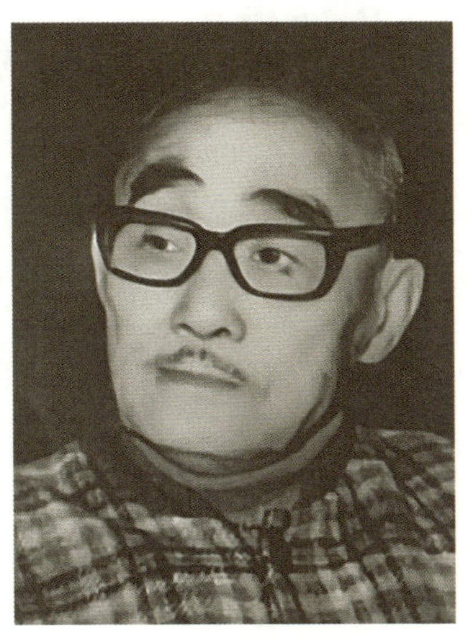

李萍倩（1902—1984）

刘琼是《落难公子》的男主角，他演一个大少爷，落难到最底层。我演一个小偷，教他怎么偷东西。有一场戏，是这个大少爷第一次进贫民窟。屋里边儿正在赌博，我带着落难大少爷回来了。那天，我没偷到钱，只偷了一只烧鸡。那鸡脖子长长的，我把它扎在裤子里头，光露出两条鸡腿。

一进屋，小偷的头子就把烧鸡分给大家吃了，然后继续打牌。他们打的是“梭哈”，我就在一旁看。刘琼扮演的大少爷手里没好牌，但表面很镇定，让大伙儿把钱都押上，把他们都镇住了，没人敢跟牌。我在旁边看着急了，就说他装假的，他手里没好牌。大伙儿一听都傻眼了，说这个大少爷不简单，做小偷屈才

沈寂（1924—2016）

了，能做老千，就是大骗子的意思。刘琼把那个戏演得惟妙惟肖。

“永华”的制作成本一直很高，浪费也不小。经营支撑不住，在1950年差不多停产了一年。李祖永不服输，从1951年下半年开始，又拍了9部片子，但亏损越来越严重，拖欠了很多工资。当时，“永华”还留下一些左翼电影人，他们被拖欠了3个月工资，就组织工潮。起初，李祖永说，只要开拍新戏就给钱。结果呢，新戏开拍了，工资还是拖欠。剧组人员就举荐编剧沈寂做代表，找李祖永谈判，不补发工资就停工。

李祖永一开始想拉拢沈寂，答应送他到美国进修。沈寂没上当，李祖永就来硬的，说沈寂被共产党利用了。这一招是很阴的，李祖永想借港英政府的手除掉这些左翼电影人，也解决欠薪问题。谈判破裂了，沈寂写了一篇文章，剧组成员基本都签了名。

这篇文章在《大公报》一发表，李祖永就把沈寂和副导演杨华开除了。剧组有8个人跟着辞职抗议，其他员工天天到“永华”请愿。香港电影工作者学会也来声援。“永华”毕竟欠薪理亏。李祖永没办法，宣布在1952年1月10日补发欠薪。

这次工潮尽管是由欠薪引起的，但右派势力趁机大做文章，说香港电影界都被中共控制了。港英政府早就警惕左翼电影人，这边还在等李祖永兑现承诺，那边，港英政府动手了。到了承诺发工资那天，沈寂一早就被香港警察抓走了，宣布他是“不受港督欢迎者”，终身驱逐出境。

1949 年，我在香港与陶金、齐闻韶等人租住的宿舍楼顶留影

这里还有个小插曲：当时，沈寂编剧的一个片子，凤凰影业公司正在拍，叫《中秋月》。因为沈寂被驱逐出境了，这部电影第二年上映的时候，编剧署名加在导演朱石麟头上。香港电影资料馆的电影名录里，这个片子的编剧还是沈寂，在备注里注释公映时署名“编导朱石麟”。

按照香港法律，终身驱逐出境是很重的刑罚，仅次于绞刑。被驱逐出境的，还有司马文森、舒适、齐闻韶、刘琼、蒋伟、白沉、狄梵、马国亮、杨华等人。以“影学”为代表的左派力量在香港受到很大打击，也是整个香港华语电影的损失。当时，刘琼正在导演一部“南国”拍的片子，叫《青春颂》，又叫《青春之歌》，刘琼和卢珏编剧，刘琼、陈娟娟、舒适、龚秋霞主演。因为刘琼和舒适被驱逐出境，这个片子后来是由副导演胡小峰完成的。

经受了港英政府的打击，香港左翼电影人又开始重整旗鼓。1952 年，新联影业公司和凤凰影业公司都成立了。在左派电影

1948 年春，在香港浅水湾的萧红墓前，左起依次为：陶金、秦威、吴祖光、吕恩、夏衍、郑敏、陈歌辛，前蹲者为吴家骧

公司“长凤新”中，“新长城”以写实片为主，“凤凰”以家庭伦理片为主，这两家拍国语片。“新联”以粤语片为主，1954 年拍的《梁山伯与祝英台》，是香港电影史上第一部创百万元票房的电影。

1951 年，国民党台湾当局制定了“戡乱时期国产影片处理办法”，禁止放映香港左翼电影人参与制作和演出的影片。海峡两岸对香港电影人的争夺非常激烈。当时，香港有些影片为了投机，拍两个结尾，一个是到大陆去，另一个是到台湾去，为不同的电影市场准备。

开始很辉煌的“永华”，结局是很凄惨的，几年后被“国泰”接管了。1954 年，大火烧了“永华”的胶片库；1956 年，“永华”宣布关门。它拍的最后一部片子是《飞虎将军》，李祖永也从此告别影坛。

九龙那场大火

香港很多电影胶片都给烧了。与香港一河之隔的深圳，原来就是个靠近罗湖桥的小镇，那时候属于宝安县。南下大军解放深圳的时候，在东门墟的民乐戏院搞了一个庆祝大会。香港派去一个电影队，拍了纪录片，那些胶片也因为一次失火烧了，很可惜。

那时的电影胶片特别容易起火，因为是用赛璐珞做的，就是做乒乓球那种赛璐珞，碰一点儿火星都不行；不要说碰到火，达到一定温度就自燃。香港那地方天气又热。“永华”的电影胶片烧得真可惜。所以，现在到香港找老电影资料就很难了。我听说，香港电影资料馆还保存了一些。一些发行到南洋和上海在民间放映的拷贝被保留下来。

我记得，临回内地之前，九龙着了一场大火，是从九龙城东头村开始烧的。当时住的是“新长城”的宿舍，我和严俊住在一起。“新长城”的老板派人护送我们上山。我往山上跑，只带了一箱子玩具，连衣物都来不及拿。我想，宿舍有个水箱，里面有水。香港是严重缺水的城市，所以都备有水箱储水。我琢磨，把东西放在水箱里泡着，最多就是煮一煮。

那应该是 1951 年 11 月份的事。香港木屋多，一着火就是火烧连营。九龙那场大火烧了 5000 多间房子，灾民有 2 万多人。等我回来一看，那火离水箱就差几米远了。打开水箱一看，我的

1951 年，大光明影业公司的电影人撤回上海之前在香港留影

那些衣服都变黄了，染得像迷彩服一样。原来，那个水箱生锈了，衣服都被煮黄了。我看着那些衣服特别心疼，就哭了。对这场火灾，当时还拍了一个纪录片，叫《九龙城东头村火灾实录》，还有个名字叫《九龙城东头村火灾真相》。

回到内地之后，我听说严俊和李丽华结了婚。严俊在 1953 年执导了第一部电影，叫《巫山盟》，是李丽华主演的。他们也一起主演过电影。

第八章　回到新中国的怀抱

告别香港的日子

1949 年 10 月新中国一成立，在香港的进步文化人就纷纷回到内地。1951 年 12 月，我是跟着陶金等人一起回来的，李丽华送我们到海关。我们从香港坐火车先到广州，然后到了上海。王丹凤也是在参加了到广州慰问解放军的演出之后，毅然决定回上海的。

新中国就像一块巨大的磁石，强有力地吸住了我的心。遗憾的是李丽华没有回来，她还在等陶金的答复。当时，她是很想回上海的，这是她出生的地方。在重大历史转折关头，人生的命运轨迹常常是捉摸不定的。如果李丽华回来，我想，她就不至于后来去台湾了。但是，如果回来，她也许就没有 20 世纪 50 年代在好莱坞的辉煌。1980 年 5 月，李丽华访问上海，并到上影看望她的老朋友。后来，我才知道，李丽华当时特意问过我在哪里，

1950年，我在香港

想见见我，但陪同的人说我不在上海。其实，我是在上海的。可能当时刚刚改革开放，组织上不想让她见那么多人。

在香港，那些左翼电影人有优厚的待遇和优越的艺术创作环境，又有大量的影迷，为什么还是毫不犹豫地离开那里？这段历史，在今天的年轻人看来似乎很费解。

我是从旧时代走过来的人，经历了民国的战乱、日本的侵略，接着又是内战的硝烟。当年不要说搞艺术创作，就是安定的生活和生命安全都没保障。尤其是那个年代，国民党政府腐败，社会不平等，穷人受欺负。封建思想和陈腐传统的残害，再加上物价飞涨、民不聊生，老百姓惶惶不可终日，谁不盼望能过上和平、安定的日子呢？那就是最大的幸福、最美的梦想。

左翼电影人有的被港英当局驱逐，有的回去建设新中国。我也知道，自己肯定是要跟着大人们回内地的。谢添也给我写信说："学景，现在解放了，家里好过了，可以吃饱饭了，你大哥又在厂里做职工了，你快点回来吧！"

我回来肯定是不能空手的。在"永华"拍戏一年之后，我就开始接其他电影公司的戏，比如"长城""大光明""南国"的戏。离开香港的时候，我已经攒下了一些钱。陶金告诉我要带礼物，他陪我上街去买。我给北京的大哥、大嫂，还有其他哥哥、妹妹买了很多礼物，有手表、金项链、毛衣等等。我能挣钱了，多少是个心意。我已经长大了，可以回报兄嫂的养育之恩。

大约 1951 年，我在香港

想到要回新中国，回到故乡，我心里很兴奋、很期待。那时，我才 17 岁，已经有了 6 年戏龄，成了初出茅庐的“童星”，对未来有着很多美好的遐想。

当时最流行的一个词儿就是“解放”。现在的年轻人，可能不理解这个词儿的丰富内涵。经历过旧社会苦难的人，对于“解放”的含义体会最深。中华人民共和国成立后，人民当家作主的新政权建立了，共产党主张“艺术为人民大众服务”，老百姓也可以成为电影里的主人公，这是过去哪个朝代和政府都没做到的。

所以，那些很早就成名的电影人，就像葵花追随阳光一样，渴望找到一个真正可以实现梦想的艺术舞台。他们那时都很年轻、很有才华，充满活力，有火一样燃烧着的艺术之心。他们怀着极大的热情和期盼，回来投身新中国建设，投身到新民主主义文化的大潮中。

新中国的电影事业

新中国终于有了自己的文化事业，有了第一次属于人民的电影。对于从旧社会过来的电影人来说，这简直像做梦一样，每个人都有不同的幻想和相似的新奇感。

说起新中国电影，它的“摇篮”应该是在吉林长春，就是长影（长春电影制片厂）。它的前身呢，是日本人在卢沟桥事变那一年建立的“满映”。1945 年日本投降后，中共地下党员刘建民、赵东黎秘密到了“满映”，为接管这个电影厂，组织进步职工护厂。

那年的 10 月 1 日，共产党领导的东影（东北电影公司）就成立了。因为东北民主联军战事不利，东影从长春迁到黑龙江的鹤岗，当时叫合江省兴山市。第二年，也就是 1946 年，东北电影公司改名叫东北电影制片厂，厂长是袁牧之。那时候，虽然新中国还没诞生，但这个在解放区的电影厂，已经算新中国第一个电影制片基地了。

东北电影制片厂拍摄过一部纪录片，叫《民主东北》。这个片子是在战场上拍摄的，还牺牲了 3 位年轻的摄影师：张绍柯、王静安、杨荫萱；一共有 17 集，用了 30 万英尺胶片。所以，那时候拍电影的都是战地电影人，是用生命在拍电影。对这一点，现在的电影从业人员是难以想象的。

1948 年 10 月，长春解放了，东北电影制片厂分批迁回长春。

到1949年5月，拍了《桥》，这个片子被认为是新中国的第一部故事片。当时，拍摄条件是非常艰难的。1955年2月，东北电影制片厂改称长春电影制片厂，长影拍摄的《祖国的花朵》《平原游击队》和《董存瑞》都是那一年上映的。

20世纪50年代，我在上海电影制片厂的证件照

后来，长影陆续拍了《上甘岭》《五朵金花》《刘三姐》《英雄儿女》等片子，现在

东北电影制片厂的部分工作人员

60岁以上的人应该是有深刻记忆的；长影的译制片也非常出名，像《普通一兵》《夏伯阳》这些。

从香港到上海

新中国成立之初，从海外归来的电影人主要集中在北京、上海和长春，理由很简单，因为那里有电影厂。我随着一批老电影人到了上海。我还记得，李丽华要给上海一个亲戚带钢丝录音机，让我带两盘钢丝录音带，陶金也带了一盘，后来是我送到淮海路她亲戚家的。

这是我第二次到上海。当年，我去香港，是从北平先飞到上海，第一次见到十里洋场的高楼、洋房和汽车。我到香港后，看到九龙破破烂烂的，相比之下，落差很大。回到上海后，我本来打算考儿童剧团，或者是"上戏"。"上戏"就是上海戏剧学院的前身，当时叫上海市立戏剧专科学校。后来，人家说我是从香港回来的，政治上太无知。我对革命形势一点儿都不了解，连政治术语都不懂几句，只知道共产党、毛主席。别人的政治觉悟都很高，都比我成熟。听了这些劝告，我放弃了原来的打算，正好北影厂要拍《龙须沟》，就借调到那个剧组了。

时隔几年回到北京，时代和我本人都经历了很大的变化。北平已经变成新中国的首都北京，用当时的话说，就是"新旧社会

1950年前后，我在香港

两重天”。原来熟悉的中电三厂，已然成了北影，成了新中国的电影厂。

北影是在1949年4月成立的，当时叫北平电影制片厂。1949年初，北平和平解放，军管会接收了原国民党的中电三厂，并从延安和其他地方调来一些搞电影的人才，在这个基础上成立了北影。举行开国大典那一天，厂名里的“北平”也改成了“北京”。

我从一个误打误撞进入电影圈的小孩子，经历了香港电影界的锻炼，尤其是得到老电影人的指点和耳濡目染，在电影表演上有很大的长进，尤其对电影艺术有了更深的理解。回到熟悉的北京城，我成了自豪的人民演员，不是旧社会所说的“戏子”，那种感觉是很新鲜、很刺激的，觉得浑身有使不完的劲儿。

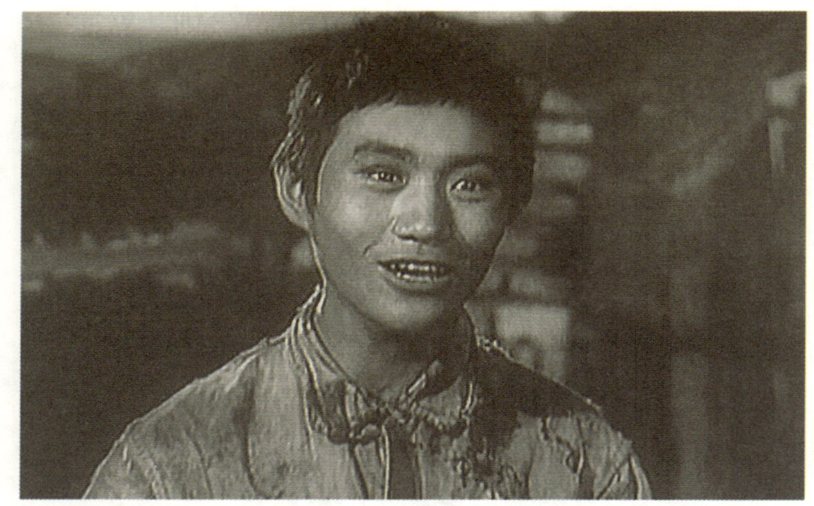
1952 年，我在电影《龙须沟》中扮演二嘎子

《龙须沟》里的二嘎子

《龙须沟》这个片子拍摄周期很长，中间因为搞“三反”运动，拍摄停了一段时间，所以，到 1952 年才上映。片子讲述北京南城龙须沟旁，一个小院儿里 4 户人家生活和命运的巨大变化。

这个戏是根据老舍的同名话剧改编的，冼群导演，于是之、于蓝、张伐、郑榕等人主演。这个戏本来想请谢添演程疯子，也是谢添推荐我到这个剧组的。后来改成于是之主演，这部戏成就了于是之。那时候，北京的演员不像上海那么多。于是之是老北京，不仅带京腔儿，又会地方戏曲，对当地生活也熟悉。程疯子的妻子程娘子是于蓝扮演的。

1952 年，电影《龙须沟》剧照中的我（右）与扮演小妞子的陈世温

《龙须沟》是新中国的颂歌。旧社会的穷苦人挨国民党、恶霸、流氓的欺负，一个曲艺艺人被逼成了“疯子”，新社会让“疯子”又变成了艺人。这是一个非常接地气的戏，片子里的“龙须沟”，是老北平天桥儿东边的一条臭水沟。通过这条臭水沟和小院儿里 4 户人家命运的改变，反映了社会环境今非昔比，非常有寓意。

我在戏里扮演的是个苦孩子，叫二嘎子，顽皮、乐观。新中国成立了，大杂院儿的人迎来了翻身解放，过上了扬眉吐气的新生活。程疯子当上了自来水站管理员，郑榕扮演的老赵头儿当上区人民代表，张伐扮演的丁四不挨欺负了，他们夫妇也不再因为穷日子过不下去吵架了。二春进了工厂。我扮演的二嘎子也不捡煤核儿了，在政府里找到了工作。原来又脏又臭的龙须沟变成了公路。

“龙须沟”那条沟是在北影厂后墙那里挖的，当年拍《圣城记》的教堂也是在那里搭的。《十三号凶宅》同样在那里拍。拍

1952 年，电影《龙须沟》海报

《龙须沟》的时候，天气很冷。有一场戏是下大雨，我的妹妹小妞子想要金鱼，我就给她偷了两条。后来，小妞子掉到臭沟里，被水冲走了。那时候没有防水的服装，就在演员身上缠了很多玻璃纸，再穿外衣。拍摄之前，喝几口白酒，暖暖身子。再冷的天，谁也不会叫苦，因为那些老演员做了表率。

我在老北平生活过，又是苦孩子出身，所以，对那个故事背景有亲身体验，演起来完全是本色出演，演的就是我自己。虽然我演的是个小配角，但《龙须沟》这个戏，对我后来的表演生涯产生了很大影响。可以说，它给我铺设了一条表演方向上的轨道——演普通老百姓，从事为人民服务的艺术。从此，我一直没有脱离过这条轨道。当时刚回到新中国，我又是个年轻演员，跟老演员学会了自我牺牲精神。自那以后，我就记着，拍电影要认认真真，不怕苦、不怕脏、不怕累、不讲条件。

我在北京入了团

我刚到北京就赶上了“三反”运动，《龙须沟》剧组的拍摄工作也停了。我那时候年纪小，算革命群众，就被临时抽调去搞运动。在这期间，我入团了，当时叫新民主主义青年团。我的入团介绍人是师伟。她比我大6岁，当时在北影厂，后来调到上影，我们合作过《苗家儿女》。师伟是个戏路很宽的演员，从上影又调到八一厂之后，演过《林海雪原》里的小白鸽、《秘密图纸》里的女特务，还演过不少话剧。

“三反”不是打“老虎”吗？就是那些被检举揭发出来的“三反”分子。剧组停工了。我的任务是看管“老虎”，其中有电影厂里的医生啊、哪个科长啊。他们被关了禁闭，我当“看守”，不能跟他们多说话。闲着无聊，我就做了一个捉老鼠的笼子。那个笼子是用纸箱做的，设计得很巧妙，有个门，老鼠一进来，碰到机关，门就关上了。

那天，我出去看电影，就让“老虎”们帮我看着笼子。我刚一回来，有人就对我喊：“牛同志，老鼠逮到了！”我琢磨着，怎么搞点儿游戏呢？就在老鼠身上抹了汽油。一点火，那老鼠带着

1952年，电影《龙须沟》剧照中的我与扮演二春的刘节

满身的火乱窜，跑了没几米跑不动了，烧死了。我过去一看，吓出一身冷汗。原来，老鼠倒下的那地方，旁边就是道具仓库，里边有好多布景片。好悬！就差那么两三米，如果老鼠钻进去把布景片点着了，那我就惹大祸了。那些“老虎”都替我捏把汗。

现在想起来，“三反”运动除了打“大老虎”，普通群众也受到波及。在《龙须沟》里演二春的演员刘节，也是个新民主主义青年团团员，因为偷偷抽烟被发现了，也挨批斗，说她生活腐化堕落。我是从香港回来的，那边是资本主义社会，所以很不适应，一时很难接受和理解。当时的北京电影界不仅有从解放区来的电影人，还有从国民党统治区来的，后者都要接受思想改造。我刚从香港回来，自然也是改造对象。

我大哥张学杰参加中国人民志愿军时的戎装照

挽救我大哥

我万万没想到，在那场运动中，连我大哥也受了牵连。我大哥去朝鲜参加抗美援朝战争，当汽车驾驶员，因为那时候会开汽车的人是很少的。旧社会的司机都有个毛病，喜欢卖旧车胎之类的，卖点儿钱就买酒喝。我大哥不是有闺女吗？她要出嫁，至少得有两床被面儿当陪嫁。我大哥在朝鲜就卖了旧车胎，分一点钱，买了几尺苏联产的花布，打算给他闺女做被面儿。

赶上“三反”运动，我大哥卖轮胎的事情被揭发出来，认定他贪污。我大哥给弄到批斗会上，跪在那里。我一看就受不了啦，觉得很丢人。后来，单位上说，如果我大哥把贪污的东西退赔了，就不用挨批斗，还可以继续做司机，算是挽救他。我就把从香港带回来的东西，像照相机、手表那些都交上去了。

这件事对我的打击还是挺大的。本来，我是看管“老虎”的牛同志；结果，我大哥也成了“老虎”。这个时候，我觉得留在北影很没面子，就下定决心回上海。我熟悉的绝大部分老电影人都在上海，只有谢添在北京。我想，还是回到从香港一起回来的那些前辈身边，他们都是我最信任的人。

我离开北京还有一个原因。以前在我大哥家住的时候，我还

1952 年，电影《龙须沟》剧照，左起：于是之、于蓝、我、刘节、黎频

我同于是之（中）、于蓝（右）重逢

是孩子，要靠大哥、大嫂照顾。我对大哥、大嫂都很敬畏，他们就是家长，我都很怕的。如今，我有了工资，在香港也赚了点儿钱回来，就有点儿翘尾巴了。

在北影，我还收到从香港寄来的拍戏报酬呢，就给自己做了一件礼服呢的衣服。我能挣钱了，也长大了，大嫂却还把我当小孩儿，还拿从前那个态度对待我和妹妹，我就有点儿接受不了。现在想想，人在年轻的时候都会有小孩子脾气，这就是“成长的代价”吧！总之，从那次离开北京到上海，我就一直在上影工作。

电影《龙须沟》片段

第九章　上影就是我的家

上影的前世今生

上海是中国电影业的摇篮。新中国成立后，上海电影也迎来了艺术的春天。实际上，在上海解放和新中国成立前夕，中共上海地下组织领导的红色电影队伍就已经诞生，所以说，上影的雏形可以追溯到 1949 年初，不仅有组织、有队伍，还有片子。《三毛流浪记》就是跨上海解放和新中国诞生前后时间段的片子。

1949 年 3 月，上海解放已是曙光在前了。在上海剧影协会筹委会领导下，先后秘密组成了 40 多个迎接解放的演出队，总队长是吕复。“昆仑”“文华”“国泰”“大同”和“清华”等电影公司分别成立了演出队。5 月 27 日，上海解放。

6 月初，于伶和东影调来的钟敬之以军代表身份，代表上海市军管会文艺处召见国民党中央电影企业股份有限公司负责人，宣布军事接管。军管会文艺处随即接管了国民党在上海的中央电影企业总管理处，以及中电一厂、中电二厂、中国电影制片厂、上海实验电影工场、中华电影工业制片厂、农业教育电影制片厂、西北电影制片厂驻沪办事处、电影发行服务公司、国民政府内政部电影检查处、远东制片厂，还有海光大戏院、文化会堂、民光大戏院、国际大戏院等电影机构和影戏院。

当时，夏衍是上海市军管会文教委员会副主任，领导了上海电影制片厂的筹建工作。1949 年 11 月 16 日，上海电影制片厂正式成立。厂址在梵黄渡路，就是现在的万航渡路 618 号，后来迁到了漕溪北路 595 号。

这个上影就是国营的了。于伶和钟敬之分别担任正、副厂长，徐韬和蔡贲分别担任正、副秘书长，陈白尘和张骏祥分别担任艺术委员会正、副主任。下面设了 5 个摄影场，主要摄制故事片，也兼有美术片和译制片。1950 年，上影拍出了建厂后的第一部故事片《农家乐》。同一年，又译制了新中国成立后的第一部外国电影，叫《团的儿子》(原译名《小英雄》)，周彦做译制导演。

于伶（1907—1997）

这里要说说国营上影的首任厂长于伶。1931 年九一八事变后，他开始从事抗日戏剧活动，曾经是上海左翼戏剧的具体领导人、国防话剧的有力推动者；1937 年卢沟桥事变后，负责组织上海戏剧界救亡协会

上海电影制片厂旧版片头之一

的 13 个救亡演剧队。“孤岛”时期，于伶和欧阳予倩、阿英、许幸之、李伯龙等人留守上海，创作和组织演出抗日救亡话剧。

1941 年皖南事变后，于伶根据中共中央南方局的安排，转移到香港，和司徒慧敏、金山、王莹、蓝马等人组织旅港剧人协会，在香港播下话剧的种子。同年 12 月香港沦陷后，于伶和一大批进步文化人被中共游击队营救出香港，在大后方桂林和重庆，继续从事戏剧和电影工作。

1949 年上海解放后，从旧中国延续下来的私营电影公司继续运作。文华影业公司先后拍摄了《腐蚀》《我这一辈子》《思想问题》《关连长》《姐姐妹妹站起来》等片子，昆仑影业公司拍摄了《三毛流浪记》、《乌鸦与麻雀》和《武训传》（上、下集）等，其中一些片子是跨新中国成立前后的。

1950 年 8 月，上海五场（即原中华电影工业制片厂）最先实行公私合营改造为长江影业公司；1951 年 9 月，长江影业公司与昆仑影业公司合并，成立了公私合营的长昆厂（长江昆仑联合电影制片厂）；1952 年 2 月，在长昆厂的基础上，联合“文华”“国泰”“大同”“大中华”“大光明”“华光”等私营电影公司，成立了国营性质的“联影”（上海联合电影制片厂），下设 3 个摄影场，于伶兼任厂长。从此，上海结束了私营电影厂的历史。我从香港回到上海，先在联影落脚。《龙须沟》剧组借调我，是联影副厂长叶以群签的字。

到了 1953 年 2 月，上影与联影合并，名字还是上海电影制片厂。这是新版的上影，由文化部和上海市委双重领导。同时，

上海电影博物馆门前的雕塑（摄于 2020 年）

中央电影事业管理局科学教育电影制片厂（“科影”）也在上海成立，厂长是洪林。就在这一年，桑弧导演拍摄了戏曲片《梁山伯与祝英台》，这是新中国第一部彩色舞台艺术片。

上影演员剧团

回到上海的时候，我才 17 岁，连公民选举权都没有呢。人家选举，我只能管票箱。当时，上影演员剧团还没正式成立，我们演员都属于联影厂的演员组。联影是国营单位，我们等于都参加革命工作了。跟旧社会比，最大的区别是有组织了，拿了工资。而旧社会是没工资的。既然领工资，你就要听组织安排。联影厂的演员都下工厂体验生活，如果没接到戏，就在那里劳动。这个劳动不像干体力活儿那么简单，而是接受思想改造，工厂和农村都得去。

1957 年，“下生活”期间的我

1953 年 9 月 4 日，上影演员剧团正式成立，首批有 112 名演员，我也是其中之一。当时，我们剧团的团长是张望，副团长是金焰、汤化达、刘琼。当年演员剧团的地址是南京西路铜仁路，后来迁到武定路 1498 号；1954 年，又从武定路迁到瑞金一路 150 号。

1962 年，上影演员剧团部分演员摄于上海

1957 年 1 月，文化部党组给党中央打报告，提出要改进电影制片工作，用现在的话说，就是搞制片体制的改革。这个报告的主要精神是：以导演为中心成立创作组织，实行导演负责制。同时提议，上影厂分厂管理，可以自立厂名；我们演员剧团的演员分散到各制片单位去。

到了 4 月份，上海电影制片厂改组为联合企业性质的上海电影制片公司，经理是袁文殊，副经理是蔡贲、林琳、张骏祥、瞿白音。新公司下设“江南”（江南电影制片厂）、“海燕”（海燕电影制片厂）、“天马”（天马电影制片厂）3 个故事片厂，应云卫、沈浮、陈鲤庭分别担任厂长。

这时候，演员剧团的演员都分到 3 个厂的演员组：江南厂的负责人是白杨和李明，海燕厂由张瑞芳和孙道林负责，天马厂的负责人是白穆和铁牛。我去了天马厂，因为那里的很多老导演都是我合作过的，比如叶明、徐昌霖啊，还有几个山东来的导演。海燕厂的演员有赵丹、石挥、舒适、陶金。原来上影的演员，这几个厂都可以共享，就是互相借用。

分出 3 个故事片厂的同时，当初上影下属的美术片组、译制片组和洗印部门等，分别改组扩建为美影（上海美术电影制片厂）、译影（上海电影译制片厂）和上海电影技术供应厂、上海电影演员业余剧团、上海电影乐团、电影发行公司等 10 个单位。1957 年这一年，天马厂的谢晋导演了中国第一部体育电影《女篮五号》。

业余剧团不业余

上影厂一分为三之后，成立了上海电影演员业余剧团。这个剧团的名字叫“业余剧团”，其实是职业演员剧团，就是上影的电影演员在业余时间演话剧的意思。当时，电影生产不太正常，拍摄任务不多，很多演员没戏拍。参加舞台剧演出，也是

话剧《年青的一代》剧照中的我与张晓玲

业务训练，目的还是演好电影。其实，中国的电影演员大部分是演出舞台剧出身，像赵丹、白杨、张瑞芳、石挥等等，都有话剧表演的深厚功底。话剧表演的基础对演电影非常重要。

业余剧团归新成立的上海电影制片公司领导。我记得，剧团成立大会是在美琪大戏院开的。这个剧团的团长是金焰，副团长有汤化达、刘琼、吴绍炜，党支部书记是柏李，杨村彬是主要的导演。当时，长江剧场划归电影公司领导，专门供剧团演出使用。各厂的演员可以自己申请参加剧团排练和演出，也可以自由结合、自选剧目，排练成熟后，由剧团配备舞台工作人员进行演出。剧团的配备很齐，服装都是演员自己准备，还有木工、电工，可以独立承担剧目的排练和演出。

20世纪60年代初，我在上海兰心大剧院上演的话剧《风雪夜归人》中扮演乞丐甲

我记得，我们那时候拍了很多五四运动以来非常有影响的话剧，比如《家》《风雪夜归人》《名优之死》《雷雨》和《日出》。我们那部《雷雨》的导演是赵丹，那个阵容，到现在为止一直是被称赞的。除了保留剧目，我们

1953 年，汤晓丹执导的话剧《英雄的阵地》剧组，摄于上海兰心大剧院阳台，左一是中叔皇，右一是我

也排过新戏，比如《南海长城》，是表现福建前线民兵与国民党特务斗争的题材。导演是白穆。我在戏里演一个从台湾潜入大陆的“水鬼”特务，那是我唯一一次演反派。后来，这个话剧还被拍成了电影。

我们剧团排演过莎士比亚的《第十二夜》、老舍的《骆驼祥子》，还有《妯娌之间》《习惯成自然》《英雄的阵地》等剧目。像卫禹平、张伐、史原、李农、高笑鸥等人，都是剧团的骨干，张瑞芳、孙道临等人也参加过剧团的演出。

孙道临是近视眼，平常还总是掩饰。有一次在农村吃饭，大家围坐同一张桌。那桌子有条缝，像一根筷子那么宽。孙道临用自己的碗吃饭，他动作慢，等筷子拿过来，大伙儿取完只剩下一根了。孙道临就看那条桌子缝，以为是根筷子，却怎么拿也拿不起来。当时，剧组还有一个人，也是近视眼，也不爱戴眼镜。孙

话剧《三月三》剧照，右起：梁波罗、我、董霖

上海电影演员业余剧团送戏下乡

道临和他两个人擦肩而过，谁都没看清谁，走过去以后，一回头才打招呼。原来，他们俩都掩饰自己是近视眼。

我们剧团的演员参与了很多著名译制片的配音工作，像张瑞

1957 年，上海电影制片厂演员剧团演出话剧《家》

芳配音的《白夜》、孙道临配音的《王子复仇记》、卫禹平配音的《钦差大臣》、张伐配音的《列宁在一九一八》等等。之前，大部分外国电影的配音都是东北口音。

上影厂派到北京电影学院学习的几个人回厂之后，也参加了剧团的演出。除了在舞台上演戏，剧团还到上海街头和附近农村的田间地头做宣传：开一辆卡车，带上演职员和服装道具。一到现场，锣鼓一敲，拉开场子，观众就围上来了。那时候是宣传“大跃进”和社会主义建设总路线，我们演活报剧，还唱歌、跳舞和朗诵，很受群众欢迎。

这个业余剧团到 1958 年 10 月就撤销了，存在只有一年多。

演员又回到了各个电影厂。1959 年 4 月，党的八届七中全会在上海召开，中央领导和会议代表要看演出。本来剧团已经撤销，马上又被召集到兰心大戏院排练了《第十二夜》。毛主席因为临时有事没来看，周总理、贺龙、陈毅等中央首长，还有上海市委书记陈丕显等会议代表都来了，跟演出人员还有一张大合影。

电影厂“大跃进”

1958 年 10 月，为了适应“大跃进”形势需要，根据中央指示，各地电影事业下放到地方领导。上海电影制片公司又改为上海市电影局。当时要支援华东各省新建电影厂，江南厂在 1959 年 1 月被撤销，只保留了海燕厂和天马厂。开始“大跃进”的 1958 年，沈浮导演了中国第一部彩色宽银幕立体声故事片《老兵新传》；1959 年，郑君里导演了新中国第一部音乐传记片《聂耳》。

郑君里（1911—1969）

从 1949 年到 1959 年，短短 10 年间，上海电影制片厂成为新中国电影最大的生产基地。

1958 年开始搞“大跃进”，全国

上海电影制片厂演员剧团部分女演员

在几个片区筹建一批电影制片厂，当时提出的口号是："省有制片厂，县有电影院"。从1959年开始，上影开始支援各地建电影厂：中南片区是武影（武汉电影制片厂）和珠影（珠江电影制片厂），西南片区成立了峨影（峨眉电影制片厂）。

1959年初，上海市电影局从天马、海燕、上海电影技术供应厂等单位抽调艺术和技术专家，支援武影。陶金、黄婉苏、傅柏棠、曾昌等导演和演员，编剧刘任涛，编辑杜边、温刚，制片主任韦布，摄影师姚梅生，美工师李平野，录音师王仲宣、汤荣春，洗印师李思长，照明师赵永祥等人都在其列。那一年，武影拍出第一部片子，是汉剧《二度梅》，接着又拍了舞台戏剧艺术片《留住汉宫春》，这两部地方戏曲片都是陶金导演的。

1960年，武影与北影合拍《洪湖赤卫队》。谢添是导演，并出演了一个打入敌人内部的中共地下党员角色。1962年，中南区两家电影制片厂合并。武影的大部分人被合并到珠影，其中包括陶金。此外，峨影是 1959 年 7 月成立的。厂名由郭沫若题写，因为他是四川人嘛。

上影厂的分分合合

从 1966 年“文化大革命”开始，海燕和天马停止生产，海燕改名为红旗电影制片厂，天马改名为东方红电影制片厂。1972 年恢复拍摄影片时，上海电影制片厂的厂名曾一度恢复。

上海电影制片厂演员剧团部分演员

20 世纪 50 年代，冯喆（前排左一）、舒绣文（第二排右一）等上海电影演员剧团演员合影

1968 年，上海电影系统在奉贤成立电影“五七”干校；1970 年 8 月，在“清出一个厂子”“重新组织队伍”等极左口号下，大批电影工作者，特别是搞创作的和党政干部被赶出上影，当时的说法是去“战高温”。

粉碎“四人帮”之后的 1977 年，红旗厂和东方红厂合并，又叫上海电影制片厂，厂长为徐桑楚。我在上影几十年，我的电影生涯绝大部分是在上影演员剧团度过的，除了“文化大革命”

中到“五七”干校和被迫去“战高温”7年——完全脱离了电影界。

我不愿意换职业，更不愿意离开上海。我不愿意换来换去的。当时，我抱定了一条：你让我去“战高温”、下工厂都可以，我就是不离开电影界。早晚有一天，我还回去搞电影。这个信念，我一辈子都没变过。你可以说我很犟，也可以说我很专一，总之，我就是这种性格。

上影从成立到今天，拍过很多好片子，像《宋景诗》《家》《51号兵站》《今天我休息》《红楼梦》《李师师》《铁窗烈火》《钢铁世家》《春满人间》《孙悟空三打白骨精》《红色娘子军》《小刀会》《燎原》《红日》《舞台姐妹》《魔术师的奇遇》《枯木逢春》《李双双》《白求恩大夫》《渡江侦察记》《林则徐》，后来还拍了《苦恼人的笑》《巴山夜雨》《城南旧事》《芙蓉镇》《天云山传奇》《牧马人》等。这一长串片名，反映了上影曲折坎坷的电影事业。

上影记录了新中国的历史，留下了时代的印记，是一代代电影人为之付出心血换来的。所以，我对上海、对上影的感情非常深。我的大好时光都是在这里度过的，其间有酸甜苦辣，这些也是人生中难免的。

第十章　五十年代拍电影

走进云南大山

1953年，我到云南拍《山间铃响马帮来》。这个片子讲的是新中国成立初期，发生在云南苗族和哈尼族村寨的故事：为了保障边疆各族人民日常生活物资供应，边防部队与搞破坏的国民党残匪和特务英勇战斗。

《山间铃响马帮来》的剧本是白桦创作的，导演是王为一，演员有刘琼、于洋、孙景路、冯奇、吴漾、仲星火、范雪朋、程之、梁山等人。我在戏里扮演苗族少年密乌。我记得有一个镜头：我在树上放哨，抱着一根竹竿儿滑下来。

那是我到上海后拍的第一部戏，拍了9个月。我们在当地一个仓库里搭景，全部内景、外景都是在当地拍的。回到电影厂里，等于拿了一个拍摄完成的片子回来，这种情况在上影历史上还是第一次。

1954 年，电影《山间铃响马帮来》海报

这个戏里的服装、风景和风俗都很有少数民族特色。我还记得，在当地体验生活的时候，孙景路找了山寨里最好看的苗家姑娘，学人家走路，一扭一扭的。她迷上了那个苗族姑娘的姿态，结果被说成追求小资情调。

刘琼和孙景路都是我在香港合作过的演员。刘琼演苗族村寨里的联防主任，叫拉若埃。于洋和孙景路是男、女主角：一个演苗族村寨的联防队队长黛乌；另一个演苗族女青年蓝蒡，是拉若埃的女儿。在戏里，他们是恋人。

孙景路是老演员、上海人，20 世纪 30 年代就开始演电影了，在蔡楚生导演的《孤岛天堂》里演一个舞女。她后来同样去了香港，拍过"大中华""永华""大光明"这些电影公司的戏。那时，我们合作过《春雷》《大凉山恩仇记》《神·鬼·人》等。新中国成立后，她也从香港回到上海，我们都在上影演员剧团。1962 年上映的《球迷》中，我们又有合作。

范雪朋演我妈妈。她是资格更老的演员了：中国第一代武打女星。20 世纪 20 年代，因为演《儿女英雄》里的侠女十三妹，范雪朋成为很红的"银幕侠女"。她跟演过《火烧红莲寺》的胡蝶，都是比较早吊钢丝的女演员。吊钢丝现在发展成了威亚，这个东西原本是用来保护运动员的，就是把很结实的绳子系在运动员的保护带上，防止失手从空中摔下来。在杂技里，"空中飞人"的保护绳也是这个设备。现在，电影里用威亚比较多了，尤其是武打片、古装片，用的是很细的钢丝。

1954 年，电影《山间铃响马帮来》剧照，左起：吴漾、于洋、我

辛苦的旅途

到云南拍戏，要经过贵州，还路过黄果树瀑布。先说坐火车，睡火车硬卧的那个床铺呢，可以自己带被子，不然就得花钱租卧具。这个钱，剧组是不管的。公家付行李托运费，但是，超重了就要自己出钱。吃饭是集体伙食，还得自己掏钱。

路上挺艰苦的。山很高，路很难走。上个山要一天还不止，下个山也得半天。我们坐的是卡车，车斗的中间和两边搁上行李，可以坐三排人。

我们都是自己打行李，年纪轻的还要帮年纪大的打。凌晨1点钟，一定要把行李运到门口，往车上弄，好多个行李呀。年纪大一点儿的，坐在车斗前头，靠近驾驶楼那里。车斗后头让年轻人坐，因为后头比较颠。大家一路颠簸，衣服上、脸上都是土，一个个都像土地爷似的，光剩两只眼睛没有土。有的人还晕车。

除了坐车，也要走路，我腰上系一根草绳，带上一双布鞋，走一天路下来，两条腿都是肿的。老演员、女演员或者身体不好的，就照顾一下，可以骑驴、骑马。有一次，孙景路一边骑驴一边唱歌，过了一个坡，听不见她的声音了，走过去一看，原来是从驴身上摔下来了。刘琼年纪大，也可以骑驴。他腿长，来到悬崖边，一看挺危险，两只脚往地上一站，驴就从他胯下跑了。

路上经常是上不着村儿、下不着店儿的。如果到了晚上，翻山来不及了，就在山下旅馆里休息。绳子、枕头、被子、褥子、蚊帐都要自己带着，枕头套旦边塞换洗衣服，通通放在大行李卷儿里头。往旅馆房间地上铺块油布，因为油布防潮嘛，再铺点儿稻草，上头铺上自己的被子、褥子，我们都是这样睡的。男女之间挂一个布帘儿，帘子那边儿都是女的。像刘琼、梁山这些年纪大一点儿的，就靠着布帘儿睡，防止有人偷看对面。靠布帘儿睡的，那得是可靠的人。其实，也没啥可靠不可靠的。大家都太累了，晚上哪有心思去偷看别人？

那么偏远地区的少数民族群众，哪儿见过拍电影啊！我们到了外景地，在当地很轰动，远近乡亲都来看热闹。我们剧组走到哪儿，都跟群众打成一片。为了感谢人家，我们就表演一些即兴节目。程之喜欢京剧，他唱的是黑头。到了晚上，那些少数民族

1954年，电影《山间铃响马帮来》剧照，左起：于洋、范雪朋、我

群众抱着孩子，全村的老头儿、老太太也都来了。那时候用气灯，就是煤气灯，特别的亮。程之唱的那个黑头，一嗓子把孩子都吓哭了；老头儿们也吓得发愣，有的赶紧走了，因为听着不习惯，害怕。

写人物小传

剧组刚到云南的时候，很多演员才接触，互相还不大熟悉。戏还没开始拍，要先做案头工作。刘琼是演员组组长，他很有威信，宣布给大家3天时间写自传，就是写你演的那个角色的小传。

让演员写人物小传，是很多老导演的传统。像我们的老导演郑君里，是学院派的，还有谢晋，都要求演员写人物小传。不管是多大牌的演员，他们都要求你这么做，写人物关系，没有一个戏不是这样的。至今，我拍戏还保持着写人物小传的习惯。

写人物小传那几天，大家都在想：我姓什么？叫什么？做什么工作？怎么会搬到村子里来？你得找点儿历史根据，找到角色的感觉，人物关系才准确。你把故事的逻辑关系梳理好了，表演时流露就自然。

剧组有个胖乎乎的演员，叫张乾，演哈尼族青年云保。张乾家里可能有点儿洋人血统，他眼睛大大的，皮肤光洁得很，眉毛、眼睛都很好看。那时候，他 20 来岁吧，正在谈恋爱。张乾是上海市立实验戏剧学校毕业的，学的是表演专业。大家都写人物小传，就是他写不出来。刘琼就问：你这怎么搞？这几天都干什么了？当时，只剩张乾的人物小传不过关。

张乾挺有意思的，每天都要打二两酒，买点儿牛肉，再要一碗米线。外景地的牛肉、驴肉都很便宜。晚上呢，他还得吃点儿宵夜。3 天了，张乾还没写出来人物小传，大家都急了，刘琼就批评他。

还有个小插曲。剧组当时跟来个放映员，背着一台放映机，我们叫“皮包机”。因为那次出外景要 9 个月，不能等回到上海再看样片。在现场拍完洗出片子，不等拷贝就可以看。结果呢，这个放映员和一个少数民族的女孩儿谈恋爱，经常私下交往，还出去溜溜街。这是违反纪律的，厂长知道以后，马上派人把他带回上海了。

1954 年，电影《山间铃响马帮来》剧照，左一是梁山，左三是孙景路，左四是程之

在剧组捉弄人

在云南那几个月，剧组的生活其实挺寂寞的。山野中的蝴蝶很漂亮。我就拆了一双袜子，做了个网捕蝴蝶。捉来蝴蝶，我把它做成标本，钉在墙上。后来发现一个问题：标本会生虫子。我找来樟脑丸抹上，结果还是生虫子，把蝴蝶的翅膀都蛀了。标本不好玩，我就开始琢磨着捉弄人了。

剧组到外景地的第一件事就是挖厕所，把男厕所、女厕所弄好。我不是喜欢动物吗？就抓条蛇，扒了皮，把肉扔了，因

为那时候都不吃蛇肉。我在蛇皮的眼睛和嘴巴里头灌上沙子，软乎乎的，就给搁到厕所里，趴在那儿。人家一看见，吓得赶紧跑。女同志不敢上厕所了，都憋着。化装间里面，我也搁过一条蛇。

我还去森林里挖了一个骷髅头，把它洗干净，消了毒，就搁在化装间，还在里头搁个手电筒。那时候，演员们凌晨就要起床化装。人家把气灯一打开，这是什么东西？一看是个骷髅头在那儿，哎呀妈呀，吓得就跑。

当地老百姓有个习惯，经常在窗户根儿底下撒尿。放个尿桶，他一尿，弄得我住的屋里全是骚味儿。我从小喜欢玩矿石收音机，就牵了根电线，一头接到尿桶里。地上不是湿的吗？我搁了块铁板，再接电线的另一头。你不尿尿没事，他一尿，嗯？怎么回事儿？腿咋麻了呢？就说有鬼，一尿尿，小腿就发麻。后来，他们就把尿桶拿走，不在那里尿了。

我们演员分两拨儿住：一拨是演好人的，另一拨是演坏人的。程之和梁山都演反派。张乾和我住一个屋。我捉了一只小松鼠，在屋里养着，喂它东西吃。这只松鼠太可爱了，剧组的人都想要。张乾也想要，我没给。那天我回来，松鼠不见了。我发现它从房檐那儿，顺着衣架爬下来，原来是藏在张乾新做的丝棉袄里了。那时候，一件丝棉袄顶一个月工资还不止，我们都挺羡慕的。

松鼠又不见了。我看张乾那丝棉袄的下摆有点儿动，哎呀，它是咬个洞钻进去的，接着把那儿当窝了。那天张乾回来，我就把松鼠送给他，说我不养了。他问为什么。我说，给你养着

电影《山间铃响马帮来》剧组重聚，左起：王为一、梁山、程之、我、刘琼、于洋、孙景路

吧！张乾买了牛肉，我不会喝酒，就吃他的牛肉。过了两天，这松鼠又不见了。我对张乾说，你找找。张乾一找："哎呀，钻我丝棉袄里了，还把兜儿咬了个洞。"这要是让我赔，得赔死。我对张乾说，你看，你没把松鼠养好。这个不能怪我。松鼠已经给你了，是属于你的。张乾就说，不养了！不养了！又把松鼠还给了我。

当年，剧组经常有集体活动，一起出去吃饭之类的。刘琼不爱参加这些活动，一个人在屋里待着，我就想捉弄他一下。人家送来的花，放在过道，上下楼都要经过那里。我弄了张纸，贴在花上，写了"刘琼之神位"。刘琼一看，气得够呛。没想到第二天，那纸上被添了字儿："孝女孙景路，孝男于洋"。这肯定是刘琼添上的，他这个"报复"还蛮有学问的。刘琼不是

电影《山间铃响马帮来》片段

演孙景路她爸吗？于洋演刘琼的女婿。大家伙儿看了都哈哈大笑。剧组的关系就是这么融洽，老演员和年轻演员在一起，特别愉快。

再说说于洋，他是从长影借调到剧组的。那时候，于洋满口的东北话，正跟北影的蒙古族女演员杨静谈恋爱。杨静在北京，两边儿就写信。杨静一来信呢，我们就攥着不给于洋，敲他的竹杠，让他买酒喝、买苹果吃，请大家吃过桥米线。

当时，收到一封信是很珍贵的，路上要走一个礼拜。那怎么办呢？于洋就每隔3天写上一封信，再过3天，下一封信又来了。这样，一个礼拜就能收到一封信。那时候，拍戏有规定，晚上几点钟一定要关灯睡觉，跟部队的生活一样。熄灯之后，于洋就打着手电筒，趴在被窝儿里写情书。

2010年，我同于洋（右）重逢。提起当年初恋的往事，他开怀大笑。

从新疆到淮北

1955年，我就去新疆拍《沙漠里的战斗》了。那是我很难忘的一个片子，情节里爱情和工作的戏结合得很好，在那个年代是很有艺术成就的。它是沙漠和军事题材，为我后来拍《沙漠追匪记》积累了很多经验。

《沙漠里的战斗》是1956年上映的。王玉胡编剧、汤晓丹导演，主演有温锡莹、张圆、卫禹平、高正、穆宏等人。故事背景是：1951年，驻守新疆天山脚下的一支解放军部队为了开垦荒地，到雪山上寻找水源。

侦察科科长奉命率领水利勘察队先到戈壁滩找水源，发现了一座古城遗址，还有一条干涸的河道。侦察科科长认为应该到雪山上看看，找寻河道过去的水源，搞清楚河是怎么断流的。侦察科科长虽然是勘察队的负责人，

1956年，电影《沙漠里的战斗》剧照中的我

1956 年，电影《沙漠里的战斗》剧照，右起：温锡莹、我、张圆、赵大勇

但不懂水利勘探专业。勘察队里有两个技术员，意见又不一致。

在找水源的过程中，勘察队遇到了风暴，上冰峰的时候又突遭山洪，非常惊险。温锡莹扮演的侦察科科长和我扮演的通信员小朱被洪水冲走，一度失踪了，很有悬念。在老猎人的帮助下，侦察科科长和小朱终于发现了水源，还找到了河流改道的原因。最后，采用爆破的办法，把水引到了戈壁滩上。

我扮演的小朱戏份儿不少。这是个性格活泼的小战士，平时很活跃，也很爱开玩笑。他跟侦察科科长到雪山上找水源，遇到了沙漠风暴、洪水和地震，也闹过情绪，在戏里是个穿针引线的角色。

这个片子里的爱情戏也是很出色的。侦察科科长和女技术员产生了爱情，这感情是同甘共苦得来的，很真实。男主角温锡莹是很会刻画人物内心情感的演员，我们后来在《飞刀华》里又有合作。卫禹平是老资格的话剧和电影演员，在这个戏里扮演解放军的师长，尽管戏不多，可老戏骨的派头很足。后来，卫禹平在《雾海夜航》中也演部队首长，扮相非常威严，令人信服。

女技术员是张圆扮演的，她这个角色是片子的亮点。在那个年代，军事题材里的爱情戏很少见。张圆是个很有才华的演员，不仅很漂亮，造型也很阳光、很青春。她工作认真，不怕苦，内心情感很丰富。为了演好技术员这个角色，她还专门到地质学院去上课。我们一起到中国人民解放军新疆军区生产建设兵团体验生活。我是会骑马的。张圆是新学骑马，从马上摔下来很多次，她带着伤还继续练。

我在电影《沙漠里的战斗》外景地

我拍摄电影《沙漠里的战斗》

张圆扮演的女技术员张珍，是20世纪50年代很典型的青年知识女性形象。另外，张圆演过《兵临城下》里的中共地下党员。她还能演反派，像《徐秋影案件》里的女特务。1961年，周恩来总理提议评选新中国的电影明星，张圆是“二十二大明星”之一。

说到那次评选“二十二大明星”，有当时的时代背景。北影、上影、长影、八一，这4个电影厂都有演员入选，但也有明星落选的，比如已经演过《南征北战》《铁道游击队》和《羊城暗哨》的冯喆。主演《红色娘子军》的祝希娟是最幸运的，她当时刚刚大学毕业。

电影《沙漠里的战斗》片段

《沙漠里的战斗》那个戏是在新疆天池拍的，日夜温差很大，早晨穿皮衣，中午就穿背心了。因为在天池附近，晚上不准外出单独活动。天池里有野鱼，无鳞的，身上都是黏液。为了改善伙食，剧组专门批准我和茂路、高正晚上出去钓半小时鱼。我用针做鱼钩，又从剧组要了一块羊肉作诱饵，每次能钓几十斤鱼。

1956 年，电影《沙漠里的战斗》剧照，左起：茂路、我、张圆、杨慰如

与孙道临合作

《春天来了》是一部农村戏，1956 年上映，反映的是 1954 年前后淮北农村互助组与合作社时期的现实生活。那个戏是鲁彦周编剧、顾而已和黄祖模导演，主演是孙道临，演员还有李保罗、江山、白穆和谭云等人。我扮演的那个角色叫小皮猴。

片子讲述一个模范农业生产合作社，围绕要不要把洼地变成稻田，社长和副社长产生了矛盾。孙道临扮演的是年轻的副社长，还是劳动模范，代表先进思想；白穆扮演的一把手社长，是老一代保守派。那时候的农村戏，与当年的农业合作化运动联系得很紧密，主题的政治性很强。基本的故事模式，除了进步同保守斗争的主线，还有一个当会计的坏人，偷偷挪用公款放高利贷，还蒙蔽社长，用生产资金和公家物资搞投机倒把。

群众在两边都有站队的。开始是乡里的领导支持社长，把副社长停职了；后来，县里的领导支持副社长代表的先进分子。最后，坏人被揭露出来，觉悟不高的人受到了教育，群众的生产积极性又高涨了。

孙道临演的农村青年干部很质朴，又透着灵气。他穿着土布衣服，戴着皮檐儿的学生帽，是那个年代敢想敢干有志青年的样子。这是我第二次跟孙道临合作，前一部片子是《南岛风云》，我后面会说。孙道临是大家都熟悉的演员。他戏路很宽，演什么

1956 年，电影《春天来了》剧照中的我（右）

2005 年，我与孙道临在上海参加中国电影诞生百年纪念活动

像什么，像《乌鸦与麻雀》里的教师、《家》里的大少爷、《渡江侦察记》里的侦察连连长、《永不消逝的电波》里的报务员、《早春二月》里的知识青年等等。

《春天来了》在当时是配合主旋律的，现在看来难免有时代局限性。但是，从反映农村生活的角度讲，演员们的表演都很到位，对当年的农村氛围、干部和群众形象都很贴近，细节都是很接地气的。

再拍少数民族戏

《苗家儿女》是江南电影制片厂拍摄的，1958 年上映。导演

1958年，电影《苗家儿女》剧照中的我与师伟

是陶金，主要演员有师伟、凌之浩、朱莎。我扮演苗族青年奥香。这个片子讲的是：苗族复员军人卡良回到家乡，通过疏通河道，完成了粮食增产计划。显然是配合当年的“大跃进”运动。

片子里有一条很纠结的爱情线。卡良是作为战斗英雄退伍回乡的，想着就要和暗恋的姑娘见面了，一路上很兴奋。他回来恰好碰上合作社主任春亮的婚礼，新娘正是他暗恋的迈香。卡良遇到意外打击。这个情节很真实，也很有戏。少数民族题材的片子，一定是少不了爱情戏的。

卡良的妈妈是村党支部书记。她知道儿子心里很痛苦，劝他想开一点，把心放在领导群众搞生产上。春亮是卡良的发小儿，他俩不仅成了情敌，而且在生产问题上有矛盾。春亮主张砍树种田；卡良却认为疏通河道更重要，可以放木排，支援国家采购木材。戏里有个反面人物，是违法的合作社秘书，挑拨卡良和春亮的关系。最后的大结局是：秘书被逮捕了，河道疏通了，粮食增产计划也完成了。

我记得，那次拍摄前先去体验生活，学习民族政策，学习怎么尊重少数民族习俗。我在之前拍过两部少数民族题材的片子——《大凉山恩仇记》和《山间铃响马帮来》，还是有经验的。拍《苗家儿女》，最难忘的是拍激流中放木排那场戏，我遇到了一个意外，很危险。这个事儿，我后面再说。

《消防之歌》也是 1958 年上映的电影，顾而已执导，主演有李玮和刘非等人。我扮演的是消防队员小王。片子里有个细节：有一次，因火灾出警，一部消防车又老又旧，发动不起来，结果迟到了。受纺织厂的织布机能够自动停车启发，消防队员设计了一个自动发动器。有了这个发明，以前最快 30 秒钟出警，后来缩短到 8 秒。

消防队员的工作是专业性很强的，不认真体验生活，很难演得像。我们到消防队体验生活，和消防队员一起训练。一有火警，60 秒内必须到位；出警的时候，怎么从 6 层楼上顺着很细的尼龙绳溜下来、怎么使用器材救火，我们都是下功夫训练过的。消防部队的首长对我说："小牛同志，你演得很像，动作非常规范，可以调到我们这里当消防员了。"《消防之歌》这部电影，至今还在上海消防博物馆播放。

1958 年，电影《消防之歌》剧照中的我

1958 年，电影《新安江上》剧照中的我（前左）与丁然（前右）、齐衡（后右）

《新安江上》是反映水利工程建设的片子，分了 3 个独立的故事情节:《秦虎子与闷葫芦》《老李师傅》和《东风楼》。我在《东风楼》里扮演的角色是青年工人小陆。这个片子讲述的是东风楼安装工程总指挥发挥群众智慧，保证安装工程按期完成。因为当时的时代背景局限，这个片子的主题带有明显的“大跃进”色彩。

说到“大跃进”，不仅是农业生产上虚报产量“放卫星”，电影界也不例外，两天要拍一部戏，一天拍 100 多个镜头。你想想，这可能吗？其实，我们要用多一倍的时间做“技术掌握”，“走戏”就是彩排，场景、位置都用小纸片记好。所以，拍电影“放卫星”就是走形式。

第十一章　红色经典《海魂》

明星荟萃的阵容

1957 年，海燕电影制片厂拍摄了《海魂》。那时候，人民海军正式成立才 8 年。这是第一部表现人民海军题材的片子，又是国民党海军起义的故事，在艺术创作上有很大的宽容度，演员阵容也空前强大。在今天看来，《海魂》被称为“红色经典”，是当之无愧的。1959 年，在捷克斯洛伐克第十届劳动人民电影节，《海魂》获得“为世界和平而斗争”二等奖。

当时，要拍《海魂》的消息一传出来，就在电影界引起很大轰动，很多演员自告奋勇想参加。最后定下来的是全明星团队：导演是徐韬，主要演员有赵丹、刘琼、崔嵬、王丹凤、高博、陈述和康泰等人。上影的赵丹，北影的崔嵬，在当年号称“南赵北崔”。崔嵬是大家熟悉的演员，除了演戏，还导演过《青春之歌》《小兵张嘎》。崔嵬曾任中南行政委员会文化局局长，1954 年以

1958 年，电影《海魂》海报

后专门从事电影工作，官儿都不当了，完全是出于对电影的热爱。我是从天马厂被借调过去的，在戏里演的是水兵小虞，叫虞文孝。

这里要说一下徐韬导演。国营的上影厂刚成立的时候，徐韬是秘书长；1954 年，他调到中央电影局艺术委员会当秘书长。徐韬在党内资格很老，早年加入左翼戏剧家联盟，1935 年入党，用现在的待遇来说，属于“老红军”。20 世纪 30 年代初，徐韬和赵丹、王为一是上海美术专科学校的同学，后来一起演戏，号称“三剑客”。1935 年 6 月，“左联”在上海成立了上海业余剧人协会，“三剑客”都是骨干。1939 年，“三剑客”和朱今明、易烈带上他们的妻子，一行 10 人到新疆发展进步戏剧事业，被反动军阀盛世才关押了 4 年多。

徐韬是《乌鸦与麻雀》的编剧之一。“三剑客”唯一合作过的电影是 1948 年拍的《关不住的春光》，徐韬和王为一执导，赵丹和王人美主演。新中国成立后，徐韬执导过《草原上的人们》，戏曲电影《搜书院》《关汉卿》，电影《摩雅傣》，与赵丹、钱千里联合执导了《青山恋》。徐韬独立执导的最后一部电影是1964年拍的《丰收之后》。

徐韬（1910—1966）

徐韬无疑是中共在文艺界的资深地下工作者。新中国刚成立的时候，他曾被派到东南亚发展党组织；后来又被留在上海，负责保护电影厂。解放军进上海的时候，赵丹看到徐韬穿着军装接管上影，说了一句："你原来是党员，连我们这些老朋友都被瞒住了！"1961年在北京召开电影界座谈会时，周恩来总理接见了虎口余生的"三剑客"。

第一次演水兵

电影《海魂》里那个"鼓浪"号，原型是国民党海军起义的"长治"号。这艘军舰原来是日本侵华海军长江舰队的旗舰，叫"宇治"号。1945年日本投降以后，国民党接收过来，改叫"长治"号，成了国民党海军海防第一舰队的旗舰。在国民党海军中，除了"重庆"号，"长治"号是航速最快、火力最强的军舰。

在中共上海地下党的组织发动下，1949 年 9 月 19 日凌晨 2 时零 5 分，“长治”号上的 43 位福建籍爱国水兵，在长江口敲响舰钟，发动起义。经过一个多小时的战斗，起义水兵控制了全舰，“长治”号成功驶抵上海。9 月 27 日，新华社对外播发新闻正式宣布：国民党海军“长治”号爆发武装起义，已经加入人民海军。

拍《海魂》那个戏也是有危险的，由海军调的潜艇保护。在杭州湾一带拍摄的时候，我们的军舰在明处开，暗地里有潜艇跟着。我们在那儿拍戏，国民党军的飞机来侦察，想看看这个军舰在干什么。我们的军舰就全部熄灭灯火，高射炮兵准备打它。国民党军的飞机不敢深入。所以，我们拍戏也是在跟台湾国民党当局做斗争。

那段海军生活是很艰苦的。我记得，赵丹晕船很严重。灯火都熄灭了，我们的军舰就在水面儿上摇。摇着摇着，就听到我们的飞机起飞了。国民党军的飞机一跑，我们军舰上的灯就哗哗地全打开了，接着拍戏。那时候，夜里很少拍戏，绝大部分是在白天拍，国民党军飞机也不敢来了。当时，我们的海军是靠陆军来保护的。现在，陆军要靠海军配合，不一样了。

不愿意演国民党水兵

我拍《海魂》的时候，确实很自豪，觉得拍电影是至高无上、天下第一的工作。那次拍摄是经过国防部和文化部批准的。很多海军战士要当群众演员，配合我们。我记得很清楚，让他们谁穿上国民党海军的军服，谁都不乐意。他们对解放军的军装无比爱惜，对国民党无比仇恨，这个政治觉悟绝对是很高的。

海军战士跟国民党军打过仗，心里都特别恨他们，谁也不肯换上国民党的军装。我们就劝他们说：你们得勉强委屈一下。你们看，我们不是都演国民党兵吗？实际上，我们是解放军呀！我们演员也穿国民党的军装。我们现身说法，对海军战士们讲，这是为了拍电影。我们演的国民党海军是起义投诚的，我们欢迎和优待，是有政策的。那些海军战士都很单纯，劝了半天，才肯穿上国民党的海军服。穿上戏服之后，他们还互相开玩笑。演解放军的就说："你不老实，我就枪毙你！"那个就说："我不当国民党了！"经常有这种笑话。

1958 年，电影《海魂》剧照，右起：王丹凤、赵丹

王丹凤的戏不用上军舰拍。她在戏里演一个台湾酒吧的女招待，和赵丹演的男主角陈春宫有了好感。戏里的台湾酒吧和街景，都是我们在摄影棚里搭出来的。有的景是在现场临时找的，稍微改造一下，加点儿红绿灯啊、霓虹灯啊，搭个台子，挂些广告牌子什么的。

在酒吧那场戏里，美国水兵酒后闹事。赵丹、崔嵬演的是国民党水兵，看不惯外国人横行霸道，保护王丹凤演的女招待，然后就大打出手。那个时候，还没有像现在这样设计武打戏，就是西洋拳击的架式。

赵丹饰演的陈春官，原型是"长治"号的帆缆中士李春官。在酒吧的那场戏，他得演出来搏斗后很疲惫的感觉，还得冒汗。导演徐韬就喊。拿水来，把赵丹的脑袋都淋湿了。赵丹特别注意刻画角色。我记得有个特写镜头：汗珠从他脸上流下来、从头发上滴下来，再配上那种气愤的表情。女招待在酒吧被美国大兵欺负，陈春官他们出手相救，打斗中把酒吧也砸了，女招待被老板解雇。后来，女招待到码头上找"鼓浪"号没找到，就跳海自杀了。这场戏，王丹凤演得相当出色。

《海魂》的编剧是沈默君和黄宗江。沈默君是部队的创作员，他到海军体验生活，根据"长治"号起义的素材，写了个初稿。但是，沈默君不熟悉国民党军舰的生活，就想起当过国民党海军的黄宗江。黄宗江是编剧、作家和戏剧评论家，也当过话剧和电影演员。他是黄宗英和黄宗洛的哥哥。

其实，"长治"号的故事原型里没有女招待这个角色，是编剧黄宗江虚构的。

在美国接受海军培训的时候，黄宗江有过一段恋情，爱上了一个美国女教师。他就把那段爱情经历移植过来。那个美国女教师叫温妮，王丹凤演的那个角色叫温梦媛。这个虚构的人物和故事情节，无论表情还是镜头设计，都很像《魂断蓝桥》里的费雯丽。有人就把这段爱情戏称为中国版的《魂断蓝桥》。用现在的话说，王丹凤在《海魂》里的戏很“小资”的。编剧用这个人物的嘴说了一句话：“大海上的事业，属于有灵魂的人。”观众的印象非常深。王丹凤是大家很熟悉的明星，代表作有《家》《女理发师》《桃花扇》《护士日记》等等。她还是歌曲《小燕子》的原唱，被称为“小周璇”。

1958 年，电影《海魂》剧照，前排右一是陈述，右二是我

刘琼扮演的那个职业军人的架子非常棒，他穿的衣服永远都是倍儿挺的。他演国民党海军的舰长孔啸天，是典型的近代英式海军做派，不是脸谱化的反派。刘琼指挥军舰，笔挺地站在驾驶室里下达舵令，说一口流利的英文。

刘琼在片子里还有很多生动的细节表演。比如军官餐厅那场戏，大家都在那儿拉二胡、唱歌、喝酒行拳。舰长推门进来，全场都很紧张地立正。结果呢，舰长笑眯眯地和他们一起喝酒，还分享打太极拳的养生之道，给你一种爱兵如子的感觉。

高博演老实巴交的水手长老雷头。戏里有个情节，“鼓浪”号扣留民船，抢老百姓的银圆，按规矩要分给水兵。舰长告诉老雷头，不要把钱都送进酒馆。陈述演的是大反派，阴险狡猾，对士兵很凶的那种。康泰就是书生形象，演书记官，在戏里叫白鹭。

又“牺牲”了一次

我演的小虞是个年轻正直的水兵。在《海魂》这部戏里，我又“牺牲”了一次。小虞是穷苦出身，被抓壮丁当了国民党的海军。他有个妹妹死掉了，留下一双小鞋子。我虽然没当过水兵，但我的两个哥哥也是被抓壮丁的。我们都是穷人出身，对老百姓是有感情的，当成自己的兄弟姐妹。

舰长要挥泪斩马谡。我不是被陈述演的副舰长下令吊到桅杆上了吗？我挨鞭子抽，刘琼演那种不忍心看，又不制止的样子。他对副舰长说：这种行为不符合海军的传统。我演的小虞从桅杆上被放下来，又挨了打，受了重伤，躺在那里。舰长来看望。这时有个细节动作：舰长拿出他的手绢给小虞擦擦，然后转身走到甲板上，把那条手绢丢进海里了。这表现出舰长表面上的仁慈是装给别人看的，内心很伪善。舰长到船舱里来看受伤的小虞那场戏，拍了很久。我是躺着的，赵丹和崔嵬他们都围在我身边。我一看这些人的面孔，一个个都很熟嘛。我在那里说台词儿，他们都憋不住想笑。

1958 年，电影《海魂》剧照中的我

崔嵬演一个老水兵，叫窦二鹏，横眉竖目的，头脑简单，后来醒悟了。他对小虞很同情。我们之间有不少对手戏。崔嵬演的，一向是非常淳厚、脾气有点儿过激的那种角色，来自旧社会最底层，受压迫、要反抗。崔嵬的形象是那种嘴角朝下、眼睛瞪着，如同醒狮、势不可挡的样子。

崔嵬演过《红旗谱》《老兵新传》。《宋景诗》也是崔嵬的好戏，他在那个戏里叫“大帅”，我们平时也叫他大帅。《宋景诗》用现在的话说是古装片，也是古战片。那个片子里的清朝官员服装、兵器与现在清宫戏的差别是很大的，《宋景诗》的服装、道具很贴近历史原貌。现在的历史戏、宫斗剧太假，失真是很有害的。

崔嵬这个人很耿直，像个老小孩儿一样。我们打乒乓球，因

为一个球，他能跟我争得面红耳赤。我们演水兵要练游泳，崔嵬不会游，我们就按着他，教他潜水。等他被灌了水，我们就游到水深的地方，他气得干着急。

温馨友善的剧组

在青岛外景地，我们剧组住的是学生教室。学校放暑假了，我们就在书桌上睡觉。4 张桌子并成一个床，一个教室里睡了十几个演员。在军舰上住的时候睡吊床，条件还是很艰苦的。赵丹住招待所，总算有个床，可以挂蚊帐。如果有军舰上的戏，他也和我们住在一块儿。

我（前左）与崔嵬在电影《海魂》片场

有一天夜里，赵丹把大家都叫醒了，说他得了外快，请我们喝酒去。青岛啤酒不是很有名吗？我们一问，原来是他老婆黄宗英寄来了生活费。那时候，剧组都要交生活费的，一个月交 12 块钱。闹了半天，赵丹是收到了生活费，这也不算外快呀！赵丹又说了，不光是生活费。人家约他写了一篇文章，还有稿费 3 块钱。赵丹就把大伙儿叫起来，到了小饭馆儿，一人一大扎啤酒，只有一毛多钱。喝完了，大伙儿就开始胡说八道。那时候，我们就是这样的友谊。

我和邓楠、蒋锐、李季演水兵，我们这些人住在一起，晚上没事儿就开玩笑。当时，我们都向往能回一趟上海，听说谁回上海了，都很羡慕。邓楠演那个胆小的水兵，把起义计划泄露了。我们整蛊他说，明天蒋锐要回上海。邓楠一听就高兴了，拿出来两毛钱。青岛的苹果好，邓楠让我帮他买点儿苹果，带给上海家里。

苹果买来了，大家继续跟邓楠开玩笑说，青岛还有不少好东西，得多往家里带一点儿。邓楠又凑了四五块钱的东西。第二天，邓楠就问蒋锐："你怎么还不走啊？"蒋锐回答说，他还有一场戏，得再待两天。那时候，天气热呀，买来的苹果不能搁，一搁就要烂，怎么办？大伙儿就让邓楠请客。高博还起哄架秧子，在旁边做"托儿"。他对邓楠说，

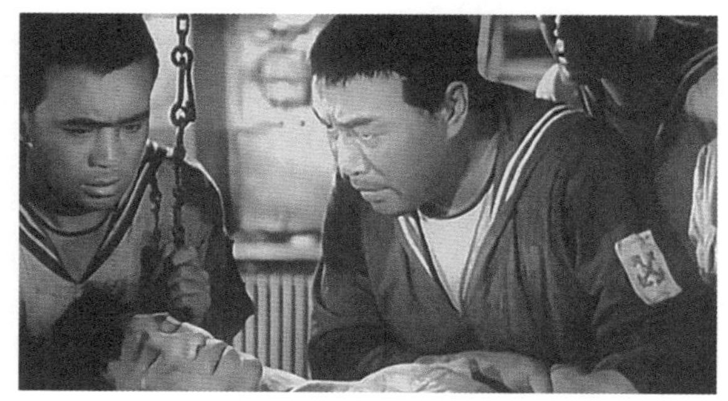

1958 年，电影《海魂》剧照，左起：邓楠、我、崔嵬

你这苹果放坏了怎么办？看着挺可惜的。邓楠看高博帮他说话，就给了他一个苹果。其他人也都做“好人”，说是我出的“坏主意”。邓楠就说：“大伙儿把苹果分着吃了，就是不给牛犇儿吃。”

我们在青岛海边拍了很久。很多人不会游泳。我跟陈述游得比较好，就逗那些不会游的，把他们逗到水深的地方。岸边不远有块礁石，涨潮的时候，会被海水淹没。我们逗康泰说，深水和浅水交界的地方很安全。我是在天津海河边儿上长大的，可以蹬水，就逗康泰喝了口海水，他吓得赶紧往回游。赵丹喜欢在岸上看，看到呛水的，笑得哈哈的。

陈述属于那种“三脚猫”，不仅会游泳，还会美术，体育也擅长，会翻跟头。他买了一个苏联二手照相机，那牌子叫“卓尔基”。那时候，胶卷金贵，他很少拍男生，拍女生比较多。陈述

1958 年，我拍摄的电影《海魂》剧照，后排左起：康泰、赵丹、高博，前为崔嵬

不仅演反派，我们还在《球迷》里合作，那是个喜剧，他演的是一个医生。

“鼓浪”号的原型

说起“鼓浪”号的原型“长治”号，那次起义是由上海的中共地下党组织领导的。《海魂》的剧本里没提这个事儿。沈默君把剧本送给陈毅元帅审，陈毅批示：“一定要大胆地写。”“长治”号起义后，蒋介石非常生气，命令国民党空军一定要把这艘船炸沉。

为了避免被炸，“长治”号在白天不敢抛锚，只能不停地开，后来也像“重庆”号一样，打开海底门自沉了。然后，通过新华社向外界发布消息说，“长治”号被国民党空军的飞机炸沉了，迷惑国民党当局，不知道他们信没信。后来，“长治”号被打捞出来修复，命名为“南昌”号，做过人民海军第一支舰队——华东军区海军第六舰队的旗舰，直到20世纪80年代初才退役。“长治”号演“鼓浪”号，就是它自己演自己。

原型“长治”号起义时有个细节：它扣留了一艘英国商船。英轮船员带了很多走私手表，就向“长治”号水兵兜售。很多水兵买了手表，为起义时掌握时间提供了条件。起义那天晚上，好几个水兵都到值班室对表，引起了怀疑。有个水兵很机智，说他们买了新表，打赌谁的手表准。不过，这个细节在《海魂》里也没有被采用。

刘琼演的舰长孔啸天，在片子里被起义士兵打死了。他的原

电影《海魂》中，珱身穿“鼓浪”号的军装

型、“长治”号舰长叫胡敬瑞，也是被击毙的。令人唏嘘的是，1937 年，胡敬瑞作为中国海军鱼雷艇的艇长，在淞沪抗战中参与过袭击日本重型巡洋舰“出云”号，但袭击没有成功。“出云”号自称炸不沉，后来被美军击沉了。

1949 年，是中国历史命运发生重大转折的一年。在“长治”号起义前，“重庆”号是最先起义的。那年 2 月 25 日，“重庆”号舰长邓兆祥率领 574 名官兵在吴淞口起义。这是国民党海军起义的第一艘大型军舰。国民党政府恼羞成怒，派出轰炸机对“重庆”号连续轰炸。虽然舰上官兵进行了英勇还击，但“重庆”号舰体中弹严重受损，6 名士兵壮烈牺牲，近 20 人受伤。根据中共中央关于保全“重庆”号的指示，拆除了舰上重要设备，于 3 月 20 日打开海底门，将“重庆”号自沉在辽宁葫芦岛。

永远的海魂衫

我到现在还保留着一本《海魂》剧组的纪念册，那里边有一张剧组告别时的合影。军舰停在那儿，配合我们演出的部队官兵排好队，演员也掺杂在里头。演员平常跟哪些官兵接触，就和他们站在一块儿。有的站在炮塔上，有的站在旗杆边儿上，有的站在甲板上，都是仨一群、俩一伙儿的。这些解放军官兵跟我们演员是一家人，在一起拍戏有了感情，是一种友谊的告别，不是做拍照的道具。如今想起来那个场面，我还是挺激动的。

跟解放军官兵告别，除了照相，还搞联欢会。我和赵丹出了

原国民党海军“长治”号

电影《海魂》剧组合影

个节目。我能说相声，赵丹不会。我们俩就表演个即兴节目。赵丹学说外国话，其实，他一句外国话也不会，就是装样子，好像很流利地说那种感觉。我就假装给他翻译，就像演双簧一样："大家好，欢迎大家，感谢解放军……"赵丹没说几句就急了："我都没词儿了，你还翻译?!"

《海魂》刚上映，戏里水兵穿的海魂衫一下子就火了，尤其是年轻人和中小学生，都特别喜欢，穿海魂衫成了很长时间的时尚。其实，戏里的海魂衫不符合历史真实的。"长治"号起义的时候，人民海军刚刚诞生，还没有统一的军服。起义的国民党海军官兵穿的都是旧式海军服，只不过把原来的符号、标志都摘去了。

谈到人民海军制服的款式，就要说到人民海军的历史。1949年4月23日，人民解放军攻占南京；同一天，华东军区海军宣告成立，解放军序列中第一次有了“海军”这个军种，这天后来被定为人民海军诞生日。1950年4月14日，中国人民解放军海军领导机关成立。到了同年7月份，人民海军的制式军服才正式确定。

新中国成立前，中国的海军制服有两种：一种是日伪海军“满洲式”的“日本版”，另一种是国民党海军的“美国版”。对这两个版本，人民海军都没采用，借鉴的是苏联海军制服。所以，人民海军的海魂衫，直到1950年7月才定下来。19世纪中叶，法国海军最先把海魂衫确定为海军制服；后来，英国海军也采用了；现在，各国水兵们基本上都穿这种衬衣。白蓝相间的条纹，象征蓝天和大海嘛。

21年后的重映

1979年，《海魂》重映。那年8月份，赵丹写了一篇文章，专门回忆那个片子的拍摄往事。这篇文章后来被收在他的电影表演专著《银幕形象创造》中。在文章中，他对自己表演的评价是很苛刻的，但对其他演员是充满深情的回忆：“在演员演技方面，我以为演得最好的是老崔（崔嵬）、刘琼和牛犇。”

在那篇文章里，赵丹是这样提到我的：“小牛犇的戏，我一向

拍摄电影《海魂》期间，我与兼在电影《女篮五号》剧组的刘琼合影

电影《海魂》片段

很喜欢。什么影片里有他出现，戏就不显得是戏了，就像生活里真有其人、真有其事一般。这种不露痕迹的演技，在青年演员中是难能可贵的。牛犇同志在本剧中的‘小虞’，为全剧、为主要人物增添真实感的分量。这一功，是了不起的。”赵丹也写道：“康泰、高博、陈述、蒋锐、（王）丹凤，都演得很踏实。”

赵丹对我的评价，我理解是对青年演员的鼓励吧！1957 年拍摄那个片子的时候，我才二十出头儿，正如赵丹在他的文章中写的：“《海魂》摄制组的成就是友谊的结晶。这深厚的互助互爱、互帮互学、互敬互让的集体主义思想，永远魂牵梦萦在我的脑海中，和我一起踏上新的征程。”

第十二章　我的恋爱和婚姻

资本家的女儿

拍完《山间铃响马帮来》回到上海，我认识了后来的太太。她叫王惠玲，当时在一所女子中学读书，那中学的前身是教会学校。王惠玲是个老实巴交的人。她家也不是上海本地的，和我是天津老乡。在上海，她家属于小资产阶级，或者叫民族资产阶级。她父亲原来是泥水匠，后来到一个俄国人开的皮革加工厂做工。

这个俄国老板是八国联军侵华时期留在中国的商人后代。以前，皮箱的外面不是都有花纹吗？各种图案，很美观的。这个俄国老板的皮革厂就是加工这种花纹的，从俄国运来机器，把皮革重压，压成橘子皮、花皮、蛇皮等等图案。一个人负责开机器，往里头铺皮子；外头还有个人，要在那儿拉皮子。把皮子压成图案，再到大染缸里染色。当年，中国还没这个技术，用的都是进口设备。

20 世纪 60 年代初，我的岳母王文珍摄于上海家中

有一次，王惠玲的父亲到浦东替俄国老板收账，回来路上碰到“剥猪猡”的，就是土匪，抢劫的。他们给你扒光，只留条小短裤，留一双鞋。你要是穿着呢子大衣，带水獭的里子，还有绸缎褂子、帽子啊什么的，都给你抢走。她父亲很机灵，收回来的银票都藏到鞋里，交给了俄国老板。俄国老板觉得他这个人很诚实。等到 1937 年日本人进攻上海，俄国老板要回国，就把两台机器送给了王惠玲的父亲，继续办这个皮革加工作坊。

王惠玲家里有四姐妹，她是老四，还有个弟弟。她父亲去世得早，家里就是母亲一个寡妇，带着几个孩子，上面还有姥姥、姥爷。所以，她家的家风是很正统的，除了去上学，平时不让孩子出门。王惠玲的姥姥、姥爷管得很严，那老头儿经常坐在大门口儿看着。女孩子出门要跟大人一起去才行，晚上就更不让出去了。

与太太一家的缘分

1954 年 9 月，公私合营开始了。那时候的政策叫“四马分肥”，属于社会主义改造，对资本家的企业进行赎买。国家规定：私营企业和公私合营企业，全年的盈余按四份儿分配——国家的税金约占 30%，企业公积金占 10%—30%，职工的福利、奖金占 5%—15%，股东红利和董事、经理、厂长的酬金约占 25%，所以叫“四马分肥”。这时候，企业不再是资本家所有了，变成公私共有，公方占领导地位。

王惠玲家是守法户，但属于被改造的资产阶级。她的母亲快 60 岁了，又是小脚儿，也要参加生产。几个年龄大的闺女都参加劳动。谁不参加，股份就少一份儿，只能拿最低工资，家里的收入就会减少。

到了 1956 年初，全行业公私合营，赎买改成定息制度。统一规定：年息五厘，生产资料由国家统一调配使用。企业主除了

王惠玲的青春时代

青年时代的我与王惠玲

拿定息，不能再行使资本家的职权，逐步改造成自食其力的劳动者。也就是说，公私合营后，企业每年向原私股持有人支付5%的定息，作为分红。原订付定息7年，后来又延长3年。到1966年9月，定息期满，公私合营企业都变成社会主义全民所有制企业了。

那时候，天津人在上海是很抱团儿的，都是来这里谋生，有共同语言。王惠玲的母亲有个干姐妹，也是天津老乡。她在我住的宿舍楼里看电梯，就介绍我和王惠玲家认识了。我是从香港回来的，单身一个，又是天津人，王惠玲的家人都很喜欢我。每到周末，我基本上就到她家做客，这种关系在天津人的圈子里也是常见的。说是做客，其实就是蹭饭吃，以前，我都是到陶金家蹭饭。

温暖的“家”

我在上海孤身一人，没亲没故，在单位里过集体生活、住单身宿舍。我是楼长，就是宿舍管理员，负责收房租和水、电费：有家庭的人，按两个人收房租和水费；电费是按照灯泡数儿收，比如有的人自己有台灯。那时候实行供给制，都在演员剧团的食堂包伙食。礼拜天，食堂不开伙，都是我做饭给大家吃。大伙儿出钱，买一毛钱大饼，再烧一锅汤。等我在礼拜天有地方吃饭了，住单身宿舍的人都很羡慕我，单身汉有个温暖的“家”。

王惠玲的家庭出身虽说叫资本家，但她家的工厂其实就是个小作坊，并不算富贵人家。她家住的是街边儿那种带阁楼的房子，窗外就是街道。工厂就在楼下，楼上住人。二楼有一个客厅、一个卧室，客厅里有一个五斗橱、两个沙发。沙发是那种铁艺的，很简单，来了客给客人坐。能坐在沙发上，就是上宾了。

二楼有个楼梯，可以通到房顶，还要拐弯儿。家里的小孩子就住在上面的小阁楼里，很狭窄的。厨房在二楼的角落里，有一个炉子。楼下也有个炉子，是烧热水的。老上海那种房子是没厕所的。王惠玲家楼梯底下角落里，有个简易厕所，这就算先进的了。一般人家都是用马桶。每天早晨，有人推着那种两个轱辘的黑色粪水车，挨家倒马桶。有的人家是包月付费的。出钱多的，推粪车的人会帮你倒马桶，然后刷干净，放回原处。

王惠玲家属于温饱型的小业主家庭，吃穿还是不愁的。到了

20世纪60年代初，我与王惠玲在上海建国西路家中

周末，炒一个菜，买一大包虾仁，再买点儿馒头和大饼，或者包饺子。王惠玲的父亲走得早，我没见过。我这个岳父在上海永安百货公司有股份，每到年底，王惠玲几个姐妹可以到永安百货公司拿点儿商品，挑几件衣服什么的，签名记账就行了。所以，王惠玲家的生活比普通市民强多了，一家人经常到外面下馆子，有时候还去住酒店。

跟上海本地人的生活习惯不一样，王惠玲一家是北方人，经常包饺子。这个对我诱惑很大。好吃不如饺子，在我们单位食堂是吃不到饺子的。每到周日，王惠玲家里人都回来团聚，有些亲戚也来。王惠玲还有两个舅舅，一家人很温馨、和睦。我就像她家的孩子一样。她家有个小弟弟，就出生在阁楼上。礼拜天晚上，我就和这个小弟弟一起住阁楼。记忆中，上面的阁楼有张小床、一个茶几，旁边还摆着樟木箱子。

我认识王惠玲，大概是在1955年前后。那时候，我们还不是恋爱关系，就是很单纯的老乡。她比我小3岁，还是高中生，在女子中学读书。我没有父母，从小流浪，在上海认识这么一大家人，对我来说是很温暖的。有时候，王惠玲也到我们演员剧团来玩儿。看见我在楼上打乒乓球，她就过来打。在她们几姐妹中，我和王惠玲最熟悉，年龄也最接近。认识了王惠玲之后，因为我经常外出拍戏，她正读书，有两年时间，我们来往并不多。

20世纪60年代初的王惠玲

错过的初恋

王惠玲当时还在读高中。我们只是一般的朋友关系。我第一次有懵懵懂懂的初恋感觉，是《海魂》剧组在青岛的时候。那个戏拍了半年，有个香港女孩儿经常到剧组来探班。她是

20世纪60年代初的王惠玲

"战高温"期间，我与王惠玲在上海家中，身后日历显示当天是毛泽东的生日

清华大学的学生，到青岛搞毕业实习。我在香港生活过，会说点儿粤语，彼此也有一些亲切感。那时候，我 23 岁，也到了谈恋爱的年纪，没经过组织上同意，就跟那个香港女孩儿约会。

剧组的人都认识她，也都挺喜欢她的。赵丹看我天天从剧组出去，就问我是不是去会女朋友。他们知道我去见那个女孩儿，故意把我扣住。我就求他们，他们不放我走，还派一个人看着我。那次，赵丹跟康泰、陈述到公园去，对那个女孩儿说我生病了，不能来约会。这些人都是戏精，演得很像。

那年月，公园对谈恋爱的人看得很紧，把树底下的草都弄光了，让你藏不住。我到公园约会，赵丹他们就来找我，还在那里喊："牛犇出来，我们看见你了！"我们俩躲起来没出去，一直到被他们找出来。回到剧组，赵丹他们还要罚我，说没给我留饭，气得我直哭，他们也不管。等我哭完了，他们才把藏起来的饭菜端出来。我记得，陈述也很喜欢那女孩儿。陈述有个照相机，他要给女孩儿拍照，人家总躲着他，因为陈述那个脸哪，就像个特务的样子，不招人喜欢，他不像我那么有人缘儿。

玩笑归玩笑，剧组的长辈对我的个人问题还是很关心的。我那时候很单纯，正在积极争取进步。那个香港女孩儿属于“海外关系”，学校觉得她的家庭背景不“纯”，就劝她退出青年团。她在暑假后还要回北京上半年学才能毕业，毕业以后回香港。

剧组的人就劝我，回上海等王惠玲，等她高中毕业考上大学，就可以跟她谈恋爱了。王惠玲当初是团干部，很积极要求进步的，只是很羞涩。现在回想起来，我当时挺喜欢那个香港女孩

20 世纪 50 年代末，我与寒假期间从南京回到上海的大学生王惠玲在公园谈恋爱

儿的，但剧组对我来说就是组织，我得听长辈的。在那个年代，就连恋爱这样的私事，也要受周围舆论的影响。从此，我和那个香港女孩儿就再也没见面。

我跟王惠玲差不多有两年没见面。后来知道，她也认识过一个男朋友。那个人到东北去了，他们也没能走到一起。我和王惠玲正式谈恋爱，是在她考上大学之后。高中毕业那年，王惠玲没考大学，因为她三姐的功课没她好，她就不肯毕业，要留一级等三姐。第二年，王惠玲考上了南京林学院。

甜蜜的恋爱

王惠玲留级那一年，和我的往来多了一些。她对我很好，周末经常给我送饭，我就能改善伙食了。那时候，我在单位食堂吃饭，每个月交伙食费。到了礼拜天，我们几个单身汉凑齐了，随便吃一点。我们演员剧团当时经常搞政治学习、阶级教育。大家都是从旧中国过来的人，我还在香港生活过，所以，都得接受新民主主义教育，批判旧社会大染缸。

我一参加学习，王惠玲也给我送饭。王惠玲是个很腼腆的人，如果到演员剧团给我送饭，她总是站得远远的，不爱到演员堆儿里凑热闹；我演话剧，她就在后台等我。礼拜天，王惠玲也来我的宿舍打乒乓球；或者一起出去玩，借个照相机，让同事给我俩拍照。在当年，这些都是很时髦的玩法。

20 世纪 60 年代初的王惠玲

王惠玲考上南京林学院之后，我经常陪她从上海到南京，单程就要半天。尽管交通不方便，但对热恋的人来说，恰好给了我们更多在一起的时间，毕竟见一次面不容易。

我们那个年代，谈恋爱的方式很简单。去公园多一点，电影都不经常看，因为电影票挺贵的。上影演员剧团有时搞一些文化交流活动，我就叫上王惠玲，一起去看文艺节目。我俩也有兴趣不一样的地方。我喜欢观察各种事物的细节。比如，人家在那儿焊洋铁壶，我能看上两个钟头，边看边学。王惠玲就有点儿不耐烦了。到现在，我都会焊洋铁壶。有一次，我站在那里看人家厨师片烤鸭，然后怎么装盘。我一直站在那里看，王惠玲一生气，自己先走了。

演员时刻都要观察生活，这是职业要求，慢慢地就成了习

20 世纪 60 年代的王惠玲

惯。比方说，农民在肩膀上扛着锄头，用手那么一搭。手搭在锄头的哪个位置？这是个学问，搭对了很平衡，就是个休息，一点儿都不费力。你如果不观察，不自己试试，就不懂这个原理，演农民的时候，动作肯定不对。大家都说我是个心灵手巧的人，其实，这些都是我平时观察生活时学到的。

剧组用的那种炭精灯，灯板很高。我给做了个升降机，再用白铁打个安全罩。我还用水泥做过自动洗米机。“文化大革命”期间，我家里需要一个圆桌面儿，但没有木头，我就用纸糊。我收集了几千个“自来火”的盒子，再用大字报纸抹上浆糊粘上。“自来火”就是火柴。你知道怎么连接的吗？就是把火柴盒的小抽屉顶出去一半，一个套一个，有点像木工的榫卯结构。大字报纸干了之后是很硬的，贴在台面上又十分平整，外层用破布裹，再上油漆。我做的这个纸台面，承重力是很大的。

20 世纪 60 年代初，我与王惠玲在上海建国西路家中

谈恋爱的时候，每次约会见面，我们都是很期盼的。我们就盼着上海的雨季。人力车不是有雨篷嘛，前面有个帘子可以放下来遮住，我们躲在里面，可以偷偷拉拉手，拥抱一下。那时候，我们聚少离多，平时只能互相写信。那些情书，我一直保存着。如今回想起来，那段恋爱的日子还是很甜蜜的。

为爱情辍学

王惠玲大学没读完，差一年毕业，就退学了。为什么呢？因为那时候大学生毕业后要服从分配，南京林学院分配的单位都是农村和边远山区，像东北的大兴安岭，要不就是云南那一带，或者是福

20世纪60年代的王惠玲

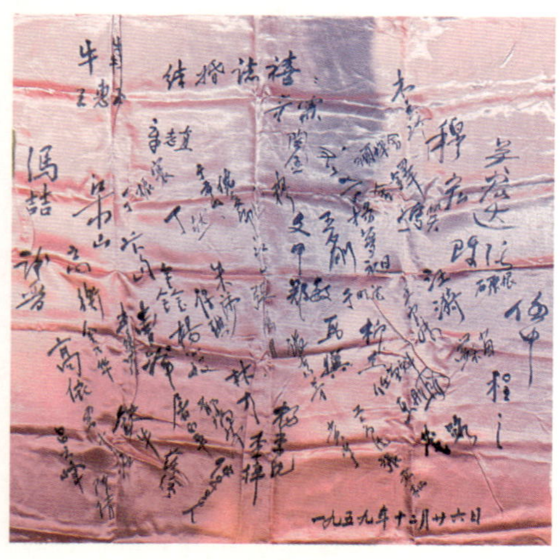

1959年12月26日，我与王惠玲补办婚礼时的来宾签名

建，总之，是有森林的地方。上海人是很不愿意离开上海的，再说，她也不愿意和我分开。王惠玲退了学，就变成待业的学生，后来在农场做夜校的老师，也做过小学教师，再后来到工厂的夜大教书。应该说，王惠玲当年主动辍学，也是因为爱情。

登记结婚的时候，我们还没有自己的房子。按照当时的习俗，如果没有自己的小家，就不能办结婚典礼。等我们有了大儿子，正好赶上上影厂分出去很多人，到外地支援建电影厂，就空出一间房子。我自己花钱把它顶下来了。原来住集体宿舍的时候，我是不用花钱的；现在有了一间房，就得自己花钱了。家里的东西很简单：双人床、五斗橱，也没嫁妆、没聘礼。现在想想，还是很寒酸的。

1959年12月26日，在上海瑞金一路150号——上影演员剧团的大食堂，我们正式补办了一个婚礼。那是个周末，来宾每人出几毛钱，给他们几块糖。我准备点儿糖果、点心，泡上清茶。大家跳跳交际舞，热闹热闹。我买了块粉色的绸子，花了一块来钱，来的人都在绸子上签名。如今拿出来看那些签名，往事历历在目，不仅是婚姻的留念，也是对老艺术家们最可贵的纪念。

20世纪50年代末，在电影演员冯喆陪同下，我与王惠玲在上海美罗照相馆补拍结婚纪念照

当时，连个照片都没机会拍。主婚人是白穆，因为他是我们天马厂演员组的负责人。白穆就说："牛犇和新娘子是美满婚姻，天生的一对、地造的一双。看新郎官牛犇是个瘪嘴，看新娘子王老师有点龅牙，这样的结合真是天衣无缝，祝他们白头到老！"这番话把大伙儿逗得哈哈笑。

我那间房子在建国西路657号，是临马路的，我们一家住了很多年。这间房不到30个平方，在二楼朝北；卫生间和厨房都是共用的，在一楼。我结婚是在那间房，生孩子还是在那间房。"文化大革命"来了，我的丈母娘挨批斗，也住在我那儿。后来，她就是在那间房子去世的。我的两个孩子出生了，就那么

2020 年 6 月，我重访上海建国西路 657 号旧居

大点儿房子，住 5 口人。一直到拍《蛙女》的时候，我当了上影电视部的负责人，领导觉得我住得太差了，厂里头就给我增加了几平方，我们家这才可以分间住了。

我和王惠玲这么几十年，也不是没有过矛盾。那时候，我们都年轻气盛。有一次，我俩因为什么事情吵起来，但很快又和好了。为了这次吵架，我就说，应该拍张照片，留个纪念。那张照片现在还有。王惠玲烫了发，穿的那件毛衣，当时算是最时尚的了，很多人借去拍照片。那是一件黑色毛衣，带白色横条的图案。

“文化大革命”的时候，红卫兵要抄家，我得把老伴儿当年那些情书和她的一些首饰藏起来。想来想去，我用大字报的纸浆和浆糊做成一个毛主席的头像，是照着硬币上的图案做的，沿头像的耳朵做了一扇门，往里头藏东西。那个毛主席像，是大家每天“早请示”“晚汇报”用的，谁也想不到里边藏着东西。

第十三章　从养猪能手到沙漠“追匪”

“下生活”

1957年4月，上海电影制片厂改组为企业性质的联合厂——上海电影制片公司，我被分配到天马厂当演员。反右派斗争很快就开始了。那时候我年纪小，不像大明星那么受关注，只是属于被改造的知识分子，继续“下生活”接受改造。1958年，文艺界开展学习毛泽东《在延安文艺座谈会上的讲话》。文艺工作者纷纷下基层，改造思想，为工农兵服务，参加各种技能锻炼，并且学习民间文艺。

上海几个电影厂的演员几乎全部去“下生活”，几个制片厂的、译制片厂的，哪个厂的都得下。“下生活”就是体验生活的意思，都是“三同”：和劳动人民同吃、同住、同劳动。这可不

1958 年，我（左）在“下生活”时说相声

是嘴上说一说就完了，一下放就是 7 个月。

我下放的那个生产队，电影厂去了 7 个人。生产队长一念名字，有上官云珠、王丹凤、中叔皇；还有黄晨，就是郑君里的太太，她演过《八千里路云和月》《三毛流浪记》和《武训传》。夏衍是文化部的领导，他来看我们，有便衣警卫跟着的。他来慰问，还很关心我分配在哪儿。

生产队分派我们住老乡家，把演员一人一家都领走了。轮到我，没人领。老乡叫不出来我这个“犇”字，都说：这个姓牛的小伙子肯定能吃，都不肯要。就剩我了，最后，把我分配到一个残疾人家。这家的女主人沈阿婆头发都白了，乱糟糟的。她的老公得了橡皮腿这种病，都叫他“跛跛”，腿很粗，是在上钢五厂送煤的。

我到这家负责养猪、管饲养棚。劳动的工分是这么算的：男的强劳力一天大概挣七八个工分；女的只有 4 个工分，算一半。

1958 年，我在农村养猪

你养一头猪，可以挣几个工分，大猪、小猪都有规定。扫猪棚、烧猪食都要做的。最后一算呢，我一天的劳动量顶他们两个人都不止。养猪的工分高啊，因为一天 24 小时都得工作。别人在下雨的时候不用出工，但猪是随时都得管着，工分旱涝保收。那个村里原来只有 50 多头猪，轮到我来养，变成 100 多头。多养猪多分配，就是多赚工分。

成了养猪能手

我是怎么多养了一倍的猪呢？因为我学了手艺，可以给猪接生的。我住的那家的老太太沈阿婆，别看邋遢，却是个养猪能

1958 年，我在农村养猪时的留影

手。我就在她旁边观察。看哪头猪要生了，她就到猪棚里头等着。猪棚不是两边有圈，中间有个走道儿吗？沈阿婆就在中间的走道儿坐着。她一叫我：“小牛儿，快！”我就知道有猪要生了。

沈阿婆教我怎么接生：拿把草，把猪身上的黏液都擦干净，完了把脐带拉掉。小猪生下来，怎么给它吃第一口奶，都有窍门儿。沈阿婆一边说，一边操作给我看。等那猪生第二胎，我就来操作，也就学会了。

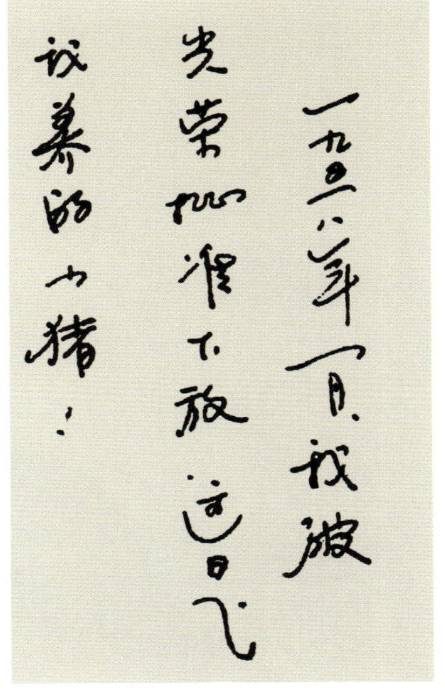

1958 年，我在农村养猪时的留言

小猪的第一口奶，吃的是哪个位置，之后都是吃那一个奶，不换地方的。母猪喂奶，都是一样的喂：小猪过来吃，它就找自己那个吃奶位置，固定的。猪生下来，体质不大好的，要搁在最好的位置，就是母猪奶足的那个奶头。小猪生下来之后，20 多天到一个月，就离开母猪了。猪一生下来，老太太就观察，体质太差的，就扔到粪桶里，让体质好的猪茁壮成长。

生下来一窝小猪，我就有工分了。比如 4 头猪算一个工分，这一窝 10 多头猪，我起码就有两三个工分。我养大猪、肉猪、出栏的猪，还有半大猪，都有工分，所以，我每天都增加工分。你看我养猪像样吧？我天天要到地里面去挑菜。人不吃的菜头，就放到锅里烧，然后喂猪。春天要种芋艿。大点儿的芋艿，我都挑出来，留着自己吃。坏的芋艿，烧熟了搁在菜里，不仅给猪

1958 年，我在农村“下生活”

吃，有时候我也吃。

我和这家人相处得很好，人都是将心比心的。因为气候潮湿，我就给沈阿婆做了个脚垫儿。那时候，木头很难找，我拆了旧猪圈，弄点儿木头回来砍砍，钉个脚垫儿。以前，这家的水缸从来不用盖子的，我给做了个盖子盖上。因此，这家两口子对我特别好，都说这个姓牛的孩子很能干，也本分。

沈阿婆的老公在工厂里上班，有活工资拿。他每天喜欢喝点儿酒，再买两毛钱猪头肉，一般的农民是吃不起的。所以，别的“下生活”的演员没肉吃，我有肉吃，大家都很羡慕，一见着肉，眼睛都睁得老大。一到盛饭的时候，沈阿婆就把肉给我藏在碗底下。上海人吃饭，都是端着碗走四方，串着门儿吃。别人一看见我，就翻我碗里的肉。我也给他们吃。我不愿意吃肉，到现在也不爱吃。沈阿婆很喜欢我，看见我的鞋湿了，就捧着铜暖炉给我烤鞋。过几个月，我走了，他们家找了个女婿，据说长得很像我。人家就说：怪不得沈阿婆对你那么好呢，她是想拿你当女婿的。

小牛儿掉进粪缸

那次“下生活”，有一件事儿闹得可轰动了。那天中午，大家都在休息，就听外头喊：小牛儿掉进粪缸里了！农村的粪缸很大、很深，起码有一米多深，直径也有一米多，埋在地下的。说小牛儿掉到粪缸里啦，一直从前村喊到后村。我那个房东沈阿婆一听急坏了，到处喊人救我。大伙儿跑到猪圈一看，都说，咳！闹了半天，是隔壁家一头牛掉到粪缸里了，不是小牛同志。结果闹了个大笑话。

人家把牛从粪缸里捞出来，一回头，看见我站在那儿，就用土话说：“‘小棺材’，阿拉都以为侬掉下去了。”好像我掉进去了，他们才满足似的。“棺材”，是上海话“小鬼”的意思，就像北京人说的“小王八羔子”。那时候，大家的关系都是很亲热的。

当时，王惠玲还在南京上大学呢。她回上海探亲，要来看看我。那个年代，很讲家庭出身。王惠玲是资本家的女儿，虽然是

20 世纪 60 年代初，我与王惠玲合影

个共青团员，但也是被改造对象。我是穷苦人出身，又是共青团员，就有责任改造这个“资产阶级小姐”。我就跟她说：你来吧，直接到猪棚找我。

王惠玲来看我，我正在那里扫猪圈、烧猪食。我穿着那种元宝雨鞋，可以在猪圈里踩来踩去的，没这个鞋，就不方便了。猪圈里臭烘烘的。王惠玲一进去，闻到那味儿就想吐。我说：开始，我也不习惯，所以，我们都需要思想改造。你就吃话梅，咬一点儿，搁在嘴里就没事了。之后，她一来看我，就给我带话梅。

再拍沙漠戏

《沙漠追匪记》是在 1959 年拍摄的，葛鑫执导。这个片子原定是白沉导演，还想拍成彩色片。因为白沉被打成右派，就换人

1959 年，电影《沙漠追匪记》剧照中的我

了。冯喆是主演，我是男二号。故事背景是：1951 年，一支解放军剿匪部队，追击企图暴动的一股国民党军残兵。我们是骑兵，敌人也是骑马的。影片一开始，双方就打了一仗。敌人大部分被我们消灭了，但冯喆扮演的钟班长受了伤。匪首带着两个匪兵逃走了。这个匪首叫金冶中，是程之扮演的。钟班长领着两个战士，沿着匪兵留下的马蹄印儿去追。战士李玉根是于明德扮演的，另一个战士小姜就是我。

在追匪过程中，我们和连队失去了联系。途中遇到沙尘暴，风沙把敌人的马蹄印儿都刮没了。我们仨就分三路继续追。连队也在找我们。我是最先追上逃匪的，打死了一个匪兵和一匹马。我负了伤，金冶中带着一个匪兵逃走了。等钟班长和李玉根他们俩赶来，打死了另一个匪兵，金冶中又逃跑了。

1959年，电影《沙漠追匪记》剧照中的我（右）

最后，钟班长牺牲了，我们活捉了金冶中，大部队也赶来了。那时候，写戏没那么多套路，钟班长没看到胜利就牺牲了，剩下我们俩战士完成了任务。要是再晚几年，肯定不能先把主角写死，反一号却没死。

特殊的入党申请书

在《沙漠追匪记》里，我有几段很动感情的戏。钟班长受了伤，一直瞒着我们。等我受了伤，他和李玉根没丢下我，一直抬

1959 年，电影《沙漠追匪记》剧照中的我（中）

着我，几天没吃没喝，还要追击敌人。我要求他俩把我扔下，钟班长就命令我躺在担架上。

沙漠里有上坡，钟班长他们就用绳子拉着担架走，这些都是表现战友感情的戏。周围是荒凉的沙漠，又面对着你死我活的战斗，我们能不能活着回去，谁都不知道，都是生死考验。其中有一个细节，我印象最深：片子开头有个伏笔，小姜有个饭包袋，是老乡送的。钟班长问里边有啥，小姜说是秘密。片子最后才交代，饭包袋里装的是入党申请书。这个小细节很真实，很合情理。为什么这么说呢？

我演的是小战士，知道自己不够入党条件。小姜把入党申请书夹在一个笔记本里，装进饭包袋，一直没敢拿出来。还有一段

铺垫是小姜和钟班长的对话。钟班长说："小姜，你刚来的时候，人还没枪高呢！这会儿也不矮了。"小姜说："光长个儿有什么用？入团都半年多了，立功簿上还是空白的呢！"

情节发展到后面，钟班长捡到小姜的饭包袋，把饭包袋递给小姜后就问："你的秘密可以公开了吗？"小姜第一个反应是怕入党申请书丢了，赶紧掏笔记本。等把入党申请书递给钟班长，小姜说了一句话："我知道自己不够条件……"

这时，钟班长的伤势已经很重了。镜头给了入党申请书一个特写。钟班长看了，露出欣慰的表情。他对旁边的李玉根说："把它交给指导员，就说我同意小姜……"我这边儿焦急地看着

1959年，电影《沙漠追匪记》中，我（右）向钟班长递交入党申请书

钟班长，等着他把同意我入党的话说完。这时候，镜头给的是我的特写，我的表情渐渐在变化，然后，眼泪夺眶而出。观众可以从我的反应中感觉到，钟班长话没说完就牺牲了。

在这部戏里，我的入党申请书就是这么交的。不是主动交的，我没那个勇气。为什么？在那个年代，部队里的共产党员都是特别优秀的，不是爬雪山过草地的老红军，也是出生入死的战斗英雄。入党的事，一个新兵蛋子连想都不敢想，自己心里有数，条件差太远了。

现在想起来，我到80多岁才实现入党的愿望，这是我几十年的追求。我在《沙漠追匪记》里的那些台词，就是我这么多年追求进步真实的心理写照。就像戏里那个情节一样，在我心里，入党是很神圣的，共产党员的标准是很高的。你看我能演得那么真实，这是因为演我自己，我内心的追求是很真挚的。

男二号叫小姜

我在《沙漠追匪记》里戏份儿很重。有人说，我在很多戏里演配角，有的角色连个名字都没有。细究起来，角色的名字是个很专业的问题。就说我演的这个小姜，有姓没名。我觉得，署名这样处理很真实。在革命战争年代，多少普普通通的战士牺牲了，没人知道他们的名字，能知道姓什么，都是个纪念。

拍《沙漠追匪记》前，我们到驻陕西榆林的骑兵部队体验生活。

1959年，电影《沙漠追匪记》剧照中的我与程之

我是会骑马的，之前拍《沙漠里的战斗》也有骑马的戏。但是，其他演员不会骑马。骑马是个技术活儿，短时间不容易学会，我就教别人。结果呢，拍骑马战斗那场戏，我差点儿摔死。当时，我们几个人把道具接回来。马一失蹄，我就从马背上摔下来了，差一点儿就摔在石头上。别人没看见我流血，其实，我是摔到了脑袋。如果我再往前冲一点儿，摔到石头上就麻烦了。

我和演匪首的程之有对手戏，还为他设计过造型。戏里有个细节：我抓住他，拎着他脖领子，用枪托砸他。程之跟我说："爷爷，你下手可得轻一点儿。"那时候，我演戏已经很有经验了，就说，你放心，我保证不会失手。本来，这个反一号是董霖演的，后来换的程之。在这之前，我和程之在《山间铃响马帮来》合作过，他演的也是坏人。此后一起演《飞刀华》，他演的是好人，是戏班子里的小丑。

沙漠里的恶作剧

沙漠拍戏还是很艰苦的。好在摄影棚离沙漠不远，我们就自己想办法活跃气氛。驻地搭了室外厕所，我琢磨着怎么搞搞恶作剧。沙漠里有蛇，我把蛇皮扒下来，往里边儿灌沙子，又把手电筒的灯泡安在蛇眼睛的位置，还冒着绿光。我把这条假蛇放到女厕所边儿上。女同志看到吓得要命，都不敢上厕所。这个小把戏，我以前在拍《山间铃响马帮来》时就干过。

我挨了批评。到了生活日，工会让我作检讨，说我不尊重老演员。我就说，下次一定改。然后，大伙儿又在一起说说笑笑了。其实，他们都爱跟我在一起，听我讲故事。

浙江昆苏剧团的演员朱军演一个匪兵，他也爱搞恶作剧。我们是住在军营里的。冯喆住在最外面，靠近厕所。到了晚上，朱军一上厕所，就敲冯喆的门。如果冯喆不搭话，他非得把冯喆叫起来，搞得冯喆睡不好觉。我就给冯喆出了个主意：用那个军用脸盆，装一脸盆水，放到门上，等朱军一推门，水就扣他一棉袄。冯喆一听，觉得这个主意好，就这么报了一个“仇”。对那种军用脸盆，我的印象很深，边儿上带个窟窿眼儿，可以用绳子拴在背包上，现在的年轻人可能都没见过。

20 世纪 60 年代，我与程之在洛阳龙门石窟

外景地有个荷花池，我每次去抓青蛙，用面口袋装回来，剧组就可以吃田鸡肉了。晚上，经常 4 个

1959 年，电影《沙漠追匪记》剧照中的我与冯喆

人一起打牌。程之和朱军都抽烟，都是演反派的，我就想办法整蛊他们俩。我买来小炮仗，那个引信是卷了火药的，叫捻儿，不会爆炸，只能“呲花”。我把这个火药捻儿，塞到香烟里。然后，我就分别告诉程之和朱军：你那根烟里有“呲花”，得想办法换给别人。这俩人都上我的当了，换烟一抽，嘴上都冒了火。

电影《沙漠追匪记》片段

第十四章　我加入了“娘子军”

在海南的日子

我从北平进入电影圈，这是一个苦孩子的命运转折点。当年，我被老电影人带到香港，走的都是旧社会学艺的基本套路。不光是我，那个年代，多少艺人都是这么走过来的，对于电影怎么表现革命主题，都是似懂非懂的。1959 年，我被打成“资产阶级文艺狗崽子”。为啥成了“狗崽子”？可能是因为我拍戏多。大的罪名扣不上，“狗崽子”就是个小喽啰的意思吧。我知道自己不懂政治，也不成熟。让我改造思想，我是能接受的。

1959 年是新中国成立 10 周年，文艺界要推出一批国庆献礼作品。借着国庆 10 周年，电影界要组织拍摄一批影片，包括一些少数民族题材、体现民族大团结的片子。哪个演员能够获得演出机会，那一定是政治上可靠的。

应该说，从 1959 年到“文化大革命”前，电影界又恢复了

一点元气。只要有机会拍电影，受点儿政治上的委屈也不算什么。对于我来说，只要能拍电影，别人说我什么都无所谓。我又被选入《红色娘子军》剧组。

《红色娘子军》是上影厂拍的战争片，谢晋执导，祝希娟、王心刚分别是女主角和男主角，编剧是梁信，电影文学剧本原来的名字叫《琼岛英雄花》。这部电影在 1960 年 7 月 1 日上映，讲述土地革命战争时期，吴琼花从奴隶成长为海南红色娘子军战士的故事。这个片子获得第一届大众电影百花奖最佳故事片奖、最佳导演奖、最佳女演员奖和最佳男配角奖。因为扮演吴琼花，祝希娟拿了最佳女演员奖。1959 年拍这部戏的时候，祝希娟还是上海戏剧学院表演系三年级的学生。用谢晋的话说，她具有南方女性的外形和“一双火辣辣的眼睛”，非常符合角色要求。

1960 年，电影《红色娘子军》剧照中的我（左）与王心刚

1960 年，电影《红色娘子军》剧照中的我

祝希娟与陈强的“敌对关系”

《红色娘子军》上映后，主题歌《红色娘子军连歌》和插曲《五指山上红旗飘》迅速传唱开了。中国共产党领导的琼崖工农红军，也从此为外界所熟知。当年，谢晋花了半年多时间，为《红色娘子军》选景，几乎走遍了海南，登过五指山和其他好几座山。1959 年夏天，谢晋又带着主创人员，到海南体验生活：看反映红军历史的图书，访问红军老战士；每一个扮演红色娘子军的演员都要学会扎绑腿、走队列、打枪，培养作为女战士的习惯。

陈强因为这个戏获得最佳男配角奖。他塑造南霸天这个角色，是付出很多心血的。第一次见到陈强，祝希娟提出要保持“敌对关系”。这其实是很幼稚的想法，但陈强很理解她作为一个学生的心情，就同意了。不拍戏的时候，他们也故意制造小矛盾。这种做法现在是难以想象的。

不管怎么说，祝希娟获奖实至名归：她演吴琼花执行任务的时候，见到仇人分外眼红，开枪打伤南霸天，说了一句话：“尝尝奴隶的子弹吧！”那还是很有生活的。在海南陵水，拍摄群众批斗南霸天那场戏，谢晋想要群众演员的情绪和气愤。很多群众忘了是在拍电影，上去真打南霸天，谢晋赶紧喊停。在那个年代，群众对电影艺术的认识还不多，尤其是对反映现代战争史的影片，容易产生艺术和现实的混淆。

那个时代，政治氛围还是很浓的。按照剧本原来的设计，吴

陈强在电影《红色娘子军》中扮演南霸天

2007 年，我（右一）与任仲伦（右三）、谢晋（右五）、祝希娟（左二）等人回访海南红色娘子军老战士

琼花和洪常青最后成为恋人，当时也拍了不少他俩的爱情戏。后来，这些镜头都被删掉了。在“文化大革命”中，海南当地有一家人姓南，还是贫农，却被造反派说成是南霸天的后代。“证据”是：“烧死”洪常青的树就在他家门口。其实，南霸天是虚构的名字和形象，那棵大树也不在海南。

电影《红色娘子军》片段

戏里的一匹马

《红色娘子军》这部片子还有陈述、冯奇、梁山、向梅、铁牛等演员，我演的是党代表洪常青的通信员小庞。电影一开头，

洪常青化装成华侨巨商，我牵着马跟在旁边。剧情里需要一匹马，可当地原来没有马，唯一的一匹马，还是一只眼睛的。这匹马，是一个骑兵战士退役后带回来的。那个战士和这匹马很有感情，退役时，他就向首长提出把马带走。

这匹马很有性格，它退役很多年了，也很久没有被人骑。我对驯马、骑马还是很有经验的。有一个镜头，南霸天带着“还乡团”回来，烧杀抢掠，还跟红军打起阵地战。我骑马给洪常青报信。镜头的要求是：我从远处一路骑过来，到了镜头要求的位置，纵身下马。这匹马只有一只眼睛，它跑的路线会偏，再加上沿路埋设了很多炸点，这里放一炮，那里点一堆火，还有很多群众在“逃难”。在这么乱的环境里，我必须控制好这匹马。它多少年没经过战火了，听不听话，全靠我的经验。

那个镜头是赶时间拍的。我到了镜头要求的落点，跳下马，

2015 年，我与王心刚参加中国电影诞生百年纪念活动

1960 年，电影《红色娘子军》剧照中的我

镜头再跟着我横移。我扔下马，镜头是跟着我的，马就不管了。这是个长镜头，要一镜到底，技术要求高，又有危险，整个过程都要非常流畅。那时候拍戏是用胶片的，你落点对了，焦点才能对得上；你跑过了不行，提前也不行。我那个镜头一次就拍成了。

拍摄中还有个细节：我们这边儿正说到作战的机密，有个密探来偷听。这怎么表现？我就出了个主意：借用月亮的影子。密探躲在暗处，我假装在洗脸。其实是打个掩护，我在观察周围有没有可疑的人。密探藏在暗处，但他的影子投在地上，我就发现了他。这才是电影语言。一个镜头怎么处理得更好，集中了剧组很多人的智慧。

改革开放后，《红色娘子军》剧组重新聚会了一次，我们也到海南回访过。我记得，当年我很瘦，都怀疑我得了肝炎。剧组每人分了一块糖，祝希娟把她的糖让给我吃了。戏里不是有一只猴子吗？也被我带回上海，一直很调皮。后来，康泰喜欢它，就

20 世纪 90 年代，电影《红色娘子军》剧组重聚，左起：我、祝希娟、陈强、谢晋、王心刚

要走了。每次看到剧组的合影，我都特别感慨。虽然我们年纪都大了，但是，青春岁月都留在了胶片上。

我是小虎叔叔

《英雄小八路》是根据同名话剧改编的儿童题材片子，1961 年上映，周郁辉编剧、高衡导演。我在戏里再次演解放军战士，叫周小虎。之前，我演过陆军、海军、空军，这次演的是炮兵。我本来就加入了解放军预备役，对军人角色是有感情、有生活的。我有张剧照还被做成了彩色版，上过《上海电影》杂志的封面。

《英雄小八路》说的是福建前线的 5 个少年，在金门岛上的国民党军往大陆这边儿打炮的时候，不愿意转移到后方，偷偷留下来支前。我是他们的小虎叔叔，给他们讲电话线等方面的知识。

这个片子的情节很符合儿童的特点。福建前线环境特殊，对面的国民党军一开炮，大陆这边就会被炸死人、炸坏房子。当地老百姓包括孩子非常恨国民党军。片子里怎么躲避炮弹、怎么通过炮弹的呼啸声辨别它的落点等等情节，都是很真实的。

有个孩子负责看守电话机，一次因为贪玩儿没听到电话响；还有一次是因为胆怯，没及时敲钟报警。他们站岗放哨，还把解放军的团长当成了坏人。孩子的逻辑很简单，你说你是解放军部队的，我们却没见过你；再说，你连小虎叔叔都不认识，肯定就是假冒的。后来，这几个孩子真的抓住了偷渡过来拍摄解放军炮兵阵地的特务，还挖出了一个潜伏接应的国民党特务。

1961 年，电影《英雄小八路》剧照登上《上海电影》杂志封面，我占据了 C 位

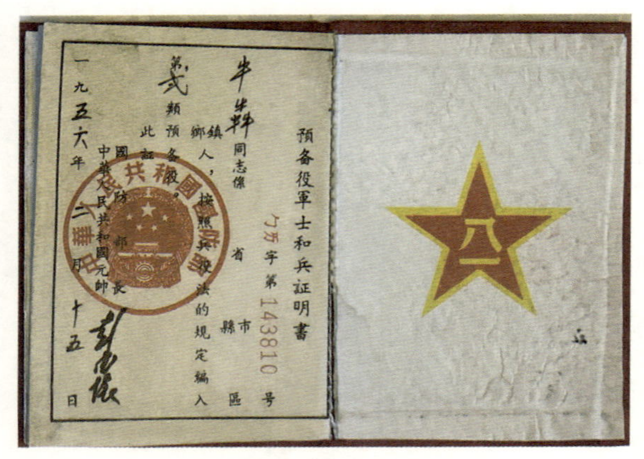
预备役军士和兵证明书

字第143810号

牛犇同志系　省　市县　区　乡镇人，按照兵役法的规定编入第贰类预备役

此证

中华人民共和国国防部部长
元帅　彭德怀

一九五六年二月十五日

我一直珍藏着 1956 年颁发的解放军预备役证书

解放军准备炮轰金门进行还击，团指挥部和炮兵阵地之间的电话畅通必须保障。这一段是高潮戏。电话线被炸断了，周小虎去查线路，中弹受伤。这时，几个孩子赶过来，用小虎叔叔讲过的方法，手拉着手，通过身体连接电话线，保证了炮击命令的下达。

党委书记来探班

当时，丁一是天马厂的党委书记、延安时期的干部。她是“解放脚”，就是小时候裹脚、后来放开的。她到《英雄小八路》剧组探班，看我们排练接电话线那段戏。她触景生情，流着泪，抱着两个小演员，握着我的手说：“你们演得很动人！”我还记得，我在上影厂第一次听党课，就是丁一讲的。她说：“拍进步的戏，就是干革命。拍电影就是为人民。”

在福建厦门拍这个戏的时候，正是三年困难时期，生活非常艰苦。我们到前线部队体验生活，那里的供应好，4 两粮票就可以吃一顿饱饭。我印象很深的是山芋汤，味道很浓的。我们都是吃 2 两饭。演解放军班长的于振寰胃口大，要吃 4 两，用脸盆打饭。

1961 年，电影《英雄小八路》剧组合影

晚上睡觉是睡营房的通铺，于振寰睡在最里边，还打呼噜。我们刚入睡，他就起来上厕所，从最里面出来，要迈过每个人。等我们睡着了，他又起来上厕所。最后，干脆把他放到一个偏僻小屋里了。

《英雄小八路》的主题歌非常出名，后来被定为中国少年先锋队队歌，就是那首《我们是共产主义接班人》，作词是周郁辉、作曲是寄明。直到今天，当年《英雄小八路》里的小演员还有人跟我联系。那个年代拍的儿童戏还是可圈可点的，而且，当时对儿童题材的影片很重视。像我的引路人谢添，在 20 世纪 60 年代就执导过《花儿朵朵》《三朵小红花》，又和陈方千一起执导了《小

电影《英雄小八路》片段

铃铛》。谢添还主演过一个中法合拍的儿童戏，叫《风筝》，他在里面演古董店主。

20 世纪 80 年代初，我（右二）与剧组的孩子们

我对儿童戏是情有独钟的。我就是儿童演员出身，在香港还演过儿童题材的片子。依我看，现在很多儿童题材的片子拍得太假，选的儿童演员都在模仿大人，一点儿孩子的天性也没有。这个方向是不对的。

到江西当“矿工”

拍完《英雄小八路》，我继续拍天马厂的《燎原》，那已经到了 1961 年。这部片子的导演张骏祥和顾而已，都是我在香港就熟悉的老前辈了。《燎原》的主演有王尚信、王熙岩、张雁、祝希娟、魏鹤龄、齐衡、康泰、江山等人。我扮演的是煤矿工人李魁。

片子的历史背景从晚清开始：赣西煤矿闹工潮，被清军镇压了。这是个引子，主要内容则是早期共产党人发动受压迫的煤矿工人罢工。我们都知道江西的萍乡有个安源煤矿。那里是中国工人运动的策源地之一，也是秋收起义的主要爆发地。在清朝末年，中国的工人阶级是很少的，因为工业很少。

安源煤矿是官商盛宣怀引进外资创办的，这里的煤主要是给汉阳铁厂供应燃料。《燎原》的主要情节是围绕一次瓦斯爆炸，黑心矿主不顾工人死活，放弃救人，下令封井。以夜校教员身份做掩护的共产党员雷焕觉，领导一万多矿工举行大罢工，最后取得了胜利。

在萍乡煤矿拍摄的时候，铁路一直通到矿区门口。调来那种老式蒸汽火车头，非常逼真。在煤井下面的掌子面拍戏很艰苦，演员们都得光着身子。金属有反光，我们就浑身抹上墨汁。冬天反季节拍戏是很冷的，衣服湿漉漉的也不能脱，觉得冷了就临时披一件衣服。我们把柏油桶锯掉一半，搭两个架子，烧上煤球，围着烤火取暖，等身上冒热气儿了，再继续拍。

1962 年，电影《燎原》海报

我在这个片子里的戏份儿不重，但是，我扮演了三个角色。齐衡演的角色被砸死，替身是我。还有那个被无良矿主封堵在坑道里的矿工，他的背影就是我拍的。这是因为我比较瘦，导演觉得我的身形好。

我年轻，除了拍戏，还帮着装车、卸车。我的行李用一块大油布包上，再用绳子一捆，防潮避雨。那时候，谁要是有个帆布行李袋，都被别人羡慕。伙食费和粮票都要自己交，四毛钱一天，一毛八一顿，早晨四分钱喝粥。剧组会补贴一点儿费用，买煤球之类的。我记得中秋节发月饼，那月饼干硬干硬的，一点儿油都没有。

剧组住的地方很简陋。那里没宾馆，也没暖气。现在拍戏条件好了，有防护服、保暖内衣，还有热贴。当年，再苦都没怨言，演员这个职业就是这样。你如果心里是热的，身上就不感觉太冷。那个底气就是演员的基本素质。回忆起来，那个年代没人觉得艰苦。凭良心说，那种苦，现在很多年轻演员都受不了。

《燎原》成了“大毒草”

“文化大革命”的时候，很多老电影遭到了批判，《燎原》也成了“大毒草”。老电影被批判的罪名不一样，《燎原》是罪加一等，因为歌颂了刘少奇。《燎原》到底歌颂了谁？这需要了解一下历史背景。这部影片的主人公叫雷焕觉。按照导演的想法，直接表现某个革命领袖，故事很难处理，就给主人公起了个象征性的名字，相当于毛泽东、李立三和刘少奇三个人的合体。

中国共产党成立之初，把发动工人运动作为重点，李立三和刘少奇都是早期的工运领袖。李立三当过安源党支部书记、安源路矿工人俱乐部主任、安源大罢工指挥部总指挥。我们拍

1962 年，电影《燎原》剧照中的我（右一）

《燎原》的时候，他是全国政协常委。刘少奇也和安源煤矿有密切关系，安源大罢工胜利后，他在那里搞工运有近 3 年的时间。除了李立三和刘少奇，毛泽东也多次到过安源。“文化大革命”时期有一幅著名的油画，就叫《毛主席去安源》。画面上，毛泽东穿着长衫，拿着一把油纸伞。

电影《燎原》片段

《燎原》制作完成以后，专门给安源煤矿送去一个拷贝，在当地连续放映了 7 个晚上，观众都是满满的。这个片子挨批判，最大的罪名是“为刘少奇歌功颂德”。怎么说呢？首先，王尚信扮演的雷焕觉确实很像年轻时的刘少奇。片子里的主要情节是雷焕觉和安源路矿当局谈判，谈判就是刘少奇去的。老安源人对刘少奇的印象很深，因为他走遍了矿山各个角落，和矿工们非常熟。所以，在安源人看来，这个雷焕觉就是刘少奇。刘少奇被打倒的时候有三大罪名，其中一个是“工贼”。

第一次进“戏班”

《飞刀华》是1963年上映的。编剧是严励和李纬，导演是徐苏灵，主要演员有李纬、魏鹤龄、王蓓、程之等人。故事讲的是旧社会一个戏班子，叫义胜班。老班主李中义收留了一个义子，叫华少杰。华少杰有飞刀绝技，艺名为“飞刀华”。我演戏班子里一个演员，叫李少雄，会甩长鞭。

李纬扮演的飞刀华是个孤儿，对班主是很感恩的。戏班子在街头卖艺受尽欺负，老班主又生了病，但他们很有骨气，拒绝为日本鬼子和汉奸卖艺。汉奸故意给戏班子捣乱，来砸场子。有个细节：我在那儿表演甩长鞭劈报纸。有个汉奸在台下暗算我，用

1963年，电影《飞刀华》剧照中的我（左）与李纬

弹弓射我的手。我的鞭子失了手，抽到了师娘脸上。

日伪那边儿也搞了个艺术团，他们来义胜班挖角，挖不到飞刀华，就断了义胜班的活路。义胜班赚不到钱，就没饭吃，用老班主的话说：“咱这撂地的，是刮风一半儿、下雨全无。”戏班的人心情都不好，内部发生争执。飞刀华把他心爱的飞刀卖了，给大家买吃的，被老班主发现了。

卖刀这件事对老班主打击很大，他很绝望，宣布戏班散伙儿。抗战胜利后，流浪他乡的戏班子又回来了。结果，当初的汉奸又变成了国民党的官儿，继续欺负义胜班。老班主也死了。直到新中国成立，义胜班才扬眉吐气，登上大雅之堂，又创出很多新节目。

找导演要近镜头

我扮演年轻艺人李少雄。原来定的这个角色是徐才根演。徐才根是“肌肉男”，如果他来演，主角李玮的身材就显不出来了。找我的时候，我正在拍《燎原》。戏班子里的艺人都要有绝活儿，就让我去甩长鞭。那时候还在国家的经济困难时期，粮食不够吃。当时，给我按轻体力劳动算，每个月的粮食定量才 28 斤。

当年，要按脑力劳动算，粮食定量就少；从事体力劳动的，就给得多，每个月有 40 多斤口粮。我就提意见了：我练鞭子要靠体力，这个是很累的。但是，一天只有不到 1 斤粮食，我吃不

1963 年，电影《飞刀华》剧组

饱，没力气。后来，剧组申请了一下，补贴我 5 斤黄豆。黄豆可以榨油，我就有油水了。我的粮食定量原来是 28 斤，现在变成 33 斤。就这样，我低血糖的毛病就是那时候落下的。

我天天要练鞭子，动作还要帅。需要场地大一点，我就在建国西路家门口马路边的一个空场练。我出场第一个镜头，原来按照导演的设计，一出场是个近景。我看了剧本有意见，就骑着自行车，连夜去找导演徐苏灵。我说，你不给我全景，人家以为用的是替身呢，而我是练了功夫的。徐苏灵同意先给我个全身。王蓓就说我“鬼”，给自己要了个大镜头。

我拍甩鞭子劈报纸，一破二、二破四，都是全景，到四破八，才用近镜头切换。劈报纸的特写，是我用筷子劈的。其实，那张报纸上埋了线、蘸了水，线一拉就开。耍坛子那个情节，也是我出的主意。坛子是假的，纸糊的，中间有一根线，一使劲儿，线就断，坛子正好扣到脑袋上。但是，这条线的力度要掌握好分寸。

像这些细节的表现，只要动脑筋，都有办法。我小时候看人家拍戏，学了很多窍门儿，这就是手艺，现在叫特技。按照那时候的说法儿，影片的“片”就是“骗”，也就是魔术手法。我设计的长鞭子劈报纸和耍坛子，就是在香港拍戏的时候学的。演员能想出个好办法，也是一种乐趣和享受。

《飞刀华》明星荟萃，里面有魏鹤龄演的老班主、李纬演的飞刀华、程之演的戏班小丑李中侠、陈述演的大反派牛耀祖，还

我（前排左二）在电影《飞刀华》拍摄现场

有王蓓演的走钢丝演员金素兰，她和李纬的爱情戏也是非常出色的。《飞刀华》在“文化大革命”中同样被批判，禁演了，说是对少年儿童有不良影响，都模仿里边的飞刀，给了个教唆青少年学坏的罪名。

电影《飞刀华》片段

第十五章　从“五七”干校到“战高温”

Film

农家的苦日子

20 世纪 60 年代初，国家处在三年困难时期，大家都没吃没喝的。那种日子，现在的年轻人都无法想象。没粮食，连树皮都扒下来吃。到了大概 1964 年，生活困难有点缓解，搞社会主义教育运动，就是“四清”：清政治、清经济、清组织、清思想。对我来说，又“下生活”了。那年 9 月，我被分配到山东威海乳山的车村，在最穷的一家搭伙吃饭。

我到的那家，是一个寡妇带两个孩子。我在她家搭伙，就是四口人吃饭。我把饭钱给她家。冬天要烧煤取暖和做饭，煤需要自己花钱买。原来可以到山上捡树枝烧炕，还要做饭。可是，山上已经秃秃的，找不到能烧的东西，树枝、树叶都被捡光了。我住在她家，她家可以用我的伙食钱买煤，够他们过冬的。做饭的时候连带着烧炕，炕能有一点温乎劲儿，再做伙食、贴饼子。

我在那家吃的头一顿饭，只有三个饼子，半斤左右。我一个，老太太一个，两个孩子分一个。吃完了就是豌豆面和地瓜干。山东人那时候的生活真是苦：把地瓜做成粉，弄成面条，揪两根儿韭菜，炒一炒，再搁点儿盐；或者就是地瓜干，再吃半个饼子。每顿饭都是这样。那一家太穷了，连电影厂领导都叫我回去吃集体伙食。我说，我一定得在这儿。因为我知道，我的这12块钱伙食费，可以给他们供点儿暖。

1964年，我在山东农村“下生活”

当时，作曲家肖培珩也在那里，他就是电影《苦菜花》的作曲。有一次，我们去开三级干部会，我就带了一个饼、两根韭菜。路过一个果园，我们花8分钱买了两斤苹果，吃了都拉肚子了。那时候，让我批斗人，我不干，就说我们“四清”工作队是“瘟神”。

我离开那里的时候，房东给我做白面巧果，还带了鸡蛋，给我送行。几十年过去了，到现在，那家人还给我来信。老人不在了，两个孩子也长大了。他们都非常感激共产党。村党支部书记把县里招工的两个名额，给了那两个孤儿，可村支书自己的闺女四五十岁了，都没当上工人。那两个孤儿到县城里上班，如今都退休了，最

1966 年初，在山东车村，我（左一）与作曲家肖培珩（左三）看望房东的孩子

近还给我写了封信，说谢谢我。谢我干什么呢？要说谢，要谢谢那位老支书，他是个有良心的人。

什么是真正的共产党员？这位老支书就是。有一张照片，我最近找出来的，是我房东的两个孩子。俩孩子那时候还很小。他们看到我录制了《榜样》那个节目，就想让我演演他们家的故事，两个孩子也是有一份难得的孝心。

演员离不开“下生活”

现在，很多演员拍戏，都不体验生活。第二天开机，头天晚

1962 年，电影《球迷》剧照中的我（中）与铁牛（左）、关宏达

上才进剧组，转过天直接就演。我不知道这戏他怎么演！我那时候拍戏，哪一部戏都要先体验生活。就是不拍戏，平时也要经常“下生活”，不然就脱离群众啊！用现在的话说，就不接地气了。很多东西，现学是来不及的。

1958 年那次一起“下生活”的，还有陈怀皑导演。陈怀皑就是陈凯歌的爸爸。当年，我在香港拍《火葬》的时候，他是副导演。那时候都非常重视对演员的思想改造，也很重视演员的专业训练。培养演员就要从基础做起，不然，你的基本功不扎实。

电影《球迷》片段

毛主席在延安文艺座谈会上的讲话、在第一次全国文代会上的讲话，就是我们的指导思想。当年，我们都学这两篇讲话。我文化水平不高，但我知道，要为工农兵服务，就得先向工农兵学

习。就像坐凳子，你先要把屁股移到工农兵这边来。我的理解就是这么简单。在新中国，就是努力建设社会主义、共产主义。社会主义是一棵大树，将来一定会枝繁叶茂的，因为它已经在中国的大地上生根了。我的想法就是这么朴素。

从“五七”干校到工厂

我从山东回来后不久，1966 年 5 月，“文化大革命”就开始了。我记得，那年，陈鲤庭导演准备拍历史片《大风歌》，布景都做了。陈鲤庭把自己关在楼上设计分镜头，600 多个镜头都画在卡片上，台词的要求也写得很细。

陈鲤庭是个很严谨的导演，要求非常苛刻。1943 年，他在重庆导演话剧《复活》，观众都坐满了，准备敲锣开幕。陈鲤庭发现舞台上摆的那个沙发款式不对，不像俄罗斯贵族家的，要求换沙发。那个戏是夏衍根据托尔斯泰的名著改编，中华剧艺社排的。当时，应云卫是社长，当场就给陈鲤庭跪下了。这戏才开始演。

陈鲤庭也是老左联的，当年有个很出名的街头剧《放下你的鞭子》，就是他创作的。《大风歌》因为“文化大革命”爆发下马了。人的命运有时候很奇怪。《鲁迅传》在《大风歌》之前也下马了，那个片子定的也是由陈鲤庭导演。他当过我们天马厂的厂长，是中国电影界的百岁老人。陈鲤庭在 2013 年去世，享年 103 岁。

再说回“文化大革命”。上海电影界被批判为“修正主义文艺

舒适（1916—2015）

黑线专政”。不仅“反右”时那些“右派”又遭殃，大批从旧时代走过来的中老年艺术家，这次基本上都没逃过去，都挨批斗、挨打了。北京的红卫兵来了一个“南下兵团”到上海，有十几个纵队。1966年9月，他们到上影，就在天马厂的广场，揪斗厂领导丁一，陪斗的有谢晋、徐昌霖、汤晓丹、顾而已、黄宗英、蒋天流等人，有十几个人。红卫兵给丁一挂了个大牌子，上面写着“黑帮大红伞”，所有陪斗的都得“交代罪行”。谢芳、于洋都被剪了头发。置景车间被隔成小房间，让“黑帮”隔离审查。舒适被隔离审查的时候，我买他爱吃的苏州粽子糖，塞到草纸里给他送去。

有一次，厂里的造反派批斗白杨、张骏祥、齐闻韶他们，让他们唱《牛鬼蛇神嚎丧歌》。我一看，这些都是我尊敬的老艺术家，我得想法子救他们。我举个“要文斗，不要武斗”的标语牌进去，结果我也挨了打。我有个绰号叫“牛罗锅”。白杨说过：“小牛子是为了救我们这些‘牛鬼蛇神’，把腰给弄坏的。”还有一次，造反派说我是资产阶级的“孝子贤孙”，要打我，我就跑，一位置景工人把我藏进道具箱柜里。我虽然不太懂政治，但心里没鬼。我是苦孩子出身，顶多也是按照人民内部矛盾处理。

被“清除”出演员队伍

批斗这一波闹完了，上影厂的电影人基本上都被发配到奉贤的“五七”干校。那里是海边的一片荒地，住的是竹子搭的棚子。我去的时候是初冬，天气很冷。后来，我在那里种过稻子，还管看稻子。

有一天，当时的演员剧团党支部委员铁牛找我谈话，吞吞吐吐地通知我去上海染化八厂去“战高温”，说是工宣队的决定。他又说，我演了不少好戏，剧团不想让我走。我还记得，向梅拉着我的手，含着眼泪跟我告别。当时，“战高温”是上海“劳动改造”的专有名词。在“五七”干校劳动，说明你还是电影界的人；去“战高温”，那就让你离开电影专业了。那时候，上海各种制造业、轻工纺织业等等的工厂里，都有我们文艺界的人去“战高温”。我说，到哪里都是劳动。其实，我心里很不是滋味儿，“战高温”等于把我从演员队伍里开除了。所以，在干校劳动和下工厂当工人，含义是不一样的。

1963 年，我与王惠玲、二儿子王侃在一起

很多大明星和电影界的领导都在“五七”干校，俗称叫“牛棚”。我呢，是进了“羊棚”。什么意思？就是没有进“牛棚”的资格，不是大牌明星，只配去“战高温”，从演员队伍里剥离出去。原来就给我扣了个“帽子”，叫“黑线狗崽子”。我想，叫“狗崽子”，可能是因为我年纪相对小吧。

我拍戏拍得多，几乎每年都有戏拍，而有的人两三年都拍不上一部戏。到我“战高温”的时候，“黑线狗崽子”改叫“黑线宠儿”。我拍戏多，说我受宠，这也成了罪名。其实，自从1963年上映《蚕花姑娘》《飞刀华》两个片子，我就没拍戏。直到改革开放之后，我拍的第一部戏是1978年的《大刀记》，客串一个耍牛骨的乞丐，演员表上都没名字。然后是1980年上映的《405谋杀案》，我扮演看守。“文化大革命”10年没拍戏，甚至跟电影厂完全脱离了，这个期间的浪费是很让我心痛的。

工厂离我家很远，还要倒三班，每周轮换，真的是吃不消。很多人找了各种理由，就是想逃避这个繁重不堪的工作节奏。在工厂，我早上5点一班，下午3点一班，晚上八九点又一班。早上起来就赶车，换条线路，也是头班车，再换第三趟公交车，才到工厂门口。就是那么辛苦，但我从来没有怨言，再苦也比我小时候没饭吃强多了。

1980年，电影《405谋杀案》剧照，左起：仲星火、我、严翔

当时，工宣队、造反派后来是军宣队相继接管上影厂。有人找他们提困难、请病假，请领导开开恩，再托托人、送送礼，想调回厂里去。我绝对不提申请回上影厂。我发誓不求人。任何苦头，我都能忍受，我就是这么个性格。那时候，我跟人家打赌。有人说：让你们去“战高温”，是不要你们这批人了，扔那儿了。我说，不会的。国家辛辛苦苦培养一个演员，就这样扔掉？我不相信。我坚信还会回上影厂，还会演戏。这个想法，我从来没动摇过。有人问我，7 年很长，你怎么熬过来的？我就是靠这个信念熬过来的。

7 年的煎熬

当年，我家里两个孩子还小。我老伴儿是教师，两个孩子没人照顾。我那时候才 30 多岁，到桃浦上班，就是南翔那里，很远的。我要换三班公交车，误了一班车都不行。早上 5 点钟接班，我 4 点多钟就得赶头班车。

我们在工厂里要跟师傅，交接班、操作工序都是一环扣一环，师傅对我们都是很严格的。我负责几个压缩机，做合成氨的要压缩到多少个大气压，责任很大。如果爆炸了，整个工厂都可能炸平。我是操作工，定期要检修，检修的技术性很强。我是合格的技工，工厂就减少了一个技工的投入。那个大吊有三四米高，我给起重机做了一个卡口，等于做了一个抓手，可以把大的

水洗塔拎起来，从吊塔上给它提出去。

当时，我们工厂也生产染料。当年有个笑话：运动员穿着红背心，往白沙发上一坐，他一出汗，红背心就把沙发染红了。后来，我们生产出来的染料不掉色了。那天，人家送给我一件奖品，是条红围巾。我戴回家一看，把白衬衫都染红了。这说明，没用我们过去生产的染料。

我 7 年一直这么坚持。有段时间出了新政策：你只要申请当工人，就可以分房子。我不干。当了工人，就不能再当演员了，我宁可不要房子。当时有传说，这是江青迫害上海文艺界的手段。我觉得也有道理，因为上海知道江青底细的人太多了。

“文化大革命”前夕，我们整个天马厂都要撤。本来要把我们都调到成都，去峨眉电影制片厂，全扔到边远地区，上海电影界再换一批人。让我自愿放弃做演员，拿房子诱惑我，我才不干呢。除非上影厂下文件开除我。

1957 年，我在上海拍摄电影《新安江上》

那时候，还真给我发了一份申请书，可以申请当工人，工厂让我自己挑。我就跟工厂领导说，如果是组织调动，我服从。我非常感谢组织上对我的关心。可是，如果让我自愿选择，我就拒绝。我做工人是暂时的，我就不信不能再当演员了！我当场就把申请书撕了，工厂里都传开了，都

1986 年左右，我为演员朱旭雕塑像，塑像内用可口可乐罐填充。那个时期，我雕的观音像还被制陶厂制成产品模具。

说我是牛脾气。当时，真有上影同事改成工人的，也分到了房子，但是，永远跟电影界划清界限了。

当初，我是这么想的：去搞“四清”，我是以演员身份去的，不是去当农民。“战高温”和搞“四清”不同，那时候看不到希望，不知道干几年才能回来。也许熬到退休年龄，或者年纪大了，回来也没戏拍。所以，你说我心里不苦闷、不消沉，那是假的。

拒绝拍戏

当年，唯一的机会就是去拍“样板戏”。可是，“样板戏”是

20 世纪 60 年代，我与王惠玲、大儿子张维（右二）、二儿子王侃（左二）在一起

京剧，电影演员没机会。“文化大革命”期间，我们国家也拍过几个电影、用过几个导演，但轮不上几个人。谢晋算是比较早“解放”出来拍电影的，他原来也去“五七”干校了。

当时，一个“南谢”、一个“北谢”，都是最早“解放”的。“北谢”是北影的谢铁骊，“文化大革命”前拍过《暴风骤雨》《早春二月》《千万不要忘记》等片子，“文化大革命”中执导过“样板戏”电影《智取威虎山》《龙江颂》和《杜鹃山》。“南谢”就是谢晋。1969 年 11 月，谢晋被抽调到北京，和谢铁骊执导了“样板戏”电影《海港》；1975 年，谢晋和颜碧丽、梁廷铎一起执导了《春苗》。

拍《春苗》的时候，谢晋来找我，说那个戏里有个角色，我来演最合适，可以把我从工厂临时借调出来。我跟谢晋的关系还是很好的。他“解放”出来拍戏，给我角色，我就不用当工人，也不用那么辛苦了，但我不干这种事儿。我的工作关系还没调回上影，演戏可以，可我得是名正言顺的演员。这是我的原则。谢晋叫我回来，我坚决不肯。我说，组织上要下政策，把我正式调回上影厂。临时借调，这算什么事儿?! 后来,《春苗》里那个角色是冯奇演的。

说起“战高温”，我是上影厂敲锣打鼓第一批送到上海染化八厂的。到现在，我也不说自己是受害者，这不是赌气的话。我说我是获利者。全民族抗日才 8 年，我“战高温”战了 7 年，虽然失去了拍戏的资格，但是那些年，我一直把自己当成演员。我是在“下生活”，只不过这次时间有点儿长。这 7 年“下生活”不是去体验，而是下到底的。我不是去接近生活，我就是生活本身。我把它当成因祸得福。这不算“阿 Q 思想”吧?

我在 20 世纪 50 年代

老一辈一直教育我：作为演员，是要有生活的。你不演戏，就要生锈；你不在生活中锻炼，就演不了戏。演员的武器就是表演，不能生锈，就像车轮一样，要转起来。

党一直都很重视演员的思想改造，一直都抓得很紧。我们是从旧社会走过来的艺人，要适应新时代，就要接受改造，向工农兵学习。那时候，我心里就是这么想的；就是到了现在，我觉得还是这个道理。很多有阅历的观众就说，喜欢看我们那时候演的电影，很真实。为什么真实？就是"下生活"得来的，一点儿都不能掺假。我们演工农兵，就必须像工农兵，大家认可的工农兵。

人要珍惜自己的命运

我到上海染化八厂去"战高温"，生产化肥和染料。开始的工作是抄表工，看压缩机的仪表，在高温高压车间，是有危险的。我跟六级师傅一块儿检查机器。在那里，我还学会了开车床，车、钻、锉都会；钳工的活儿也能做。我只有一次病假，是犯了美尼尔氏综合征，扶着墙刚到厂医务室就昏倒了。我坚信，党不会不要我，就让我在工厂一直干到退休？即使退休，我也要以演员的身份退休，而不是作为工人退休。

就这样，我用整整 7 年，等来了落实政策。尽管我是最后一批回上影厂的，但是，我终于回来了！当年，上影厂里的演员基本都走了。大家回来后重新分配，喜欢哪个厂，就到哪个厂。当时，上影演员剧团还是演员组。老上影的演员大部分回来了，年纪大的退休了。

我终于又获得了演戏的权利，那些年没白熬过来。从 30 多岁到40多岁，是我这一生最好的时光。怎么说呢？比起那些死在十年动乱里的电影人，我还是幸运的。所以，我直到今天80多岁还坚持演戏，就是很珍惜这个来之不易的权利。

我在20世纪60年代

陶金（1916—1986）

我很珍惜自己的命运。“战高温”虽然辛苦，可我毕竟没受到政治上的打击和皮肉之苦。相比之下，陶金在1965年到广西灵川参加“四清”运动；1969年，陶金、张曼萍夫妇被赶到广东英德的“五七”干校劳动改造3年，干的是重体力活儿。直到打倒“四人帮”之后的1978年，陶金再次出山担任导演，执导了珠影厂的黑白反特故事片《斗鲨》。

1939年，吴茵在老舍的话剧《残雾》中第一次扮演老太太，后来演过很多老太太。她在《一江春水向东流》《乌鸦与麻雀》等电影中都有很出色的表演。1957年，吴茵被错划为右派，下放农村劳动。20世纪60年代初，我在上海拍《球迷》，吴茵还是演老太太。

与冯喆的友情

再说说冯喆。他在四川被造反派装进麻袋打死了。冯喆是从

1988 年，电影《笑出来的眼泪》剧照中的我（右一）与吴茵（右三）

上影去支援峨影的，他戏路很宽，演军人、农民、知识分子、古装戏都演得好，比如《桃花扇》。

冯喆在上影的时候，我们都是天马厂的演员。我俩在香港就认识，合作过《冬去春来》。冯喆是到香港拍这个片子时和张光茹结婚的，我还参加了那个鸡尾酒会，人家都包红包、随份子。我到杂品店买了一个琉璃马头的书档，送给冯喆做结婚礼物。后来，这个书档，他一直保存着。

1959 年，我和冯喆在上影时合作过《沙漠追匪记》，他演钟班长。“文化大革命”期间，正是新中国成立前夕到香港拍片的那段经历，让他背上了莫须有的罪名，百口莫辩。冯喆被游街批斗，遭受造反派的人身侮辱和毒打，最后被关押起来。这个时候，他和张光茹的婚姻也走到了尽头。其实，在调到四川之前，冯喆和张光茹已经感情破裂了。

那天，我无意中看到冯喆的结婚照，他穿着白西装，英俊洒脱。我突然想起来，我和老伴儿补拍结婚照的时候，还是冯喆陪同去的。

1959年，电影《沙漠追匪记》剧照中的我（右）与冯喆

冯喆的结婚照

上官云珠送我的礼物

还要说说上官云珠。她是1937年卢沟桥事变后随家人避难到上海的。几年后，她开始学话剧和电影，参演的第一部电影是《王老虎抢亲》。20世纪40年代，上官云珠演过话剧《雷雨》中的四凤，也参演电影，像汤晓

丹执导的《天堂春梦》，还与蒋天流、张伐一起演《太太万岁》。上官云珠和白杨、陶金联合主演《一江春水向东流》，和蓝马、吴茵演《万家灯火》，和赵丹、吴茵一起演《乌鸦与麻雀》，名气越来越大。

新中国成立后，上官云珠在上影当演员，和孙道临主演过《南岛风云》。我和上官云珠也在《南岛风云》合作过。这个戏是白沉导演的，反映抗日战争时期海南琼崖游击队伤病员的故事。孙道临扮演伤员队长；上官云珠扮演的是看护长，叫符若华。

说实话，演游击队的女护士，这个角色对上官云珠的挑战是很大的。她过去一直演上海滩的交际花、阔太太，穿旗袍、烫卷发那种。选上官云珠演游击队员，当时很多人是有异议的，白沉导演是力排众议。结果，上官云珠也是不负众望，演出了艰苦环境里游击队女护士英姿飒爽的形象。后来，她先后参演《今天我休息》《枯木逢春》《早春二月》《舞台姐妹》等，这些都是影迷很熟悉的片子。上官云珠还是个很好的配音演员，比如 1956 年配音的《牛虻》。

拍《南岛风云》的时候，大家对海南岛都很羡慕，但很多扮伤员的演员戏比较少，都留在上海的摄影棚里拍。上官云珠从海南回来，给我带了海南岛的特产，除了一些贝壳，还有一个像碗一样、蘑菇状的海化石，非常漂亮。这个礼品是我们友谊的纪念。可惜，上官云珠在“文化大革命”中跳楼自杀了。她住的是 4 楼，和我住的楼紧挨着。《南岛风云》是我和上官云珠合作的唯一一部片子，到现在，我都非常怀念。

令人惋惜的舒绣文

上官云珠（1920—1968）

我和舒绣文在香港合作过《大凉山恩仇记》。她是非常有才华的话剧和电影演员，当过全国政协委员和全国人大代表。在 20 世纪 30 年代初，舒绣文就参加了中共领导的进步剧社，她也是中国第一个女配音演员。电影《一江春水向东流》是她的代表作，她在话剧《骆驼祥子》里扮演的虎妞也是很经典的。

舒绣文（1915—1969）

在“文化大革命”中，舒绣文死得很惨，不仅受到精神上的屈辱，还因为肝腹水排不出尿来，小腿积水肿得把肉都崩开了。造反派对她还拳打脚踢，说让她爬也要爬出来“接受教育”。

我能吃上职业演员这碗饭，在老前辈呵护下长大，他们给了我很多道德和知识方面的营养。想起很多老艺术家经受过的苦难，我的心里一直很难受。他们都是热爱电影、热爱新中国的人，是我们国家文化艺术事业的有功之臣。在极左的年代，他们不仅不能演戏，还受到了不公正的对待，这是值得我们反思和吸取沉痛教训的。

我是在共产党的培养、教育下成人的，党教我怎么做人，所

20 世纪 90 年代，我与电影界同行在上海文艺界春节联欢会上

以，我一生都听党的话。刚来上海的时候，我还不到 18 岁。当时，我到上海汽轮机厂“下生活”，那是上海的大工厂。不下工厂，你怎么知道什么是工人阶级？像范雪朋，当时已经 40 多岁了，也跟我们一块儿搞“三同”，住在工人宿舍，跟工人们一起吃饭、一起上下班。我常年不断地“下生活”，我去“五七”干校，我去“战高温”，这些根本算不上艰苦。海燕厂有很多人到朝鲜战场“下生活”，还有人牺牲了。比起他们，我幸运多了。

很多老艺术家在“文化大革命”中被迫害致死，我也失去了拍戏的权利。我当时很无奈，也无法理解。但是，我一直认为这是坏人破坏了文化艺术事业，绝对不会长久的。所以，今天还能够继续追求电影的梦想，还能拍戏，我能不珍惜自己的艺术生命吗？

第十六章　我和赵丹的友情

亦师亦友

赵丹是 1980 年 10 月 10 日在北京病逝的，享年 65 岁。他临去世之前，说想见我，让黄宗英转告我。我要请假到北京，当时正在拍《天云山传奇》，谢晋导演说剧组这边儿离不开，我要协助他给演员排一场重要的戏。我就没去成北京，这件事对我来说是终身遗憾。

上影厂分成三个小厂的时候，赵丹在海燕厂，我被分配到天马厂。《海魂》是海燕厂拍的戏，我是借过去的。那是我和他第一次拍戏，学到了很多东西，他确实是我演戏生涯中一个很重要的老师，我们的友谊就是从那时候建立起来的。从年龄上说，他比我大了将近 20 岁。无论做人还是艺德，他对我都有很大的影响。

20 世纪 60 年代，有一次，赵丹要到朝鲜访问。当年出国很

赵丹（1915—1980）

不容易，是很大的荣誉。赵丹说："糟糕，我穿什么衣服啊？"赵丹生活很简朴的，没什么像样的衣服。穿长大衣季节不对，短大衣来不及做。我就出主意，服装库里有一件老式大衣，料子很好的，是英国的凯斯必登。赵丹穿有点儿长，到脚面上了，可以剪到膝盖位置。赵丹问："这怎么行？"我说不怕，上影厂的服装只计料子，不计长短的，剪掉的料子还可以做一双鞋面儿。改出来的短大衣很时髦的，赵丹就穿这件衣服出国访问。这件小事是我和赵丹之间的小秘密。

1959 年，赵丹在电影《聂耳》中的剧照

赵丹是天才的表演艺术家。他演戏要表现的是"神"。他演林则徐，专门学打太极拳，你看他那个架式，非常有"神"。摘掉顶戴花翎那个戏，他眼里含着泪，内心的传达非常丰富。那个戏林则徐的胡子都是一根儿一根儿粘的，不是胡子套。赵丹演《聂耳》，眼睛里有愤怒的火焰，你能看到一种燃烧的精神。他的普通话并不好，是南通普通话，但是，他的台词感觉特别好。赵丹演的每个形象都很逼真，那是背后下了很多功夫的，不是拿来就演。

赵丹演戏不光是注重生活体验，更主要的是，他的性格本身就很率真，甚至很天真。黄宗英回忆和赵丹第一次见面：到

1959 年，赵丹在电影《林则徐》中的扮相

上海拍陈鲤庭导演的《丽人行》，赵丹去接她。黄宗英观察得很细，她看到赵丹脚上的两只袜子都不一样。赵丹的袜子反而给她留下很好的印象，觉得他没有大明星的架子。拍完《丽人行》，赵丹就对黄宗英说："你别回去了，我觉得你应该留在上海，做我的妻子。"

1960 年，海燕与天马两个厂合拍《风流人物数今朝》。那是个纪实性的片子，讲的是工人发明家王林鹤的故事。赵明、蒋君超和俞仲英三个导演，主演是赵丹和齐衡、王

1947 年，赵丹与黄宗英在电影《幸福狂想曲》中的剧照

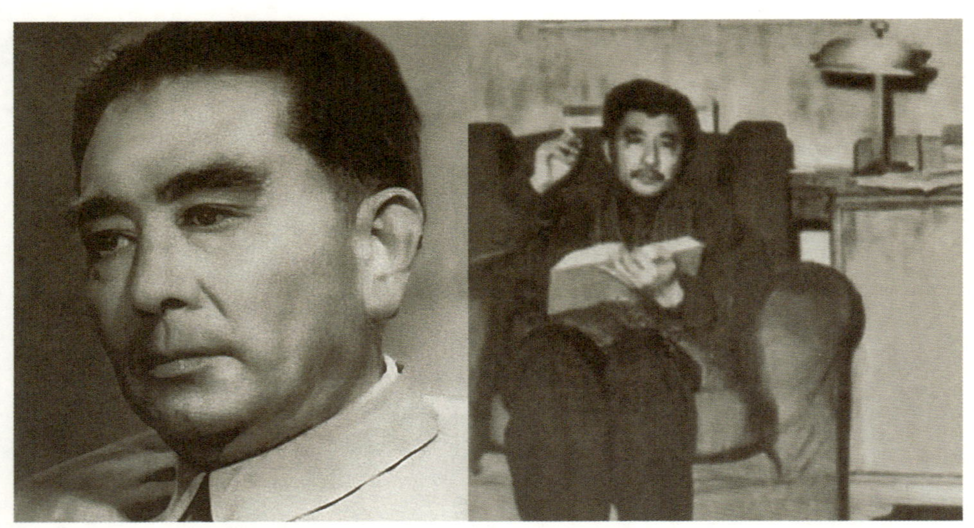
20 世纪 60 年代初，赵丹扮演周恩来、鲁迅的定妆照

丹凤。有个镜头拍完之后，导演和演员都挺满意，但录音师袁庆余提出，要再拍一条，他说赵丹的发音有痰的声音。赵丹马上就发火说："痰是艺术，你懂吗？"袁庆余很尴尬，只好说："痰就是艺术，懂了，懂了。"当时，大家都笑了，蒋君超导演笑得眼泪都出来了。从那以后，人家一见到袁庆余就说"痰就是艺术"，成了一个梗。

赵丹的终身遗憾

赵丹本来还想重拍《鲁迅传》，因为他在上海是认识鲁迅的。他为演鲁迅做了很长时间的准备，生活中模仿鲁迅的神态、动作，包括居住的环境，都按照鲁迅的书房布置。那段时间，人们见到赵丹，都称他“先生”。赵丹就是这样，一直在角色里沉浸。

当年已经定了陈鲤庭导演《鲁迅传》，由我们天马厂来拍，从 1960 年开始筹备，1961 年就成立了剧组。除了赵丹扮演鲁迅，于蓝演许广平，孙道临演瞿秋白，蓝马演李大钊，于是之演范爱农，石羽演胡适，谢添演阿 Q，还有卫禹平、白穆、韩非、梁波罗、任申等很多演员，阵容非常强的。

《鲁迅传》也是周总理亲自抓的项目。1961 年 5 月 1 日晚上，毛主席在上海视察时接见了赵丹，对他说：“上次你的《武训传》是剃了光头，这次你的《鲁迅传》是要留长头发的。”赵丹当时非常激动，晚上都失眠了。但是，到了 1963 年 3 月，《鲁迅传》突然被宣布下马。有人说，和当时的上海市委书记柯庆施提出“要大写十三年”“写活人”有关，也有人认为是江青背后作祟。总之，是个很大的遗憾。2005 年，上影拍的《鲁迅》上映，丁荫楠执导，濮存昕、张瑜、夏志卿、汤杰等人主演，算是圆了当年的一个梦。

20 世纪 60 年代，赵丹和郑君里合作，打算拍《李白与杜甫》。他还想演阿 Q、演闻一多、演周总理，造型都做好了，但是都没有实现。1965 年，赵丹和于蓝、张平、项堃一起演《烈火中永生》，那是他的最后一部片子。

赵丹和于蓝联合主演《烈火中永生》，这是他最后一部电影

赵丹刚出狱那些日子

《武训传》被禁演以后，赵丹苦闷了一段时间。1958 年，上影厂搞“大跃进”，摆擂台表态。赵丹豪情万丈，他要把《红楼梦》《水浒》《三国演义》搬上银幕，“赶超世界上最先进的苏联和印度的电影艺术”，当时是一片掌声。第二年“反右倾”运动一来，他的豪言壮语被当成“右倾言论”，赵丹又不敢说话了。

赵丹不是在新疆被关了 4 年零 3 个月吗？“文化大革命”中，他又被关了 5 年零 3 个月，加起来坐了 9 年半牢。1967 年 12 月 8 日上午，赵丹被关进提篮桥监狱。本来，他就被批斗，遭到毒打，那天还在家里昏迷呢，就被一帮人抓走了。郑君里、白杨、张瑞芳，也是同一天被关进去的。

1936 年，三对明星的杭州六和塔新婚之旅。前排左起：叶露茜与赵丹、蓝苹与唐纳、杜小鹃与顾而已。后排左起：郑君里、沈君儒、李清。（马永华摄）

这不是偶然的巧合。当年，赵丹一对儿、顾而已一对儿，和唐纳、蓝苹一起到杭州结婚，报纸上沸沸扬扬的。当时，他们算过一卦，赵丹抽的是中下签——“露水夫妻”，蓝苹的是下下签。新中国刚成立的时候，赵丹是最红的男演员了。艺术家对政治都是不敏感的，他和江青一起演过夫妻对手戏，江青能放过他吗？

赵丹与蓝萍同台主演话剧

用赵丹的话说，江青是“我命运中的黑影”。当年批判赵丹，说他是“南霸天”，崔嵬是“北霸天”。赵丹还被扣上“混世魔王”的帽子，理由非常可笑：有一次，赵丹上班没带工作证。他跟上影厂的门卫开玩笑说：“我这张脸就是工作证。”这也成了“混世魔王”的证据。

春节去部队搞慰问演出，驻军首长来见演员。赵丹又说：“咱们在旧社会是被人看不起的戏子，在新社会的待遇不一样了，见官大三级。”这样的话也被揭发出来，说赵丹目空一切，凌驾于党之上。后来还是周总理过问，才把赵丹放出来。赵丹大概是在1971年被放出来的，应该是九一三事件之后了。林彪事件是“文化大革命”的一个重要转折点。之前，江青调查老上海文艺界的时候，林彪也是配合的，包括叶群，直接指挥秘密专案组。

杀了一只母鸡

赵丹被关起来的时候，我经常到他家，看看他的孩子。那时候，我在上海染化八厂上班。厂里管理很严，不让请假探友。我每天做三班，一个月不到有一次换班，就是日班换成夜班，中间就有休息。夜里上班，白天我就有时间去赵丹家看看。我还和老伴儿商量，每个月从工资里拿出点儿钱，送到赵丹家里，他孩子多。

我家离赵丹家只隔两条马路。他住湖南路，我在建国西路。那次，我又去他家。黄宗英说："你看谁来了？"我仔细一看，是赵丹回来了：满脸的胡子，很憔悴的样子。我一看见他，眼泪就出来了。赵丹也热泪盈眶。多事之秋，世事苍茫。他握着我的手，沉默就是千言万语。赵丹只说了一句："谢谢你经常来看我家的孩子。"我转身就跑回家做饭，把养的一只母鸡杀了。那时候，养鸡都不让，偷着养也没东西喂。那只鸡每天可以下一个蛋，本来是给我孩子吃的。

我在瓶子里养了两棵万年青，是从广东拿来的。还有一瓶酒，叫"莲花白"，原来是皇家御用酒。这瓶酒，我存了好多年了。赵丹拿着酒瓶子看了半天。我说，这个"万年青"，就是祝你的艺术长青；还有那只母鸡，你补补身体；这个酒，皇帝才能喝的，咱们俩今天把它喝了，也做一次皇上。那天晚上，我们边喝酒边聊天，到半夜还意犹未尽。

赵丹那次回来，还不是完全“解放”，一两个礼拜可以回家一次，平时还得去奉贤“五七”干校劳动。有一次，赵丹到我家，我让小儿子王侃去邻居家借来一串儿鞭炮，给他庆祝。喝完了酒，我让孩子送他回家。赵丹很喜欢我家孩子，他给王侃画了一幅画，取材扬州八怪。画上有个树根，还有个月亮。赵丹就说，现在“解放了”，就把月亮改成了太阳。赵丹还专门为王侃题了款。

赵丹与黄宗英在20世纪80年代初

赵丹的家很简陋：一张小破圆桌子，晃晃悠悠的，他在上边画画；一支烂毛笔，我对这个印象很深。赵丹的业余爱好很多，他还喜欢拉二胡。

有一次，赶上我倒班休息，就跟赵丹说：我陪你散散心吧，好几年都没到街上遛遛了。走了一段路，我说，咱们坐无轨电车去。赵丹就问：你带钱了吗？我说有钱。我俩就坐了电车，少走路了。想当年拍《海魂》的时候，我才二十出头儿，赵丹是四十出头儿。一转眼就是十几年过去，我也奔四了。

过了一段时间，“四人帮”又搞打倒“现代大儒”，要揪周

拍摄电影《海魂》期间的我（右）与赵丹

总理。我一想，这不行，赵丹就是周总理这条线上的，还得保护他。赵丹再被抓起来怎么办？上海恨他的人、想整他的人多着呢！

我有个好朋友，是位药剂师，姓鄂。他在仁济医院旁边有个房子，带阁楼的。我跟鄂药剂师说好了，让赵丹先住那个阁楼，不告诉外人，绝对保险。赵丹就住到那小楼上，有人给他送饭。我连马桶都给他放好了。我对赵丹说：你哪儿也不去，就躲这儿。没有抽纸呢，你就到仁济医院找鄂药剂师。什么时候风平浪静了，你再出来。

我把赵丹藏起来了，这事，我老伴儿都不知道。那是个很暗的阁楼，进去要经过人家好多门口，是大杂院儿那样的，有上海72家房客那种感觉。上了楼，阁楼在最里头。我跟赵丹说，你

1977 年，鄂药剂师（左）到电影《大刀记》剧组来看望我

就住在上头，别出来，躲过这个时候就好了。我怕江青在上海的小喽啰再打“回头枪”。如果再弄赵丹一下，他就没得活了。

赵丹的真正“解放”

“四人帮”倒台的时候，我印象最深。那天，我要上夜班，先去赵丹那儿吃饭。他给我留了两个大螃蟹，一公一母。那是人家从南通老家给他带来的，他吃了一个小的。还有一点儿白酒，赵丹也给我了。这时候，一个北京学生来报告消息，说“四人帮”倒台了！

我们一听，都很兴奋。我把螃蟹给那个学生吃了，就要去上班。到街上一看哪，哎呀，满街都是游行的，还喊口号：打倒“四人帮”！“四人帮”揪出来了！当天，我没去上班，转身又回来找赵丹。那是我人生中第一次旷职，就那么一次。10 年里，我没请过假。打倒“四人帮”不是小事儿，它改变了我们的命运。赵丹坐了 5 年多监狱，我到“五七”干校加上“战高温”一共 10 年，苦日子终于熬出头儿了！

有一次，我和赵丹坐电车到城隍庙。那时候，城隍庙里人还不多。我先买了几个小烧饼，是上海有名的小吃，叫蟹壳儿黄：螃蟹盖儿那么大小的，油酥的。有一种是甜的，另一种是咸的。我每样儿买了 10 个，我们俩就一边走着一边吃。

走到街上，人家在路边搁了一台 9 英寸的电视机，围着一大群人看，都站满了。我们也挤在那儿看。当年，赵丹家里还没电视机。我们继续走没多远，有点儿累了，就找个地方坐下吃烧饼，他吃一个，我吃一个。没多久，来了两个小青年儿，在亭子中间拍照。其中一个小伙子说着上海话“你们跑开一点”，让我们躲开一点。我俩没理他，还在那儿吃。

那种烧饼烤出来焦黄焦黄的，里头甜甜的、酥酥的。我们正吃着，那个小伙子又来了：“跑开一点，说你们呢！我们要拍照片。”我们还是没理他。他以为我俩没听见，又过来说了一遍。我们看他挺客气的，抬起屁股就挪开了。赵丹来了一句：“赤佬，要是在过去，想叫老子给你作衬景，老子还不干呢！还叫我跑开一点。”你看，这就是赵丹的性格和语言。两个小青年拍他们的照片。我们吃完了烧饼，慢慢溜达走了。

那次，我们玩得很高兴，也怪累的，上了电车，还没人给让座。那时候，赵丹也有60多岁了。我们在一起就是闲聊，回忆当年一起拍戏的细节。我知道，赵丹心里是很苦的，国民党和共产党的监狱都坐了，新中国一成立，《武训传》就挨批判，每次运动都整他。赵丹说：该交代的都交代了，就是江青在上海那些事，还有在新疆监狱里的事。说来说去就是这些。

赵丹恢复了党籍

说到江青，说点儿笑话。韩兰根曾经说，江青的脚，是裹了小脚放开的，叫“解放脚”。他还煞有介事地说，江青的臀部是垫出来的。我们问他怎么知道的，韩兰根就说，那时候，他们几个人经常出去玩儿。有一次，他们一块儿看节目。江青来晚了，一点点儿蹭，往她的座位上扭过去。韩兰根那小子“坏”，不知道从哪儿弄来根打毛衣的钢针。江青扭着扭着过来了，脸冲着舞台，屁股冲着韩兰根。给韩兰根拿钢针一扎，咦，江青咋就没反应呢？用现在的话说，这就是个段子。

韩兰根是很有喜剧天赋的话剧和电影演员。他在《渔光曲》里演那个“小猴”，后来得了个绰号，叫“瘦皮猴”。他还主演过《天作之合》，被称作“中国卓别林”。因为和江青一起拍过《狼山喋血记》和《王老五》，韩兰根在“文化大革命”中也受到了迫害。

1977年，赵丹专案组宣布恢复赵丹的中共党员身份。赵丹又可以过组织生活了。那年的春节联欢晚会在上海文化广场举行，赵丹朗诵了纪念周总理的散文诗，叫《中南海的灯光》。

那次就算初步平反吧。我记得，给赵丹补偿了一笔钱。他把钱都交给我，让我给他收拾一下家。当时，赵丹刚在上方花园分了一套房子。那套房原来是“四人帮”在上海的爪牙陈阿大住的，对面就是唱越剧的袁雪芬。说到袁雪芬，她在“文化大革命”中也受迫害。毛主席在“文化大革命”前就批评过传统戏曲，说唱的都是“帝王将相”“才子佳人”。

参加赵丹追悼会

赵丹有弟弟、有亲戚，但他把补偿款交给我了。他原来那床太简陋了。我给他买了一张雕花大床，虽然是二手货，但质量非常好的。赵丹的屋子里连窗帘儿都没有，贴的是报纸，我全给换成窗帘。我把屋子粉刷了一遍，还弄了块大镜子，因为他最喜欢在镜子前练习表演。这个镜子很难弄到的，是内蒙古艺术学院订做的。我跟店老板关系蛮好，对他说，你一定给我一块，我一个朋友，家里没镜子。就这么着，我愣给扣下来一块。那镜子非常厚，装都不好装。那时候，镜子都是进口的，玻璃都有一厘米那么厚。

我还给赵丹买了个吉他，他不是喜欢弹吉他唱歌吗？我又买了一个大写字台，非常大，有一米九长。赵丹家里有一幅画，是

我在 20 世纪 50 年代初

他家的传家宝，有一米八五的宽度。桌面儿上，我做了一个暗抽，那幅画可以卷上搁进去。抽屉里可以放图章，还有他那些小画稿儿。这个桌子，他非常喜欢。赵丹晚年的很多画，都是在这张桌子上画出来的。我们俩说过几次，想凑在一块儿去黄山玩玩，可一直没去成。后来，赵丹画了一幅黄山天都峰。他就说，等于我们去过黄山了。

赵丹是个纯粹的艺术家，绝不对人家低头，绝不阿谀奉承。这个性格让他付出了很大代价。这就是人的命运吧！他逝世以后，做了尸体解剖。医生对黄宗英说："赵丹身上没有一块地方没伤，包括两只耳朵，太惨了！"

赵丹对我是很关心和爱护的，在剧组都是同事，但他就是老师和兄长的样子。我演的戏，他都鼓励，拍着我的肩膀说："小牛子，最近这个戏演得不错，很真实、很动情，让我很感动。"

我刚回到上海的时候，觉得这里的报酬比香港低多了。赵丹很严肃地对我说："艺术家不应该为钱活着。演角色、拍电影、当演员的成就，是不能用级别大小、收入多少来衡量的，不然，岂不是跟在旧社会里一样，把自己当作商品了吗？"

我记得，拍《海魂》的时候，正好遇上评级定薪。当时给我定的薪级有点低，我就闹情绪。赵丹跟我说："演好戏是主要的，而不是因为你级别高低，这不决定你戏好戏坏。观众喜欢你，是

2018 年，我在上海滨海古园拜谒赵丹墓

2020 年，我在上影演员剧团大院里拜谒赵丹雕像

因为你的戏，不是因为你的级别。有些事要看得淡一些，小老弟，你记住我的话。”

说句实话，我敬佩赵丹，不光是因为他的才华，更重要的，是他的人品。他对我说过："演戏要生活、自然，要有立体感，要演出一个活生生的人。"我对他的感情这么深，是因为他教会我演戏与做人的道理。他的心胸很宽，格局很大，心里没有私心杂念，只有艺术，对我有很大的影响。确实是这样，赵丹对艺术的真诚和热爱，直到他去世之后，都没有得到应该有的理解和尊重。中国的电影演员，如果称得上"伟大"，赵丹就是伟大的演员。

我记得，在北京参加赵丹的追悼会，当时来了很多人，只有四个人代表赵丹的生前好友发言，其中就有我一个。我的稿子上写道：赵丹扮演过聂耳、林则徐、李时珍。我希望有一天，我们能拍一部关于赵丹的片子，让后人永远怀念他。审稿的时候，这句话被删掉了，但现场发言，我还是念出来了。

赵丹 65 岁就走了，正是大好年华，他的艺术造诣、表演经验都是最好的时候。他走得太早、太可惜了。他的一生太坎坷，他有太多的梦想没有实现。直到今天，他的表演成就、他的表演理论、他的才华和价值依然没有得到应有的肯定，这是很令人遗憾的。

第十七章　与谢晋难忘的合作

题材敏感的片子

《天云山传奇》是反思反右派斗争的电影，片长121分钟，剧本是鲁彦周根据他的同名小说改编的；制片人是毕立奎，主演有石维坚、王馥荔、施建岚，仲星火、洪学敏等人。我客串了一个生产队长。

这个片子1980年开拍，1981年11月上映，当时的影响很大。尤其是在历史转折时期，电影的社会作用都有政治原因。这是谢晋在"四人帮"倒台后拍的第三部片子，前两部是《青春》和《啊！摇篮》。

谢晋是新中国成立后才开始导演生涯的，算是第三代导演。从1957年的彩色体育片《女篮五号》开始，谢晋逐渐引人注目。尽管在历次政治运动中基本都有拍电影的机会，但谢晋对政治运动充满深刻反思，这是他很可贵的一面。

谢晋在电影拍摄现场

拍《天云山传奇》的时候，改革开放刚开始，人们才从“文化大革命”中走出来，还心有余悸；很多近的和远的历史问题都没解决。在新的历史时期，谢晋的视角代表了那一代知识分子的主流：时代呼唤从思想上拨乱反正。关注反右题材，是谢晋找到的最好的切入点，所以，谢晋后来又接着拍了《牧马人》。

《天云山传奇》的故事背景从反右前一年开始：一支综合考察队来到天云山。仲星火扮演的前任政委吴遥调走，成了上级领导；石维坚扮演的继任政委罗群热情能干，深受考察队员欢迎，并和王馥荔扮演的考察队员宋薇开始谈恋爱。在一场无情的政治风暴到来之前，一切都很平静、很美好。

反右派斗争改变了这个故事里每个人的命运。

吴遥来到天云山，宣布罗群是“右派”和“反党分子”，遣送农村监督改造。吴遥看上了宋薇，利用了她政治上的单纯。宋薇被调到党校学习，从此离开了天云山和罗群，走上了仕途。宋薇被迫和罗群“划清界限”，并嫁给了吴遥。像吴遥干的这种以权谋私的事情，在那个年代是很常见的。考察队员冯晴岚坚信罗群是被冤屈的，为了照顾他，甘愿留在当地做了小学教师。后来，两人在患难中结为夫妻。冯晴岚与宋薇相比，作出了不同的选择，也为此付出了生命代价。

故事是倒叙的。影片开头是 1978 年冬天，宋薇已经担任地委组织部副部长，专门负责“右派”改正工作。听说罗群一直没被改正，勾起了她对往事的回忆。宋薇发现，丈夫吴遥扣压了罗群的上诉材料。吴遥对罗群的构陷，显然掺杂了“情敌”的私人因素。于公于私，宋薇都都要亲自处理罗群的改正问题。吴遥蛮横阻止，还动手打了宋薇。最后，与罗群共患难的冯晴岚病逝。罗群的冤案得到改正，担任了天云山特区党委书记。宋薇来到冯晴岚墓地，献上了一束鲜花。

在当时，反右题材依然是敏感的，中央尚未全面否定反右扩大化。有人说，这部影片通不过审查，有人甚至说它为右派翻案、“丑化党”。《天云山传奇》的价值就在这里。

这个片子上映后获得巨大成功。1981 年评选首届中国电影金鸡奖，它拿到最佳故事片、最佳导演、最佳摄影、最佳美术 4 项大奖，并获得了最佳剪辑和最佳编剧提名;《天云山传奇》还获得第四届大众电影百花奖最佳故事片奖，第二届文汇电影奖最佳影片奖、最佳导演奖和最佳男配角奖，文化部 1980 年优秀影片奖，在 1992 年获得首届中国电影优秀故事片摄影奖。

给演员说戏

谢晋叫我拍《天云山传奇》，他能想到我，我还是很感激的，毕竟我们在20多年前合作过《红色娘子军》。而当时，我刚刚恢复演员身份，之前拒绝过拍《春苗》。谢晋说，你有经验，来给我做个副导演。我说，我现在还没回到演员岗位，演戏名不正言不顺。上影厂还劝我择业当工人呢。如果转行当个副导演，这个方向，我可以考虑。

我到《天云山传奇》剧组，是奔着副导演的岗位去的。后来，我客串一个角色，是为了给剧组省点儿经费，就是跑个龙套。所以，我对这个片子的贡献完全是幕后的。一进剧组，我就给谢晋选演员。谢晋定了主要演员，群戏都没定。

1981年，电影《天云山传奇》剧组合影

我（后排右一）在电影《天云山传奇》剧组

谢晋要到东北抢拍雪景，很多演员没定，我就跑到浙江找演员，选了演员就给他们排戏。我从上影厂食堂选了一个胖姑娘，演考察队里的一个大学生。那个胖姑娘很害羞，特别是见了男孩子。我给她排练了一个礼拜，在屋子里模仿骑马，骑在板凳上说台词。后来，她上了镜头很出彩。所以，我当这个副导演是很负责任、很称职的。

我选演员看精神状态，也看形体。我拍戏注意细节的真实，要符合内心情感。内心的语言是很难演的，我们叫“潜台词”。冯晴岚是施建岚扮演的，她有一个重场戏：冯晴岚发现了宋薇的绝交信，拿着信的手颤抖了。我就给施建岚排这个“抖”，告诉她：你得有锣鼓点儿，就是形体控制。像石维坚有个戴眼镜的戏，手也是抖的。如果我不给他排，他出不来那个效果，锣鼓点儿就不对。

戏里有个“大跃进”的劳动工地场面。当时的群演人不够，不到 20 个人，场面气氛出不来。我怎么办呢？我给每个人安排

几个道具，推小车的、挑担子的轮流上。这是个摇镜头，小车这边推出镜头，回头换个道具再进画面。我把走位都设计好了，十几个人出来几十人的效果。摄影师许奇就说：你这个安排了不得，出了这么大的场面效果。

没有名分的副导演

在如今的正规剧组，副导演不是一个人，而且岗位和专业都不一样，选演员是演员副导演，排戏走戏是现场的执行导演。那时候，都是一个人兼几个岗位。我发现演员片酬的计算方法不太合理，成本太高，就跟制片提出来，换个计算方式。当年拍戏，有电影厂的演员，也有外借的，片酬标准不一样。本厂演员片酬是工资的400%，而跟话剧团借演员，是700%，多出来不少。

如果演员全程跟剧组，成本太高。我提出按工作日计算片酬，每天单价可以按工资七倍八倍地给，但你不用天天跟组。我哪天叫你，你来拍，拍完就走。这样一来，演员都很高兴，因为挣了七八倍的工资。其实，我的总费用降下来了。这在成本核算上是个“革命”了。

戏里有个生产队长的角色，前头、后头、中间都要露脸。这个角色虽然不重要，但工期长。为了省钱，我就兼了这个角色。这是副导演要考虑的成本概念。后来，演职员表上给我写的是演

2005 年，我与谢晋参加中国电影诞生百年纪念活动

员，“副导演”没了。我就打电话问谢晋：怎么把我这个副导演给漏了？谢晋说厂里有规定，要署名“副导演”得厂里批。一听这话，我就把电话挂了。

我知道国营体制里有很多规矩，但当时对谢晋还是有想法的。作为一个导演，说话做事，是要负责任的。没有我副导演的署名，不能把原因推到厂里就完了。再说，我不是挂虚名，而是履职的副导演，是个好助手。这是专业和职责认可问题。

自从那次，我就不想再和谢晋合作了，不是我小气。谢晋也进过“五七”干校、战过“高温”，可他还算命好，1975 年就出来拍《春苗》了。我一直在“战高温”，等到有重新拍戏的机会，我要证明我还在。我就是奔着“副导演”的工作来的，这个署

2010 年，我在谢晋遗像前

名对我挺重要的，拍戏的路子也宽了。再者，我不是徒有其名，《天云山传奇》整个戏实实在在做了副导演的事，证明我是可以做导演工作的，体现了我的价值。所以，我心里对谢晋就有点儿不高兴。

谢晋是上海电影的一面旗帜。在电影创作上，他代表了一个时代。谁不承认这一点，那是不懂中国电影。谢晋是大导演，拍戏有独到的地方，但是，人出了名，容易忽略剧组其他人的劳动，尤其是别人的感受。跟他一块儿辛苦工作的这些人，都应该分享属于自己的劳动成果。作为导演，这不是施舍，也不光是心胸和气度问题，而是尊重这个职业。

其实，我和谢晋一家的关系一直很好。从工作的角度，我对他有点儿意见，是个人的内心感受，有话直说，也并没有影响我们的友谊。我们不存在个人恩怨，都是一心做电影的人。

不能不说的《牧马人》

《牧马人》是右派题材的又一部力作，根据张贤亮的小说《灵与肉》改编，外景地在甘肃山丹。片子讲的是：许灵均被打成“右派”，下放到西北牧场，当了牧马人。

许灵均在那个荒凉的环境里很绝望。淳朴善良的当地牧民给了他温暖和精神安慰，还帮他和逃荒来的姑娘李秀芝结了婚，生了孩子。改革开放了，海外归来的父亲找到许灵均，让他出国继承财产。面临命运的选择，许灵均还是回到敕勒川牧场，回到老婆、孩子身边，继续当牧马人。

谢晋选了朱时茂和丛珊做男女主角。这两个年轻演员都是

1982 年，电影《牧马人》剧照中的我与丛珊

1982年，我与谢晋在电影《牧马人》剧组

很努力的，也很有潜质。这戏里有个牧民的角色很重要，就是后来找我演的郭骗子。没有牧民的善良和温暖，这两个外乡来的年轻人在那里是无法立足的。这就是配角的价值。郭骗子这个角色演不好，整个戏的架子就塌了。谢晋很清楚这个男配角的重要性，所以，他选来选去，认为我是最合适的人选。

谢晋找到我的时候，我正在拍一个电视剧，直接就回绝他：这个戏，我不接。谢晋很执着，托了很多人，包括制片人毕立奎、编剧李准，上影厂厂长徐桑楚都给我打电话。这些都是很有面子的人。最后，谢晋叫我老伴儿到无锡片场找我。他对我老伴儿和孩子说，这个角色只能我来演，没人能演好，非我不可。

谢晋一再找我，不是低三下四，而是为片子负责。他知道我点子多，能帮他做好这个作品。谢晋这番苦心我懂，这个戏我还得接。当时，我心里跟谢晋还有点儿赌气，就说保证演好我的角色，别的事不管，不做演员组长，也不给演员排戏。也许谢晋没意识到，上次那个副导演署名的事，对我是有伤害的。实际上，

我在电影《牧马人》外景地

我与丛珊（左）、朱时茂在电影《牧马人》片场

我一进剧组，照样做演员组长，照样给其他演员排戏，还帮着设计镜头、设计细节。前面的话都白说了。气话归气话，一搞创作，我就进入角色了，这是演员的本分。

设计表演细节

拍《牧马人》的时候，从珊很年轻，拍电影没经验。我和她有一场对手戏。她说让我把她领走，给她找个人家，还说“我能干活儿”。我就给她分析：一个十七八岁的姑娘，要跟别人走，是被生活逼的，这话是很难说出口的。我让从珊体会那种心理情绪。那场戏，她演得很感人，谢晋也非常满意。

有一场戏，许灵均和李秀芝小两口儿入洞房第二天，一个上山放马，另一个做家务。原剧本设计是：李秀芝拿个扫把扫院子，表现她勤快麻利。我说这个不行，扫院子太俗了，没有大西北的特点。我给从珊设计的是脱土坯，这种动作才够泼辣。谢晋就说，从珊能干得了这个吗？土坯都拿不动。我坚持说，拿不动没关系，可以用镜头角度表现。镜头搁低一点儿，让她拿那个木头模子，抓一把泥，大镜头把它拍满了。

我还设计了一个细节：朱时茂放马回来，从珊等着她，俩人含情脉脉的。光是这么互相看着没戏，我在从珊脸上做了一块泥，让朱时茂给她把泥扒下来。这个镜头就很生活化，跟脱土坯的戏也接上了。

在西北牧区拍戏，不比大城市，幕后的演职人员都是很辛苦的，所以，除了很专业，你也必须很敬业。有个镜头拍的是早晨，院子里鸡笼一打开，笼子里的鸡一起往外飞。这个细节怎么拍？我们的道具师钻到鸡笼里。导演一喊“开始”，把笼子门一开，里头就轰鸡。鸡笼那么小，里边儿臭气熏天的。一个好镜头背后，都是幕后人员在做牛做马，这就是艺德。你不这样儿，就拍不出好看的电影。

剧本和台词就是打磨出来的，这就是艺术创作。从珊演的李秀芝有个数钱的镜头。孩子在妈妈身边玩儿，穿着妈妈的高跟鞋。孩子问："妈妈，你怎么那么多钱啊？"妈妈就说："这都是你爸爸做'老右'赚来的。"孩子又接了一句："将来我长大了也做'老右'。"

孩子那句台词确实好，正因为是孩子的语言，大人听了才感到扎心。经历过那个时代的人，听到这话没有不心酸的。这种经典台词是怎么来的？为什么那么打动人？这不是文学问题，而是从苦难经历中来的。扮演这个孩子的演员叫方超，我们后来在

拍摄电影《牧马人》期间，我给朱时茂（中）、丛珊说戏

《泉水叮咚》中又有合作。

你想象一下，当年的“右派”大部分是年轻有为的知识分子，那时候有文化的人不多。本来是大好年华、社会栋梁，结果呢，被剥夺工作的权利，下放到穷乡僻壤劳动改造，精神上、感情上受打击、受压抑，背井离乡、妻离子散的。过了 20 年给你改正，给你补发了工资，但补不回你的青春。这个钱的含义，孩子是不懂的。

第十八章　双料最佳男配角

迟到的网红

说到台词，2019 年下半年，《牧马人》里我的一段台词在抖音里火了，被很多人当成表演模板，还改了很多版本。那场戏只是《牧马人》里一个普通的片段，差不多 40 年前的东西了，我都没想到，怎么就成了网红！

那些台词其实很平常，尤其在当时，就是老百姓的大实话。那个“梗”是这样的：我扮演的郭蝙子遇到了逃荒来的李秀芝。她求我救救她，说她能干活儿，有个活路就行。这姑娘和许灵均都是天涯沦落人，我就好心，想把他们撮合到一块儿。我跑到许灵均家里，进门就问：“老许，你要老婆不要？”这句话成了网红金句了。那场戏，我是两次推门进那个小土屋子。下面是那段台词：

（第一次推门进来）

郭：老许，你要老婆不要？你要老婆，只要你开金口，我等会儿给你送来。

许：那你就送来吧。

郭：好，君子一言啊！你收拾收拾。女方的证明已经有了。你这边儿，我马上去政治处开证明了……我回头就把人给你送来。你准备准备，今天晚上就洞房花烛夜吧！

（第二次推门进来）

郭：唉！真够呛，今天下午我脚没沾地，来回跑了三十里。嗨！酒不喝你一口，这水……水总得叫我喝一口吧！

（李秀芝出现在门外）

郭：喂，你怎没进来？进来！进来吧，这就是你的家。他就是老许，大名叫许灵均。什么都好，就是穷点儿。不过，越穷越光荣嘛。嘿嘿……

许：……你这个玩笑开得太大了。

（拿出结婚证）

郭：什么玩笑？你别马虎了。我连证明都开来了。这可是法律呀，法律你懂不懂？这是我给你代领的，你要是中途退套儿不干，可太不够意思了。

许：不行……

郭：这怎么能不行呢？人都来了。

许：这怎么能行？

郭：好了，你们好好过日子吧！明年生个胖小子，可别忘了补请我喝喜酒啊！

1982 年，电影《牧马人》剧照中的我与朱时茂

朴实打动人心

艺术这东西有个特点：只要你是很真的，就能穿越时代；而且，越是淳朴的、善良的，甚至是很原始的情感，越能打动人。这是因为，那是人最本能的情感，不论你身份高低贵贱。我想，这段戏成了网红不是偶然的，道理可能就在这里吧。

我们常说，是金子总会发光的，因为蒙尘蒙垢不是金子的错。我扮演郭蝙子这个普通牧民的角色为什么被观众喜欢？为什么金鸡奖、百花奖都给了我最佳配角奖？是因为那种朴实和真诚打动人心。一个普普通通的老百姓，快人快语，见到别人落难，他有自己的判断；不落井下石，眼睛里不揉沙子，掏心掏肺、实实在在对你好，这就是金子一般的品质。为什么这种品质隔得时代越久越发光，就是因为那种质朴的东西如今已经缺失了。

生活富足了，但人际关系淡了，人心变虚伪了，有一天会突然感到空虚、失落。人永远追求物质享受，追求更好的生活，但是，人在这个追求的过程中会产生错误，会把手段当成目的。这样，就会脱离正确的轨道，就不合生活逻辑了。所以，人在迷失的时候才会明白，到底是哪里出了问题。本来一段朴实无华的台词，根本说不上有多大的哲理，不过就是触动了你，让你找回自己丢失的东西。

当时，丛珊还是中央戏剧学院大一的学生，学校不准外出拍戏。谢晋亲自去找院长金山，这才破例让丛珊来演。谢晋把朱时茂和丛珊送到牧区体验生活。丛珊的第一场戏，就是和我的对手戏。谢晋怕她哭不出来眼泪，要给她上眼药水。我就提出来，从头到尾拍，我给她搭戏、对台词，等她情绪出来了，再正式拍。后来，那场哭戏拍得很成功。这都是我多少年的经验起了作用。

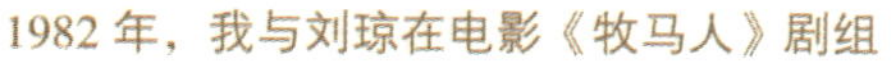
1982 年，我与刘琼在电影《牧马人》剧组

《牧马人》也是我和刘琼在《海魂》之后又合作。相隔 25 年，我已经 48 岁，刘琼也 70 岁了。他饱经风霜，跟戏里的角色也很贴近。演海外归来的企业家，对家庭、对儿子充满负罪感，刘琼那个气场是很对的。

撒了一泡“尿”

我们要拍一个骑马的镜头，骑马的人实际上是坐在板凳上。缰绳在镜头外面，但要有人牵着缰绳，在前头跑。这场戏要用轨道。那时候还没有金属轨道，都是木头的，每节轨道大概是三米长。轨道上的车，有四个轮子，边儿上钉两个小木条儿。

轨道上的车要人推，抹水打蜡，都得扫干净，要光滑平顺。两节轨道，加起来也不过五六米。我在前边儿牵缰绳，装扮成拉车的马，缰绳才有抖动的效果。不然，你光靠“骑马”的演员胳膊肘子动不行，那也不像啊。我就等于扮演牲口，其他演员都很感动。我给他们来当牛马，给其他演员搭戏，这是演员幕后的本分。

我对自己的戏也设计了很多镜头。比如，我对着大字报尿尿那场戏。我就想，现在是彩色电影了，能不能让尿带点儿颜色？我就吃了维他命 C，这样尿出来是黄色的。现场制片弄个热水袋子，夹在我胳膊下边儿，接个管子。我这边儿拿着热水袋一挤，那边儿就滋出来了。结果，那个镜头一次就拍成了。我自己的想

我（前排左三）在电影《牧马人》剧组

法没用上，但我备上了。

我们拍戏都是点点滴滴。我动脑筋设计，这是加分的，不是减分。我在戏里撒的那泡尿，观众反响也很大。连著名剧作家黄宗江都写文章，说我这泡尿尿得好，行为反映了人的态度，细节无声胜有声。

之前谢晋拍的《天云山传奇》就是右派题材，相隔才两年又拍《牧马人》，政治上还是很敏感的。片子送审的时候，果然有人提出非议和质疑。后来是徐桑楚厂长顶着压力，上书上海市市长，片子最后通过了。

电影《牧马人》片段

应该说，跟《天云山传奇》相比，《牧马人》的思想性和艺术性更强。虽然没有直接表现政治斗争，但它表现了坎坷命运中

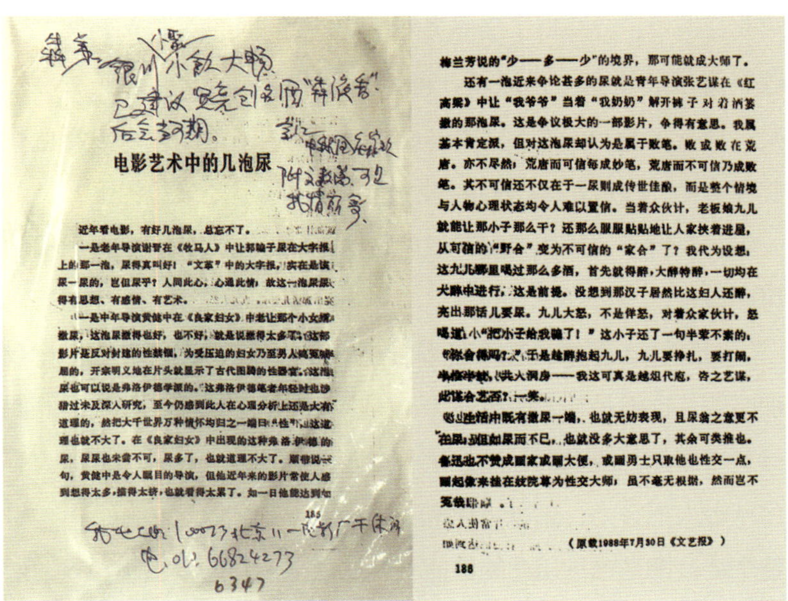

电影艺术中的几泡尿

近年看电影，有好几泡尿，总忘不了。

一是老年导演谢晋在《牧马人》中让郭骗子尿在大字报上的那一泡，尿得真叫好！“文革”中的大字报，实在是该尿一尿的，岂但尿乎？人同此心，心通此情，故这一泡尿尿得有思想、有感情、有艺术。

一是中年导演黄健中在《良家妇女》中老让那个小女婿撒尿，这泡尿撒得也好，也不好，就是说撒得太多了。这部影片是反对封建的性禁锢，为受压迫的妇女乃至男人鸣冤叫屈的，开宗明义地在片头就显示了古代图腾的性器官。这泡尿也可以说是弗洛伊德学派的。这弗洛伊德笔者年轻时也涉猎过未及深入研究，至今仍感到此人在心理分析上还是大有道理的，然把大千世界万种情怀均归之一端曰“性”，这道理也就不大了。在《良家妇女》中出现的这种弗洛伊德的尿，尿尿也未尝不可，尿多了，也就道理不大了。顺带说一句，黄健中是令人瞩目的导演，但他近年来的影片常使人感到想得太多，描得太挤，也就看得太累了。如一日他能达到如

185

梅兰芳说的“少——多——少”的境界，那可能就成大师了。

还有一泡近来争论甚多的尿就是青年导演张艺谋在《红高粱》中让“我爷爷”当着“我奶奶”解开裤子对着酒篓撒的那泡尿。这是争议极大的一部影片，争得有意思。我属基本肯定派，但对这泡尿却认为是属于败笔。败或败在荒唐。亦不尽然：荒唐而可信每成妙笔，荒唐而不可信乃成败笔。其不可信还不仅在于一尿则成传世佳酿，而是整个情境与人物心理状态均令人难以置信。当着众伙计，老板娘九儿就能让那小子那么干？还那么服服贴贴地让人家挟着进屋，从可信的“野合”变为不可信的“家合”了？我代为设想，这九儿哪里喝过那么多酒，首先就得醉，大醉特醉，一切均在大醉中进行，这是前提。没想到那汉子居然比这妇人还醉，亮出那话儿要尿。九儿大怒，不是佯怒，对着众家伙计，怒喝道：“把小子给我轰了！”这小子还了一句半荤不素的[illegible]，于是趁醉抱起九儿，九儿要挣扎，要打闹，[illegible]共入洞房——我这可真是越俎代庖，咨之艺谋，此谋合艺否？一笑。

[illegible]生活中既有撒尿一端，也就无妨表现，且尿翁之意更不在尿，如但知尿而不已，也就没多大意思了，其余可类推也。鲁迅也不赞成画家成画大便，或画勇士只取他也性交一点，画起像来挂在妓院尊为性交大师，虽不毫无根据，然而岂不冤哉[illegible]

（原载1988年7月30日《文艺报》）

188

1988 年 7 月 30 日，黄宗江在《文艺报》发表的文章《电影艺术中的几泡尿》

的人际关系、落难中的情感纽带，很暖心，也很扎心，传达了正能量的主题。那就是说，生活中还有正直、善良这些美好的东西，而且就在老百姓的心里。尽管在荒凉的大西北，文化水平不高的牧民不懂政治，但是，对人对事有自己的标准。这就是社会应该坚持和提倡的。

金鸡、百花双奖

《牧马人》是 1982 年上映的。在 1983 年第三届中国电影金

鸡奖评选中，我获得了最佳男配角奖，周鼎文获最佳剪辑奖，丛珊获得了最佳女主角提名。也就是说，谢晋没拿到最佳故事片奖，男女主角也没拿到“最佳”。在同年的第六届大众电影百花奖评选中，《牧马人》获最佳故事片奖，我还是最佳男配角。这一年，我得了“最佳男配”双奖，这是观众与专家评委对我的认可和肯定。

时隔这么多年，观众还没有遗忘《牧马人》，还没有忘记我那段戏，这就是艺术的生命力。所以，我成了迟到的网红，既偶然又不偶然。我觉得，网红这个东西，不是你想红就能红的。有些年轻人不努力，想赚钱想疯了，相信一夜爆红这种鬼话。如果整个社会都是这种扭曲的价值观，这是很可悲的，对年轻人的误

1983 年，我在家里端详金鸡奖奖杯

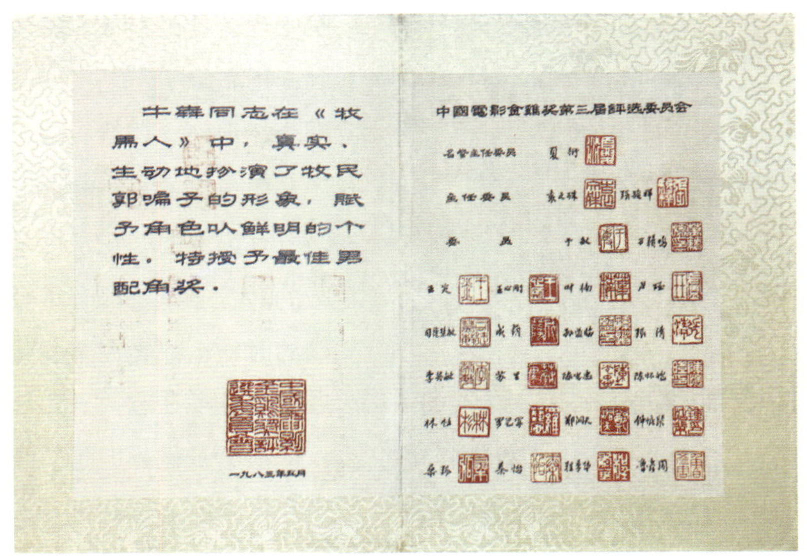

牛犇同志在《牧马人》中，真实、生动地扮演了牧民郭蝙子的形象，赋予角色以鲜明的个性。特授予最佳男配角奖。

一九八三年五月

中国电影金鸡奖第三届评选委员会

名誉主任委员　夏衍

主任委员　袁文殊　张骏祥

委员　于敏

第三届金鸡奖的评委真是中国电影史上的豪华阵容

导是有责任的。

《牧马人》是我这么多作品中比较满意的一部，也是谢晋给了我这个机会。我心里明白，《天云山传奇》没给我署名副导演，这事也不能都怪谢晋。那是个职位，得厂长说了算才行。我当时有点儿耿耿于怀，也是因为我和谢晋是有交情的，我们之间有话就说，不用藏着掖着。

我们两家是非常熟的，他女儿还是我老伴儿的学生。那时候，谢晋在中午经常到我家来休息。他推个自行车，带上两瓶啤酒，再用报纸包一点儿猪头肉。我和老伴儿不在家，他就让我孩子给他再配点儿下酒菜。谢晋酒喝完了，在床上睡一会儿，让我孩子几点钟把他叫醒。

谢晋是 2008 年去世的，活了 85 岁，他是功成名就的。上影

上影集团大院里的谢晋雕像（摄于 2020 年）

厂院子里有他的铜像，每次看到，我都会盯着看一会儿。我至今还很怀念谢晋，他对我还是负责任的。时间会老去，可有价值的回忆永远是新鲜的。总之，人都有年轻气盛的时候，都会在某段生活道路上过多在意一点儿什么，这都不奇怪。但是，经历了几十年的命运波折，人都会很释然，都能放得下。

与张瑞芳合作

改革开放之后，我又回到了热爱的演艺生涯中。从 20 世纪 80 年代开始，我演了 100 多部电影和电视剧。因为“文化大革命”耽误了 10 年，我觉得演戏的每一个机会都是来之不易的。

拍完《牧马人》，我又到《泉水叮咚》剧组，扮演一个清洁工人。《泉水叮咚》是石晓华执导、张瑞芳主演的一部儿童片，1982 年上映。这个片子讲述退休教师陶奶奶发挥余热，开办义务幼儿园，为辖区的双职工解决后顾之忧的故事。

张瑞芳扮演的陶奶奶退休前就是幼儿园教师。她搬进一个拆

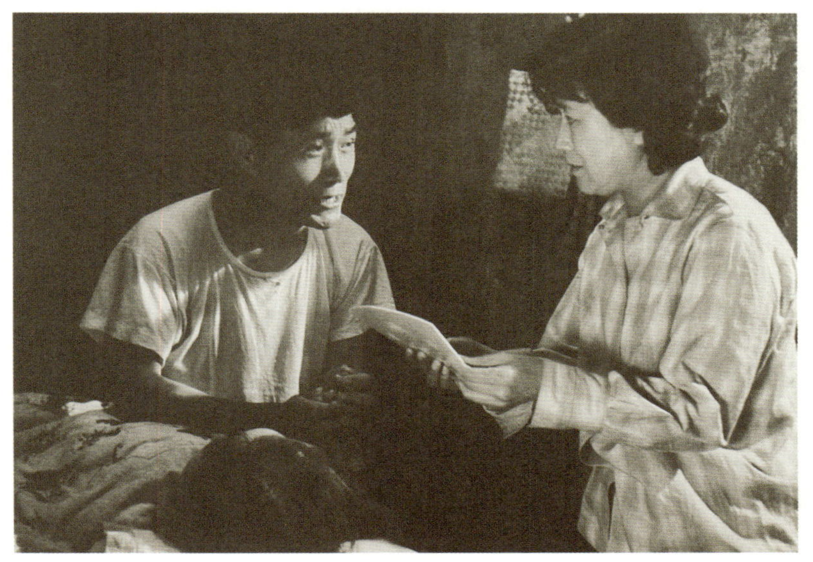

1982 年，电影《泉水叮咚》剧照中的我与史淑桂

迁户回迁的住宅新村，发现那里还没有配套的托儿所，很多孩子没人照顾，有的在外面游荡，有的娇生惯养。陶奶奶看到这种情况很焦急，就在家里办起幼儿园，可以为邻居排忧解难。

这个幼儿园是义务的，陶奶奶不收费，但依然不顺利。孩子们很淘气。有的打翻墨水瓶，有的摔伤了手臂，还有的在人家墙上乱写乱画，遭到邻居责难。我扮演的拆迁户大刘，原来经常把孩子锁在家里，孩子惹祸就动手打。大刘的女儿喜燕因为亲生母亲去世，对继母很排斥，变得很孤僻，人家都说她是“木头”。

在陶奶奶贴心的教育之下，这些孩子都变得活泼可爱，和陶奶奶非常亲热。孩子们的天性也给陶奶奶带来很多快乐。陶奶奶的侄女开始对姑姑不理解，后来改变了态度。喜燕和继母也消除了隔阂。

1982 年，电影《泉水叮咚》剧照中的我与喜燕（左）、冰冰两个孩子

《泉水叮咚》的故事原型是一条真实的社会新闻。当时，复旦大学几位教授的夫人，退休后自发办了一个家庭幼儿园。《牧马人》中扮演“右派”儿子的小方超，在这个片子里扮演我儿子冰冰。这是个很聪明的孩子，因为我们之前很熟，我给他说戏，他都很配合。那时候，小方超还尿床呢，他跟我顽皮就说：“我要到你的床上睡觉，把你的被子都尿湿。”

这个片子上映后，在国内外获了很多奖。那是石晓华第一次独立执导电影，在那之前，她为谢晋执导的《啊！摇篮》当过副导演。决定接《泉水叮咚》之后，《城南旧事》剧组也找我，因为我事先答应了石晓华，有承诺，就推掉了那个戏。石晓华是新导演，我也有责任帮助她、支持她。

《泉水叮咚》第一批样片出来之后，张瑞芳很不满意，我就

我（左四）在电影《泉水叮咚》剧组，左二是陈裕德

在她和石晓华之间做一些平衡工作，厂里还派了工作组。我离组的时候，张瑞芳特意做了一顿饭，拿出了一道秘方菜——碗里插满蛏子，不放调味料，原汁原味蒸出来，味道很美。张瑞芳还特意分享了做法。

那时候刚刚改革开放不久，这个戏聚集了不少优秀的演员，像凌之浩、史淑桂、倪以临，还有陈裕德。陈裕德是河南省话剧团的演员，很有喜剧天赋，可惜英年早逝了。那群演孩子的小演员，除了小有名气的方超，后来还出了一个明星，就是陆毅。

电影《泉水叮咚》片段

我演的淘金客疯了

1985年上映的《淘金王》，是沈耀庭执导，臧金生、宋佳、董霖等人主演的。故事背景是清朝末年，一群从内地来的流民到

1985 年，电影《淘金王》剧照中的我

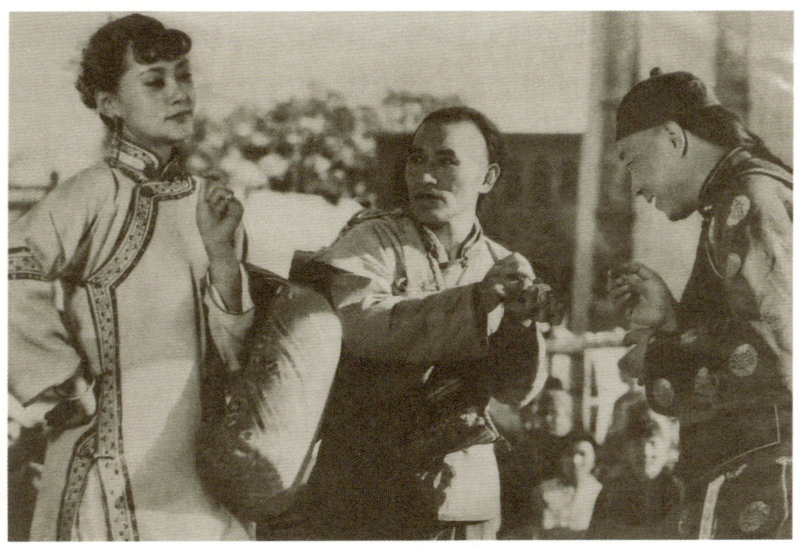

我（中）与宋佳在电影《淘金王》中扮演夫妻

新疆淘金。这些人被称为“金客子”。他们在当地受尽金行老板盘剥。臧金生扮演的许天雄，是官府通缉的要犯。因为救过“淘金王”，知道了金洞的秘密，他加入“金客子”的帮派，成为新的“淘金王”。

我扮演的“金客子”叫王保子，在集市上买了一个媳妇，叫小露珠。小露珠已经被妓院的老板转卖了28个男人，但她有情有义。在“金客子”们断粮的时候，小露珠把自己卖了，换来银圆给了“金客子”。听说小露珠卖了自己，我扮演的王保子一路追赶、悲痛欲绝，后来发疯了。

《淘金王》是宋佳出道的第一部电影。她在戏里扮演风尘女子，对于一个新人来说是很大的挑战。我和宋佳有很多对手戏，表演上很默契。后来，我在上影负责电视部的时候，请宋佳出演了《蛙女》的女主角。宋佳因为主演《庭院深深》，获得过百花奖最佳女主角奖，之后还获得飞天奖、中央宣传部“五个一工程”奖和金鹰奖等很多奖项，是20世纪八九十年代很著名的女演员。

《淘金王》这个片子的反一号是董霖扮演的。董霖是非常好的反派演员，他脸上长斜肉，往那儿一站，不用说话就是个“坏人”，那个样子就是坏到骨头里那种。

电影《淘金王》片段

第十九章　拓荒电视剧

船来的电视剧

1979年，改革开放已经拉开大幕。那一年还有件大事，就是中美正式建交。邓小平到美国访问，签了一批文化交流项目。第二年，中央电视台译制部引进了两部美国电视连续剧。第一部是科幻连续剧《大西洋底来的人》，有21集，每集21分钟。

那个片子从1964年就开始拍，当时叫《海底游记》，一共拍了100多集。引进的21集版本，就是《大西洋底来的人》。当时是每个星期四晚上播出，人们都是翘首以盼的。那个片子的男主角叫麦克，他戴的那种太阳镜一下子就火了，叫“麦克镜”。在那个时期，大街小巷追时髦的小青年儿都戴那个眼镜，又叫“蛤蟆镜”。新买的眼镜上贴着商标，很多人故意不撕掉那个商标，觉得那样很酷。

那年引进的第二部美剧是《加里森敢死队》，讲的是：美国监

美国电视连续剧《大西洋底来的人》剧照

狱里有一批重犯，包括杀人犯、强盗之类的，被派到欧洲战场跟纳粹德国作战，立功赎罪。这个敢死队的成员都很有个性，也有各种特长。这群犯罪青年本来是美国社会的坏人，到战场上成了英雄。那个片子是每个星期六晚上 8 点播，年轻人都看疯了，到处找电视看，但是，播了 16 集就停播了，还有 10 集没播出来。

当时，大批知青回城待业，都看不到出路，很苦闷。很多无业年轻人没事做，整天在大街上游荡，还模仿《加里森敢死队》那些犯人的恶习。停播这个剧集的原因是怕给青少年带来不良影响，干扰社会稳定。其实，这个片子在美国也被认为“政治不正确”，只拍了一季就停拍了。那几年，美国正在打越战，国内反战情绪很高，它又是个战争片。

《加里森敢死队》是上海电影译制厂配音的，配音演员有童自荣、乔榛、施容、尚华、杨成纯、李梓、刘广宁、丁建华等人。当时引进的电视剧还有日本的《姿三四郎》，后来有朝鲜的

《无名英雄》，女主角顺姬由长影的向隽殊配音。每到播出那些片子的晚上，可以说是万人空巷。

美国电视连续剧《加里森敢死队》剧照

当电视剧导演

说起国产电视连续剧，我算是当之无愧的开拓者之一。刚刚改革开放的时候，20 世纪 70 年代末 80 年代初，电视机很稀罕。大多数老百姓家里没有电视，有的也是尺寸很小的黑白电视。几乎没人看好电视剧，甚至嗤之以鼻。我有这个嗅觉，觉得这个新生事物前景不错。上影演员剧团刚成立电视小组，就和上海电视台合作拍电视剧，当时的电视台领导奚里德非常支持。电视台有设备，有播出平台，但没能力拍剧情片；而我们有演员，有摄制人才，我们和电视台是互通有无。

当时不仅在上影厂，整个电影界对电视剧都不待见。有人说，电视剧跟电影势不两立；还有人说，电视剧就不是艺术，搞这个是不务正业。所以，最初搞电视剧的人是顶着压力和轻蔑的。

一开始，上影演员剧团电视小组做的电视剧都是单集或者短剧。那时候，侦破和悬疑题材比较受欢迎。1979 年，我们拍了第一个片子，叫《新郎之死》。那是个犯罪悬疑剧，剧本是上影

1981 年，我（右一）在电视剧拍摄现场

1979 年，上海电影制片厂演员剧团与上海市计划生育办公室电视部合作拍摄第一部单本电视剧《新郎之死》时，留影于大木桥办公室，前排站立者右三是我

文学部淘汰的。当时，是向上海市计生办电视部借的设备。我是制片主任，导演是李纬，主演有张瑜、马冠英、向梅等人，高博、陈述、铁牛都有出镜。

《1+1=3》是个计划生育题材的片子，时任国务院副总理陈慕华还专门来信表扬我们。《玫瑰香奇案》也是根据真实案例改编的一个侦破题材单集电视剧，郭信玲导演，曹秋根、黄达亮主演。直到 20 世纪 80 年代初，我们国家的电视普及率还很低，电视台和电视节目也很少。那时候，在上海只能看到中央电视台和上海电视台两个频道。《玫瑰香奇案》这种刑侦题材很吸引观众，后来又拍了续集《法网》。

我们上影厂老厂长徐桑楚通过考察国外的电视业，开阔了眼界，觉得电视将来会普及千家万户，电视剧会跟电影并驾齐驱，很有前景。他提出，电影厂要培养电视剧专业人才，电影和电视两条腿走路。

于是，上影厂专门成立了电视部，调我去当负责人。就这样，原来演员剧团里的电视小组，变成了在厂里有编制的独立部门。当时，电影数量不多，话剧也不多，限制了演员拍戏的机会。人长时间不拍戏，表演的感觉就会迟钝，电视剧给了新老演员一个新的表演平台。很多老演员都参加演出，也培养了不少年轻演员。同时，他们也支持了我的工作。

1979 年，我与王蓓在拍摄电视剧《新郎之死》时途经武汉留影

《上海屋檐下》是根据夏衍同名话剧改编的，是我们拍得比较早的一个电视剧，1982 年播出，只有 3 集。

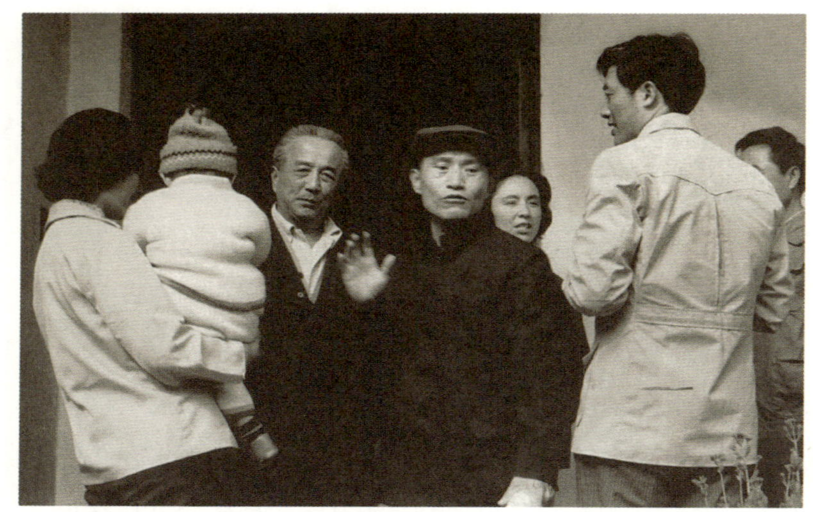

我（前排右二）在电视剧《1+1=3》拍摄现场给演员们说戏

电视剧《1+1=3》剧组

我请了老演员秦怡和康泰主演。我实际上做了导演的工作，但没署名，因为我是部门领导。

我记得，拍《上海屋檐下》，秦怡有个躺在那里流泪的镜头，

20 世纪 80 年代初，我（右一）在电视剧拍摄现场

我（左一）与秦怡（右一）在电视剧《上海屋檐下》拍摄现场

后来发现眼角流泪的方向不对。杨在葆不敢跟秦怡说，是我和秦怡说的。她认为我说得有道理，那个镜头拍了 7 次，这就是老艺术家的认真精神。老演员为支持电视剧做了表率，也很支持我的

20 世纪 80 年代初，我在上海电影制片厂电视部担任电视剧制作人和导演

工作。这些都是值得铭记的。

1983 年 4 月，在中央电视台第三届优秀电视剧评选会上，我们拍摄的《卖瓜不说瓜甜》《人之初》获得电视飞天奖；同月，《上海屋檐下》获得《大众电视》金鹰奖特别奖，秦怡获得了优秀女演员奖。

我不要国家一分钱，拍了很多戏，也给电影厂增加了经济收入。我每拍一部戏都有明确的合同，先保证国家的收入，然后才是个人分配。我们拍摄的电视剧给上影和上海都赢得了好名声。后来，北京的中央电视台、各个电影厂都成立了电视部，作为国家的编制，拨经费，而我们是全国最早的。

《踏浪》和《蛙女》

我导演的电视连续剧《踏浪》，是 1983 年播出的。那个剧本由张建亚推荐，主演是邬君梅和俞虹。当时，邬君梅才 16 岁，那是她出道的第一部戏。后来，邬君梅又到国外发展，拍了《末代皇帝》，成了著名影星。

看邬君梅在《踏浪》中演的帆板运动员，观众都以为她一定是个体育健将，其实，很多镜头都是特殊角度做的。邬君梅拍帆

我（左四）在电视剧《踏浪》拍摄现场给演员们说戏，左一是女主角邬君梅

我（右二）在电视剧《踏浪》外景地指导拍摄海浪的镜头

板的戏，我弄个布景板，贴上地板，叫这个地板立着。邬君梅就站着，我让摄影机横过来拍。有个在海里抓帆板的镜头，邬君梅是躺在那里演的。拍了一条素材看效果，没把我笑死。船要往前

1986年，电视剧《蛙女》海报

走，水要往后头拉。结果搞反了，人往后走了，出了这么个笑话。

原来别人拍海浪，就是泼水。我用的是一个带角度的斜板，水从斜板冲下来，再冲到拍摄对象身上，非常真实。我拍帆板那个手法，谁也没看出来是横着拍的。我拍完之后，成了教材，别人都学会了。当然，现在这些手法早就过时了。但是，在当年的条件下，技术和经费都不允许，我只能动脑筋去实现。你说是智慧，其实都是我以前跟着前辈拍戏学来的手艺。

拍《踏浪》还有一件往事：有个外景镜头，要在栈桥边的防波堤石堆上拍。因为海浪日夜冲击，石堆上长满了寄生的贝类，像刀一样锋利，演员拍戏是有危险的。我看到这种情况，考虑到演员的安全，决定不在那里拍，回去再想办法补拍。当时，剧组有人提出坚持拍完，节省费用，但我没有采纳。还有一件往事让我印象很深：有的女演员正在生理期，瞒着我，照常在水里拍戏，确实是很敬业的。

20世纪80年代中期，国产最早、最长的一部电视连续剧《蛙女》是我们上影电视部拍的，我是导演，还开创了事业单位向企业投资拍摄电视剧的先河。《蛙女》一共14集，每集时长50分钟，1986年播出。之前最长的连续剧《敌营十八年》是中央电视台在1980年拍的，只有9集。

《蛙女》是根据胡万春的小说改编的，女主角是宋佳，就是

我在电视剧《蛙女》拍摄现场给宋佳（左）和董霖说戏

我在电视剧《蛙女》拍摄现场给张学津说戏

我（右三）在电视剧《蛙女》拍摄现场给演员们说戏

“大宋佳”。《蛙女》讲的是抗日战争时期上海的故事，围绕一只沉在黄浦江底 10 年的银箱，演绎了一个十三四岁的蛙女的爱恨情仇。蛙女是船家女，擅长潜水，在黄浦江帮别人打捞东西为生，后来被骗到“黑龙头”刘铁生家。

刘铁生的太太是蛙女的亲生母亲，这个母亲就是宋佳扮演的。刘铁生让蛙女在黄浦江底打捞一只沉了 10 年的银箱，银箱又关系到 600 个工人的命运。蛙女打捞出银箱后，一些民族资本家为了保护这些财宝，与刘铁生展开了机智的斗争。最后，蛙女把银箱交还原主。

《蛙女》有很多水戏，我们找到一个船舶试验场，等他们换水之前，给我们一天拍戏。这样，我就省了几吨水钱。这个片子还有水下镜头。那时候经费少，也没有水下摄影设备。拍水下镜

我（右三）在电视剧拍摄现场说戏

头都是我想的土办法。我把那个大柏油桶焊起来，中间挖空一块，镶上玻璃。水的高度是不没顶的，摄影师就蹲在桶里，透过玻璃拍水下打捞的镜头。当年，黄浦江里是有鱼的。我把花两毛钱买的泥鳅，在镜头前面往下扔，做水下效果。

《蛙女》里有个镜头，蛙女要夺门而逃，狗腿子突然把门推上，夹住了女孩儿的后腿。这个镜头怎么拍？我让道具师做个假腿，木头的，中间钉个钉子，是活的，再套上裤子、穿上鞋。实拍的时候，女孩儿在镜头前面，门一夹，镜头从上面摇下来，摇到的是假腿。看上去，那“腿”还夹得挺狠的，非常逼真。

《蛙女》的女主角原来找过方舒，后来换成宋佳。那时候，宋佳刚大学毕业，我们在《淘金王》里合作过。《蛙女》这个片子拿到北京播映，反响特别好，据说一周都没有犯罪报案的。原定一天放一集，后来改成一天两集，第二天中午重播，一周7天正好放完。《蛙女》的主题曲叫《一条小船漂四方》，魏娜演唱，当时也是很流行的，这个歌还有沪语版。

拍《蛙女》的时候，我都是在家里研究剧本，天天熬夜伏案工作。当年，我抽烟，家里人都跟着我吸了不少二手烟。拍那个片子的报酬都很少。每集我只拿一百块钱，主演拿八九十块。剧组的预算、人员配置和设备，跟今天是没法比的。

电视剧的土办法

我负责上影电视部的那段时间，正是50多岁，无论从精力还是从经验上，都是最年富力强的时候。"战高温"耽误了那么多光阴，我的事业心非常强，非常想拍出好作品。那时候，我把全部身心都扑在工作上，不为名、不为利，心里想的不仅是艺术质量，还有生产任务。

我开始搞电视剧的时候，国家还没有设立专业奖项呢。很多电视台想挖我走，承诺给高薪、给官位，我都没有动心。当年，横店影视城刚刚起步，几次以优厚条件挖我，让我去管影视。那时候，我的住房条件不好，人家开出的待遇确实很诱人，但我没动心。我不是见异思迁的人，我就留在上海，就认准了上影，这里是我的根。你看，上影的很多老演员，尽管在反右派斗争和"文化大革命"中受了很多委屈和折磨，但最后还是选择回到上影。

我拍《相亲记》，有一个相亲成功后，大家欢欢喜喜吃饭的场面，端上热气腾腾的鸡蛋面，还上了几个菜。这面和菜都不是真材实料由厨师烹调出来的，而是我以假乱真做的。我拿一个碗，碗上搁个笊篱，就是我用铁丝做的一个铁圈儿。上面弄点儿面条，面条是用蜡和刨花做的。两个荷包蛋，是我用纸做的。铁圈儿底下搁了蚊香，或者是艾叶，点着了从碗里冒出“热气”。

那个炒虾仁也是假的。我找个替代品，弄成虾仁的形状，搁那红颜料里头转一转，让有棱角的地方沾点儿红。晾干了和真虾仁一样，还带点儿红丝。我把蜡融化了一浇，搁在碟子里就定型了。我做的鱼也是假的。几个“菜”往桌上一摆，活灵活现。餐桌上铺的桌布，是我拿缝纫机轧的。木头凳子，我给做个布套，

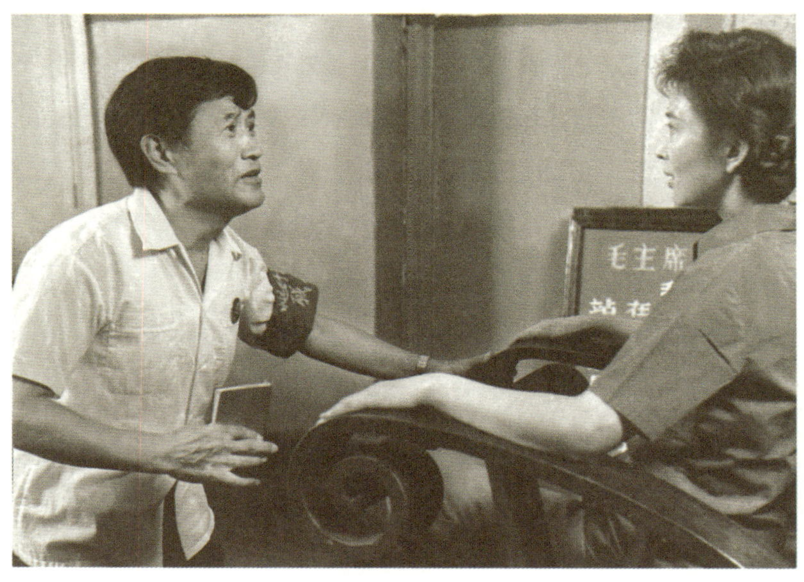

1988 年，电影《笑出来的眼泪》剧照中的我与吴海燕

我给电视剧《聊斋新编之陆判》剧组说戏

看着就像沙发餐椅，布套都是我自己剪的。当时，提倡学习乌兰牧骑，做“文艺轻骑兵”，到工厂和农村慰问演出。这些道具都是排话剧用的手法，一桌子“菜”用一个大袋子就装起来了，非常简便。

那时候，租一台特技设备比拍戏还贵。我拍电视剧没用过特技机，都是土办法解决。我做的一排大雁在天上飞，就是用一根弦和滑轮做的。我在这边儿弄一排大雁，一个比一个小，滑轮一动，那些大雁的翅膀就跟着动。

我导演《聊斋新编之陆判》，里面很多特效都是我自己想办法做的，省了很多特效费用。比如，人从墙里走出来、从窗户往外飞，我是用玻璃透射影子的方法拍的。我还用羊皮代替皮肤、把手术刀藏在毛笔里等等，都没用特技设备。

新演员出道的机会

早期拍电视剧没有现在这么庞大的剧组。一个导演、一个副导演、一个制片，我们就三个人。那年月经费少，我们选演员，也得请经济实用的。我是演员出身，剧组的经历也丰富。这些经验无形中节省了很多成本，也保证了作品的质量。

我做导演，只有一个助手，既是副导演，也是导演助理，还要兼场记。我定了演员，就要求他们必须做功课。在拍摄现场，我跟副导演、摄影师、灯光师、演员等等说一遍戏，把机位定好，镜头怎么运动、演员怎么走位，都说清楚。各个岗位的人都是很专业的，也很服从指挥，我主要通过监视器控制。

我为什么要拍电视剧？我觉得，电视剧是新兴的视觉艺术门类，随着家庭电视机的普及，肯定会大众化，走进千家万户。电视剧也给大批想学表演的年轻人提供了出镜机会。我们国家的影视业后来发展很快，这是有一个过程的，我做的工作就是打好这个基础。

另外，那时候每年拍不了几部电影，那么多演员，长时间不演戏怎么办？就像机器一样，都生锈了怎么行？每年还有表演系毕业的学生，演电影的机会是很少的。还有一个很重要的原因：电视剧的普及速度很快，片子的质量也要水涨船高，需要大量的演员和从业人员，这些人才都需要培养并给

1992 年，我给电视剧《蒋氏姻缘》的演员们说戏

他们机会锻炼。

我拍过《藏经记》《喜中缘》等很多电视剧，也给了很多演员当主角的机会，像邬君梅、于慧、宋佳等人，后来都是很有成就的。再说，上影厂的老厂长徐桑楚看到了电视剧的前景，这是很有远见的。他让我负责电视部的工作，是对我的信任。刚刚改革开放的时候，电影界的人才青黄不接，让我探索电视剧，是看中了我的经验，年龄上也正当年。

除了当电视剧导演，实际上，我还是制片人；为了节省成本，我也客串演员。在《上海的早晨》里，我扮演一个被腐蚀的干部。里面有一场跳交际舞的戏，我演的那个人物，两只眼睛盯着天花板，不敢看女舞伴，表现出很紧张、很勉强的样子。

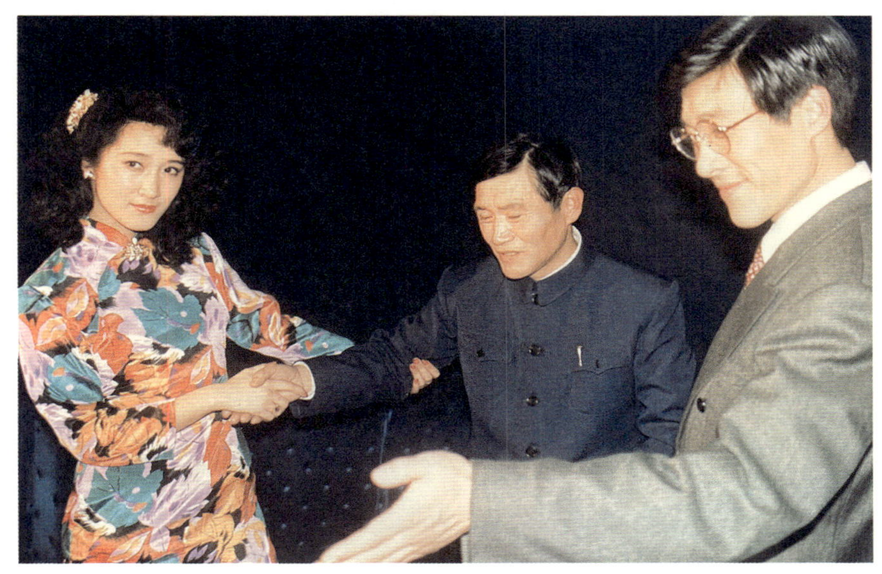

1989 年，电视剧《上海的早晨》剧照中的我（中）

1992 年，我（左二）在现场导演电视剧《蒋氏姻缘》

依依不舍上影电视部

电影和电视剧在技术上很相通。拍电影经常要抢时间，就是抢光线，比如傍晚拍“带密度”的镜头。所谓带密度，是摄影术语，英文叫作“Golden Hour”，指的是每天日落和日出之前那段很短的时间。天气晴朗的时候，天空不是完全暗的，有柔和的散射光，远处的天空带蓝紫色，自然环境的视野和能见度特别好。

这是个自然现象，摄影师都会掌握这个时间，专门抓这个瞬间。这个时候虽然是凌晨或者傍晚，但天空是亮着的，光谱色温属于日景与夜景交接点，白天光谱密度小，夜晚光谱密度大。对于日景来说，“带密度”是拍摄夜景的黄金时间。但是，这个瞬间

我（中）在电视剧《上海的早晨》剧组

很短，冬天也就是5分钟左右，夏天长一点，有15分钟左右。抢拍“带密度”，人员、设备必须早早准备好，专门等着。这个时间一到，就要抓紧抢拍，因为不止拍一个镜头，可能还要换个位置，调整照明。剧组各个岗位，包括演员，都要配合默契。

我与向梅在电视剧《上海的早晨》剧组

我当上影电视部的主任，要搞管理、做制片、找项目、谈合作，还要抓剧本、当导演、兼演员，包括现场拍摄很多技术性的工作，像特效、道具怎么弄，都是边拍边总结。因为是刚刚起步，我们一边看国外的电视剧作品，一边自己摸索。

从技术上说，原来拍电影都是用胶片；发展到“胶转磁”，就是胶片转成磁带，胶片和磁带的复制是有损耗的；后来到了“磁转数”，进入了数字时代。

从理论上说，电影和电视剧有什么区别？电视屏幕开始是9吋、12吋，后来发展到24吋，屏幕是有限的。因为电视剧是分很多集的，有连续性，所以，它的故事线索多、情节多，人物也多。电视观众追剧是一种很休闲的状态，故事有通俗性，情节的

节奏不能太快。

电视剧的叙事方法跟电影不一样：电影是强迫你进电影院，一关帘子都是黑的，你非看不可。看电视剧能换频道，老太太可以在那儿一边做饭一边听，不喜欢就动遥控器了。电影院的银幕很大，等于把画面放大了很多倍，所以，对镜头的要求更高。你看院线电影，特写镜头比较少，尤其是大特写，对于演员表演、化装、服装、道具的要求更高。由于种种原因，电影和电视剧在拍摄和表演上有很大不同，这些问题直到今天都是存在的。

当年，徐桑楚厂长提出上影要两条腿走路，给我任务，抓好电视剧的生产。熟悉我的人都了解我，就是一心把工作干好。我没偏心、没私心，没贪公家一分钱。上影电视部年年受表扬，年年都有好作品，连续5年都是上影上缴利润最多的部门。我个人连年都是厂里的先进工作者。上影电视部拍摄的电视剧有大题材，也有小题材，有单本剧，也有连续剧，是为上影争光的，也没让观众失望。

总之，我管上影电视部是很用心、很尽责的。我这个人脾气比较直，多年来就是这么个性格。当时的上影人际关系很复杂。给电视部20个编制名额，我没用完，留了4个名额。有人就想走后门儿，安插关系进来，都被我顶住了。因为这个，我得罪了人，后来说我拍电影太多影响工作，就把我从电视部调离了。实际上，我是被排挤走的。我策划和储备了很多好剧本，比如木偶和人合拍的《西游记》等，还策划了电视剧《围城》，并确定黄蜀芹担任导演，给上影电视部的发展打下了基础。

离开上影电视部，说实话，我是很恋恋不舍的。后来，上影

20 世纪 80 年代，我作为导演在电视剧拍摄现场说戏

我在电视剧《汪洋中的一条船》里扮演耍猴艺人

我被评为 1981 年度和 1982 年度上海电影制片厂先进工作者

电视部很快就撤销了。上影是全国最早组建电视部的，也是最早夭折的。这是一件想起来很唏嘘的往事。可以这么说，在中国电视连续剧方兴未艾的今天，作为最早的开拓者之一，我是问心无愧、很自豪的。每当回忆在上影电视部创业的那段日子，我很想念那些共同奋斗过的同事们。上影电视部解散后，那些同事回到上影的各个岗位，都是骨干。

电视剧《汪洋中的一条船》片段

第二十章　用生命拍戏

掉进苗山激流

观众往往只看到演员在银幕上风光，其实，不仅拍戏很辛苦，哪个行当都不容易。演员练功还可能扭了脚、抻了筋，更何况各种职业风险，甚至生命危险，都是必须面对的。我拍戏这么多年，小伤不断，大的事故就遇到了 7 次，都是差点儿没死。所以，老前辈都强调手艺，用现在的话说，就是职业素养，让你能够有防范能力，有足够的经验应对各种危险，最后是为了把工作完成好。即便是这样，拍戏还是会有很多意想不到的事情发生。

我从入行学表演开始，受到的教育就是讲奉献。讲奉献，不是说你的付出没有回报，而是有更高的追求。如果你把付出和回报理解成一手交钱、一手交货，那是小商贩的交易。艺术是有境界的，需要情怀。艺术追求的回报方式是不一样的，它是一种创作性劳动，不是每时每刻都用金钱和地位来衡量的东西。

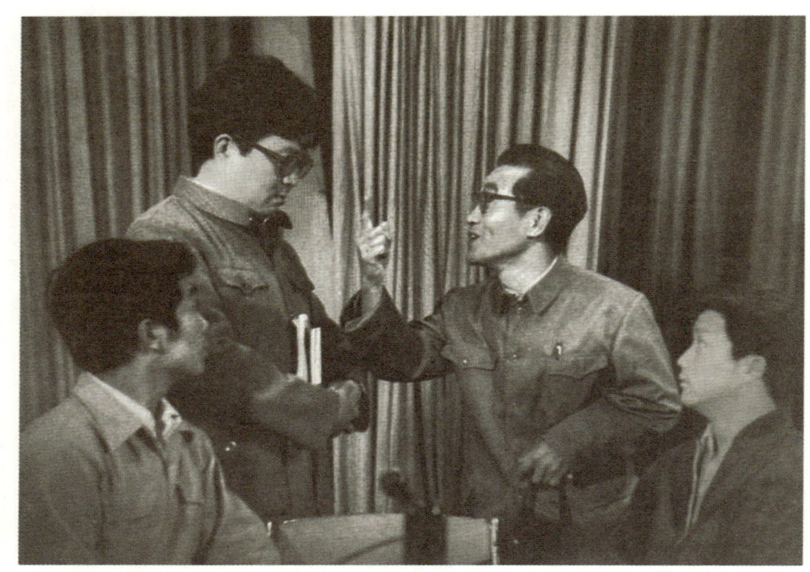

1984 年，电影《邮缘》剧照中的我（右二）

从职业饭碗的角度说，我拿工资，工作就是演戏，这是天经地义的。干工作就不能挑肥拣瘦，也不能有怨言，对辛苦和危险都要有思想准备。我身体比较灵活，胆子也比较大，演戏遇到惊险动作，从不畏惧，一点儿都不怕。我从来不用替身，用替身虽然省事，但影响人物塑造的连贯性，是投机取巧。所以，我拍戏经常受伤、遇险，也有过死里逃生。这些经历当故事讲出来可能会让人害怕，其实，职业演员都明白，这就是工作常态。

我第一次遇险，是 60 多年前拍《苗家儿女》的时候。那是江南厂拍的黑白片，前面提到过。我演一个苗族青年。片子结尾有一组镜头：苗寨人疏通了河道，在河上放流木排，支援国家木材采购计划。一根圆木头那么高，所以，河水要够深才能漂起来。当时，水流不够。我们就请民工在河两边垒起一个坝，中间留一个河口，让水位升高、水流够急。

这种大场面的镜头拍起来很复杂，因为现场有各种突发情况是不可控的，一旦哪个环节出了问题，全部都要重来。放木排要一个一个放，之间要有一点儿距离，在镜头里才有木排进出画面的节奏感。开拍之后，第一个放下来的，是凌之浩的木排，第二个是刘非的，第三个是我的。

刘非过镜头的时候，他突然减速了，想等前一个木排走远一点再入画，就用撑木排的篙子在前头戳了两下。刘非这一减速就麻烦了，他只考虑自己，忘了后面还有我。我的木排是按正常速度放下来的，刘非的木排一减速，我就要撞上去。这怎么办？我赶紧用篙子刹车，但是水流很快，而且越到河口越快，木排根本控制不了。当时，有六个道具工站在水里都拉不住。水很浅，我

1958 年，电影《苗家儿女》剧照中的我

1958 年，电影《苗家儿女》剧照中的我（右三）

电影《苗家儿女》片段

翻到木排前头，木排就从我身上过去了。

导演陶金在河对面，一看木排上没人，心想这下糟糕了。现场围观的人很多，都担心出人命。掉进水里之后，我还是比较冷静的，就往边儿上滚，不能被激流冲下去。等木排过去之后，我就被救起来了，大伙儿这才松了口气。

差点儿被黄河卷走

我还有一次受伤，是在拍《高中锋矮教练》的时候。这个片子是季文彦导演、1985 年上映的。我扮演县里的一个篮球教练，是姓高的矮个子教练，喜欢篮球，也很爱惜人才。在“文化大革命”中，矮教练一心想找个高个子的中锋，终于发现了一个篮球巨人。他想方设法、吃尽苦头，把这个小巨人送进了国家队。

片子里有个情节：矮教练看到小巨人训练很辛苦，粮食都不够吃，就把自己的手表卖了。小巨人心里不落忍，不想给矮教练增加负担，不辞而别就走了。矮教练骑着自行车去追他，追到黄河边，呼叫学生，小巨人已经上了船。矮教练连忙放下自行车，往河里追。

那场戏提前一天就布好了机位。演员的走位和动作都排练了：摄影机在船上，对着岸上拍。我怎么冲过来、到哪里停下，这叫“技术掌握”。我骑着自行车到岸边，车轮陷到沙子里。我就把自行车放倒在那儿，朝河里跑。那时候正好是 2 月天，很冷。我说，我有风湿病。季文彦说，你跑到河边就结束。

第二天实拍，我跑到河边，再跑就进水里了，但没听到导演喊停。演员都有这个职业素养，导演不喊停，那就不能停。我想，也许导演觉得镜头感还差，那就再往前跑一点儿，反正已经拍到这儿了，脚上沾点儿水无所谓。没想到，我这一脚踩下去，河滩的泥就陷下去了，再往下踩，又陷掉一块儿，我整个人就掉进水里了。

1985 年，电影《高中锋矮教练》海报

我穿着那么厚的衣服，还好会游泳。我把两只手伸平，两只脚拼命地打水，使劲儿往岸边冲。我去扒岸边的泥，可是，扒一下就掉下一块儿，再扒又扒下来一块儿，身体不断地往下陷。我就开始呼救。这时候，岸边的人们跑过来，把我救上了岸。

驻地一个解放军首长就对导演说："你们怎么能这样拍戏呢？什么保险措施都没有，太危险了。昨天，这里还死了一个人。牛犇老师是我们喜欢的演员，要是他出了事，这个责任不得了。"结果，导演说了一句：拍电影不要紧的，找替身也可以完成。有时候，演员表现欲过强。

电影《高中锋矮教练》片段

也许导演就是随便那么一说，但作为职业演员，我就觉得这话不对味儿了。我跟制片主任说："你们把样片洗出来看看，如果导演喊停了，我还往河里跑，那我淹死活该。是不是我表演

1983 年，我获得金鸡奖、百花奖最佳男配角奖后，在简陋的家中工作

欲强？这是我的专业素质问题。”当时，我心里对导演很生气，但没表现出来。我只说：”黄河是母亲河，母亲是爱孩子的，她不会把我收走。”

我（右一）在电影《高中锋矮教练》剧组

被狼狗咬了一次

前面说的两次受伤还算有惊无险，拍《假大侠》时受伤，我就没那么好的运气了。那是潇湘电影制片厂拍的片子，张黎导演，1989 年上映。我演一个卖烧饼的手艺人，叫章避火，做烧饼有绝活儿。

故事说的是：八国联军打进了天津城。我正在那儿烙烧饼，闯进来一位义和团的义士。后面追进来一个洋鬼子，被我抄起擀面杖打死了。被救的义士杀了一个欺负妓女的洋鬼子，现场留下一个烧饼。于是，坊间就传说是章避火干的，我被传成了神乎其神的“侠客”。大家一天到晚都追我，硬说我是侠客，有登门拜师的，有来请当镖师的，还有痴情女以身相许的。一个卖烧饼的就这么成了“假大侠”。

1989 年，电影《假大侠》剧照中的我

误闯洋人馆那场戏里，假大侠被追得走投无路，跑到洋人俱乐部。里边有洋太太养的宠物，是一条大狼狗。我拍戏习惯事先检查道具，特别是活的道具。比如，我要骑马，一定先训练一下，得适应。

我一看，那条狼狗个头儿挺大，虎视眈眈的。后来一打听，那狗在天津市监狱服役，见到灰衣服，就当成狱服，会把你咬趴下。一个狱警在那儿拴着它。我检查了一下狗链子，锈得一塌糊涂，就跟张黎说，那个狗链子都锈了，要是断了，狼狗不咬人吗？张黎就说，那就再加一条铁链子，另外加个人，看紧点儿。

我按照剧情跑过去，冲那狗一叫，假装害怕，就从旁边迂回过来。没想到，那狼狗"嗖"地一下就蹿过来了，两个狱警

1989 年，电影《假大侠》剧照中的我（左一）

都拉不住。当时，是在杨柳青拍这个戏，那个花园的护栏是生铁铸的，很矮。我顺着护栏赶紧跑，一跳过栏杆，狼狗就追过来了。它嘴巴张得老大，站起来比我还高，一口就咬住了我的腿。幸亏我的裤腿儿肥大，它先咬到裤子，然后咬到肉，没咬到骨头。

狼狗这一咬，我当时就站不起来了，手都变形了。我说，这下，我可不能演了。剧组赶快给我弄了一张躺椅，说赶紧送医院。到了医院，碰巧没有狂犬疫苗，又赶紧调疫苗。天津接骨不是很有名吗？叫“天津小夹板”。医生对我说，你别嫌疼。他就给我那么拽拽。我腿上的肉被狗咬得撑开了，上了小夹板，又打上石膏。我的手和腿都肿了。剧组的颜彼得、赵抒兰

1989 年，电影《假大侠》海报

夫妻俩是从峨眉电影制片厂来的，天天照顾我。他们给我做饭，帮我换药。

拍《假大侠》这个戏，临时借来 300 名解放军，人家要调防，所以，剩下的戏必须抓紧拍完。张黎就和我商量，能不能坚持把戏拍完，就拍两天。这怎么办？如果我不拍，这些天就前功尽弃了。

演员要讲职业操守，这不是品德有多高尚的问题。我说，只要能挺得住，我就坚持拍下去。但是，很多技术问题要具体落实。我披个斗篷，把手架着，带着夹板，吊个绷带。我只拍脸，坚持把台词说完。张黎做我的替身，和我一起完成了这个角色的戏。

消息传到上海，大家都传说牛犇被狗咬了 13 口。实际上，不是 13 口，而是有 13 个牙印儿：两个大牙印儿，中间是小牙印儿，一共 13 个窟窿。在养伤的那几个月，我没告诉家里，坚持把戏拍完。一直到能走路了，我才回上海继续养伤，接着把狂犬疫苗打完。

“天津小夹板儿”确实名不虚传，大概只过了两个礼拜，骨头就自己分泌骨质，开始长了。再到医院去看，医生说我的骨头没接好，有点儿错位。有两个办法让我选：一个是把骨头敲断，拿刀子拉开，重新接；再就是不动，保守治疗。我一看，手的活动影响不大，决定还是保守一点儿，长成什么样儿，就是什么样儿。直到现在，我的手还有点儿变形，里头有点儿痒，伤口也有痕迹。

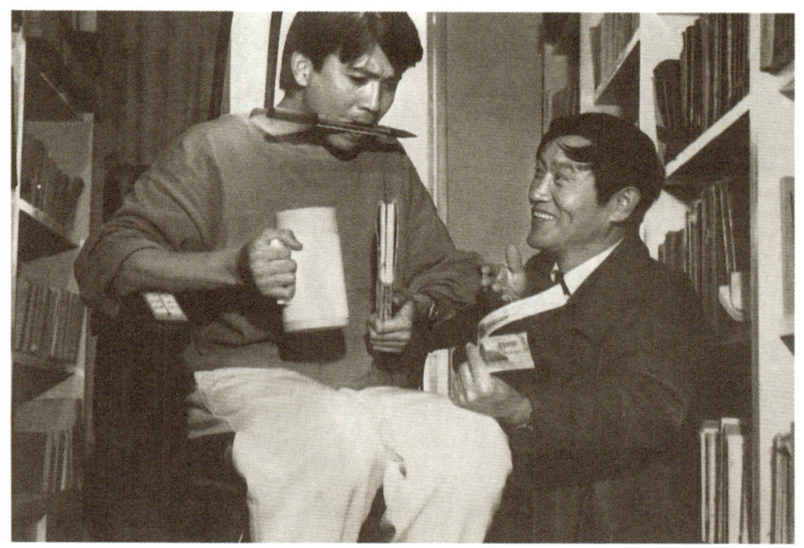

1991 年，电影《不要问我从哪里来》剧照中的我与孙淳

1993 年，电视剧《小绍兴传奇》剧照中的我与程之

从骡子上摔下来

我在安徽黄山拍《慈禧秘传》的时候，又受了一次伤。这是一部 20 集的电视连续剧，也叫《梨园生死情》，韩刚导演，斯琴高娃、陈宝国等人主演。我演个棺材铺老板，带了个傻儿子，要给他找个童养媳。戏里有个情节：我骑着骡子。没想到，骡子尥蹶子，一下子就把我摔下来了。

那次摔得挺重：胸骨骨折，胫骨骨裂，肋骨断了两根。我当时就昏过去了，剧组的人也都吓傻了。碰巧，韩刚的爱人做过护士，她说，你们谁都别动牛老。她扶着我，躺在她腿上。大

1997 年，电视剧《慈禧秘传》剧照中的我

概过了两三分钟，我才醒过来，第一句话就说：“导演，我又给你添麻烦了！”我说的是实话，就怕镜头没拍完出现意外。换演员重拍？这是不可想象的。

我在 1994 年的自画像

我被送到黄山医院。医生一看，我的伤不轻。他们说，麝香接骨非常好，就想办法弄麝香。黄山是出墨的地方，墨的配方里就有麝香。他们搞来一点儿麝香，做成膏药给我贴上。拍 X 光检查骨头，发现我腰上有一块阴影，开始以为是钙化的老伤。还是医院院长有经验，把我腰上的膏药拿掉，阴影就没了。原来，麝香是 X 光透不过去的。

那几天，我连上厕所都不行，只能慢慢地这么蹭。这样，我都不敢喝水、吃东西，为的是减少上厕所的次数。当时，我的戏还没拍完。制片主任就来和我商量，问我能不能再坚持拍两个近景，把我的戏应付过去。不然，伤筋动骨 100 天，以后再把剧组拉回来补镜头，前面的戏都很难接上。要我再拍两个镜头，我说，行。只要给我止疼，我一定拍完再回上海。黄山医院的医生说，打吗啡可以止疼。我说，那也行。你告诉我能止疼多长时间。医生说，两三个小时比较保险。我说，那你给我打吗啡吧，我把镜头补完。就是将来瘫痪了，我也要留下一个完整的形象。

从医院到拍摄现场，有半小时车程，到现场再给我打吗啡，

1997年4月，我（中）在拍戏养伤期间

争取一两个钟头就把镜头拍完。路上很颠簸，我都忍着。到了现场，这边给我化装，那边就打吗啡。我跟摄影师说，你不要把景位卡得太近。我有个打自己嘴巴的镜头，这个动作可能会大一点儿，如果镜头卡得太紧，也许拍不全手的动作。

到演打嘴巴这场戏，我打了一巴掌，又打一巴掌。这时候，旁边的医生就蹿进镜头了。他说：你不能这样打，不然，骨头就接不上了。韩刚这边儿顾着镜头，他说，医生你不要捣乱。你冲进来，镜头都穿帮了。后来看回放，我打了两巴掌，镜头也够了，这戏就这么过了。然后，马上用救护车送我到机场。

从黄山飞回上海，在飞机上还拆了两个座位，让我躺下。快到家了，我对司机说，你把救护车的警报器关掉，别惊动人家。我总算到家了，在家一躺就是9个月，不能翻身。所以，我在面前搁了一面镜子，谁来，我都能看得见。

后来，我回忆：我骑马是很老练的，怎么这次就从骡子上摔下来了呢？谢晋说过，他拍过那么多骑马的戏，只有牛犇敢骑烈马、快马，从来不用替身。这次，我得总结经验教训。那天拍戏的时候，拉来几头牲口。我是第一个选的，因为我懂行。演我儿子的小演员选了头骡子，人骑上去，它就尥蹶子。这孩子本来就胆小，才十三四岁，我就把自己选的温顺的驴让给他了。

1956 年，我在电影《沙漠里的战斗》中的骑马镜头

再后来，我又琢磨：那骡子尾巴那儿有条皮带，是用铁丝捆的，铁丝有个尖儿。没有鞍子，我一迈上去，铁丝就扎到骡子屁股了。它屁股一扭，给我来了个釜底抽薪。我刚一迈腿，就从它屁股后面溜下来了。那牲口的主人本来是拉着缰绳的，结果，他光顾着看拍戏了，没拉住缰绳头。

我的脑袋先着地，一半身子落地后，另一半还在骡子身上，再摔下来就把腰伤了。那次确实摔得不轻。我老伴儿赶来看我，

2010年，电影《大兵小将》剧照中的我（右一）

那是老伴儿唯一一次到我拍戏的现场。我姐姐也从天津来了。

那次伤养得差不多了，上海电视台请我做节目。那天，他们安排了60个小学生，每人拿一朵玫瑰，给我献上那么一大捧花。我本来是坐轮椅的，但坚持自己走上了舞台。有观众提问，现在很多青年人想做演员，我怎么看。我说，如果真的想当演员，就要准备为这个事业献身。我还讲了自己几次受伤的故事，观众们就给我鼓掌。我想，这就是对演员这个职业的理解和鼓励吧。

跌到水池里

在绍兴拍《猴娃》，那里是六小龄童的家乡。有一场戏是在越王殿里拍，白天的戏拍完了，等着拍晚上的戏。从黄昏就到现场等，要等两三个钟头。我在越王殿里转了一圈，说它简直像个阎王殿。人家说我有点儿乌鸦嘴，得罪神灵了。果然，晚上就出了事。

平时，候场的时候，我习惯待在能看见导演的地方。导演一叫，我马上就能过去，不误事。那天，天快黑了，拍“带密度”的戏。导演一叫我，我连忙赶过去。前边有个水池，和地面一样平，也没栏杆。我没留意，一脚就踩进去了，而另一只脚还在岸上。我栽着身子，卡在那里，把膝盖掰了，半月板受了伤。那池子里的水挺深，有两三米。我的帽子漂在水上，人一喊，人们跑过来把我拉上来，但我的腿已经不能动了。

大伙儿把我抬进医院，缠上纱布，抹了接骨药水。我以为没大事儿，结果，回去后腿肿得老粗，膝盖都发黑了。这一受伤，

1992 年，电影《山神》剧照中的我（右一）

1992年，电影《教堂脱险》剧照中的我

我又不能拍戏了。后来，请了个郎中。他说，我腿里有淤血，就给我抽血。他拿输血用的那种大针筒，很粗的，从我的膝盖里抽血。先抽出来一管半黑血，又抽了半管。郎中说，这黑血容易感染、坏死。他抽出了黑血，我的腿就消肿了。

我的镜头还没拍完，就带着伤坚持：只能一只脚站在那儿，就拍近景。腿很疼，脚不能沾地，只能忍着疼，把台词都说完。我回到上海后，医生说，至少得休息三个月。可是，我只在家里歇了一个多月，又去拍戏了。现在想想，那个郎中还是有两下子的，他说我骨头硬、不缺钙。那时的剧组，也没有赔偿的说法。我受了那么多次伤，都没有得到赔偿。不像现在，拍戏必须给演员买保险。当演员免不了有风险，所以说，你演的戏让观众看着乐，你有眼泪都得背后去流。

80岁“跳湖”

几年前，我在家里阳台上浇花。地板返潮，太阳一晒就翘起来了，把我绊了一跤。我一下子摔出两米远，头上碰了个大三角口子。我觉得眼前都是红的，脸上全是血。鱼缸里存的水是浇花用的，我就用那水，把血都给洗掉了。我摁着伤口，血还是止不住。

到了晚上，我躺在那儿，手一直摁住伤口，一松开就流血。当时，也没想着到医院看个急诊，包扎一下。我自己找了一块纱布，就一直摁着伤口。冰箱里有块刚买来的肉，已经冻硬了。我拿了个毛巾，包住那块肉，摁着伤口，就这么睡觉。

第二天早上，我的脸就肿起来了，我赶急去医院。医生一看，就认出了我："噢，你是名演员！"我就问医生，一个礼拜后，我要到天津录节目，这脸肿着，怎么治呀？医生说："你的伤口已经长上了，我再给你打开缝针，伤口又拉开了。当时那一摔，皮肤都是麻的，马上给你缝，我连麻药都可以不打。现在切开不

我与肖雄在电视剧《围屋里的女人》剧组

我（左二）与渡部笃郎（右一）、徐静蕾（右二）、董洁在电影《最后的爱，最初的爱》剧组

行，脸上神经太多。”他给我讲明白了，脸肿就是发炎，是皮肤本身在恢复。好在我的伤口愈合了，问题不大，只需要吃消炎片、每天换两次药。这个医生特别好，他告诉我：“牛老师，下回可不能这样了，万一感染，很危险。这次是万幸。”后来，我去天津录节目，脸上还没完全消肿。化装师用创可贴给我贴了一下，再涂上皮肤颜色，别人一点儿都没看出来。

做演员这一行，在生活中处处都要小心谨慎，如果遇到突发事件，就会影响工作。我做演员，得到了人家的尊重，这是很让我欣慰的事儿。

2014 年，我在云南拍电影《海鸥老人》，有一场跳湖的戏。导演杨真觉得我年纪大了，要帮我找替身。我知道后就说，这不行，我怎么就不能拍？杨真说：“您已经 80 岁了啊！”他不说，

我和杜雨露在电视剧《白银谷》剧组

2015 年，电影《海鸥老人》剧照中的我

2020 年 6 月，我随刘深导演的纪录片剧组回到上海建国西路 657 号旧居

2020 年 6 月，我的一家在上海建国西路 657 号旧居

我还忘记了年龄的问题。但是，我作为演员，接了这个戏，就说明自己可以演下来。对年龄问题，我从来没考虑过。一些演员怕苦、挑戏，艰苦的地方不去，或者讲条件，要加报酬。这不是职业演员的做法。

干一行，你得入道儿。光学着耍大牌，动不动就起个范儿，那不是演员的本色。你的戏好，不光靠你的天才。如果你连起码的艺德都没有，你的戏不可能好。戏就是人生，心里没有的东西，你是装不出来的。

我不知道，在表演系的课堂上，这些道理算不算专业知识。反正我觉得，这是知识中的知识。如果是偷懒儿耍滑的人，我不可能这么大岁数还能保持表演状态。人家说，演员是吃青春饭，迟早要退出演艺圈儿。我心里没有这个概念，我是吃了一辈子演员的饭。

电影《海鸥老人》片段

第二十一章　对家庭的愧疚

上有老、下有小的日子

自从我和王惠玲结婚，就有了自己的小家。我岳母年纪大了，就在我的小家住。房子虽然小了一点儿，几口人挤在一起，但是很温馨，吃喝总还是有的。过去，上海的住房是比较紧张的。上影厂多少次分房，我当电视部主任的时候，有这样的机会，都让给同事了。我如果自己先拿，那不变成贪官了吗？我现在住的房子是自己花钱买的。

岳母是小脚，那时候，工厂也公私合营了，房子就那么一个阁楼。在那个家里，我是受过岳母恩惠的。几十年前，我工资不高，但经常给岳母买点儿东西，让她高兴一下。我从小父母就不在了，给岳母买东西，算是一种情感补偿吧！其实，我买的都是很便宜的东西，比如两只耳环、一粒珍珠，我看她戴着也蛮好的。我还给岳母买过一条围巾，是在旧货店里买的。我看围巾颜

1960 年，岳母王文珍怀抱我的大儿子张维

色很好、图案挺时髦儿的，就买来给她，她以为就是新的。岳母病逝后，我按照家乡风俗为她料理后事，让老人家走得心安。我这样做，也是尽一份孝心，给下一代作表率。

当年，岳母一个老人拉扯四个闺女。她有一个儿子，后来下放农村，所以，她特别喜欢男孩儿。我就跟王惠玲说：咱们如果生了男孩子，就姓你的姓；生了女孩儿，就姓我的本姓。结果，老大是男孩儿，因为有约在先嘛，就姓王。

我们的老二又是个儿子，这次没约定，怎么办呢？干脆，还是姓王。要不然，人家会说，你家儿子一个姓王，另一个姓张，肯定有两个爸爸。这让孩子出去怎么说？我大哥的几个孩子都是闺女，我这儿都是儿子。后来，我的两个儿子想改姓张。老大改了姓，王维改叫张维；老二要改姓的时候，派出所民警说，政策又变了，不能改姓了。结果，我的两个孩子一个姓张、一个姓王。

其实，我虽然本姓张，但自从20世纪50年代，我的户口本上就改名叫“牛犇”了。所以，关于我和孩子的姓氏问题，这么多年费了很多口舌解释，直到现在，还有人经常好奇地问。

对孩子的教育方式

说起我的两个儿子，他们从小就随我，手都比较巧，什么东西一看就会。他们经历了“文化大革命”，都是吃过苦的，从技校毕业之后，都在轻工业单位工作。我一直想让两个孩子学点儿手艺，就给他们买口琴、二胡、笛子。动乱年代，别的孩子到外头瞎跑，打群架、动刀子，我们家的俩孩子毕竟没有学坏。

老大张维学画画儿。那时候，上课连教材都没有。我那点儿水平教他，不管怎么样，算是入门；后来给他找了老师，师从画家夏葆元。就这样，张维考取了工艺美术学校。

老二王侃就学琴。我和王惠玲攒了一点儿钱，给他买了一个手风琴。我记得好像是“百乐”牌的，178块

“战高温”期间的我与王惠玲

20世纪70年代初，我与王惠玲、张维（前左）、王侃在上海航道局的船上

钱。那时候给唱歌伴奏的，多半是手风琴。没有老师教，我就让王侃自己拿着手风琴玩儿。

王侃学拉手风琴，自己在家里练。我记得，他小时候贪玩儿。那些练习曲也挺枯燥的，他有时候偷懒儿，趁我不注意就打瞌睡。我在楼下烧饭，王侃在二楼练琴。我听琴声没了，就知道他睡觉了。王侃一听到我上楼梯的声音，就假装继续练琴，以为我不知道。那天，我就对他说："既然你是做给我看的，就别练了。"

我对两个孩子的教育是很严厉的，常常发脾气。而我老伴儿对孩子就是慈母型的。孩子的成长道路是不是走歪了，这是衡量做父母的一把尺子。我很欣慰的是，对两个孩子怎么教育，用的是我自己认定的一套方法。这些方法很简单，都是从我的经历中提炼出来的，也是我坚信不疑的。我对两个儿子管得很严。我小时候，家里孩子多，不听话就挨打。棍棒底下出孝子。我在大哥家寄人篱下的时候，我大嫂也没少打我。

我记得有一回，王侃在一天中偷偷把厨房里的满满一瓶砂糖都吃了。那糖是烧菜用的。在计划经济年代，糖很稀缺，定量供应。我老伴儿早上刚装满一瓶糖，下班回来成空瓶了，就向我告状。我把王侃叫过来，他承认偷吃了，知道肯定要挨打。那次，我没打他，我就说：不要跟我解释。让你妈妈再装满一瓶糖，我要看着你是怎么吃下去的。王侃看着我，很委屈，硬是把那瓶糖吃下去了。后来，我才知道，他叫了同学，把糖拌在花生酱里吃。他又抓来知了，知了脖子上有一块肉，搁一点糖，再搁一点酱油，是那么吃的。那时候的孩子没零食吃。

王侃小时候鬼点子多，所以，他有很多淘气的事，我根本不知道。直到 2022 年，他才告诉我，他小时候偷偷把我的一双旧皮鞋拿到旧货店，卖了一块钱。他和邻居家的孩子买了零食，剩下的零钱怕我发现，就扔到马桶里冲，那硬币冲不下去。现在的孩子过年都有压岁钱，王侃他们小时候没有。

还有一次，王侃在家里烧水，把水壶放到炉子上，就跑出去玩了。等他回到家一看，水壶被烧穿了。他知道惹了祸，我肯定

20 世纪 70 年代中后期的全家福，左起：王侃、王惠玲、我、张维

20 世纪 70 年代末，前排左起：王惠玲、岳母王文珍、我；后排左起：王侃、张维

会打他，就自己在裤子里边儿又套了棉裤。那时候是夏天，我看他穿得鼓鼓囊囊的，就明白他的小心思了，他这是准备挨打的。我那次就没下去手。王侃比他哥挨打多，因为他哥是老大，有外婆护着。王侃挨打多，变得很机灵。我小时候就机灵，那是挨欺负、没饭吃逼出来的。这就叫“穷则思变”。

王侃当演员

王侃毕业后被分配到工厂，当了团总支书记，又是工会的文艺积极分子，现在也是职业演员了。说起来，他入演员这一行很

1965 年，电影《这是我应该做的》剧照，右起：杨在葆、王侃、史淑桂

曲折。大概是 1965 年前后，海燕厂要拍一部电影，叫《这是我应该做的》，讲一个三轮车工人助人为乐的故事。这个三轮车工人是杨在葆扮演的，史淑桂演他的妻子。他们在戏里有个孩子，想让我的大儿子演，可我家老大不愿意去。王侃就说，他想去。结果，王侃演了这个角色。

王侃长大以后还拍过一个戏，我没怎么留意，觉得他就是跑个龙套。王侃很早就跟我说，他想当演员。我没同意。我说，你的形象不行，上不上、下不下的。不像我，我这个样子反倒有特点。现在回想起来，我自己是职业演员出身，对这一行的理解和要求是很高的。更何况，我不愿意让自己的孩子靠关系当演员。

我小时候拍戏都是靠自己。如今想想，我那时候对孩子的心情没太在意。其实，如果我当时稍微上一点儿心，王侃拍戏的机会太多了，客串个角色是很容易的事。我记得，有一次，王侃又提出想当演员。我就说，你等到 40 岁以后也许有可能。当时，我无意间那么一说，他就有心了，等于他当演员的这扇门被我关上了。所以，王侃后来想去日本，跟这件事也有关系。

王侃到日本是一个偶然的机会。话剧演员于黛琴，就是管宗祥的太太、管虎的妈妈，她的日语很好，翻译过很多日本电视剧。

2019 年，王侃与田华在厦门参加中国电影金鸡奖颁奖礼

她有个日本朋友的孩子在上海读书，就托我平时帮着照看一下。

我对朋友之托一向是非常认真的。那个日本孩子在周末经常到我家，和我的孩子成了朋友。有一次，于黛琴对我说：“你也可以把孩子送到日本啊。”王侃跟我提出想去日本，我问他目的是什么。他说，想多见见世面、多认识朋友。这个理由，我是很赞同的，就说支持他。

王侃从日本回来后，一开始是做贸易，正式进影视圈又是一个偶然。当时，李安要拍《色戒》，找人演梁朝伟那个角色的保镖兼司机。王侃是上海长大的，会开车，又懂日语，条件很合适，结果，一试镜就被选上了。拍那个戏的时候，李安还让王侃担任汤唯的上海话老师。

从那部戏开始，王侃就当了职业演员。前些年，抗战剧比较多，他演了不少日本军官，毕竟他在日本挺多年，又会说日语。后来，我就跟王侃说，你不能总当“日本军官专业户”，戏路要

1988 年，王侃（右）拍摄电影《第三个男人》

2005 年，王侃（左）与香港演员梁朝伟在上海车墩影视基地《色戒》剧组

2011 年，张维在电视剧《香草美人》中扮演日本厨师

拓宽。他听了我的建议，接了很多别的角色。也许是有点儿表演上的遗传基因吧，王侃热爱表演这个事业，这才是最重要的。这么多年，很少有人知道王侃是我的儿子。我从来没给他介绍过一部戏，反而是他介绍一些戏给我。

除了王侃，我的大儿子张维也客串过角色。大概 10 年前，张维在电视剧《老马家的幸福往事》中客串日本商人，还在电视剧《香草美人》中扮演一个日本厨师。我的两个儿子都受我影响。他们没在我的光环下借光，靠自己的努力被社会认可，这也是我培养孩子的初衷。

全家人为我担当

我能拍那么多戏，说明我不是个偷懒儿的演员。我能做到这些，离不开我的家庭，尤其是老伴儿王惠玲的支持，还有我的两个儿子、儿媳和孙辈，他们的亲情都是我的精神和情感支撑。

我在 20 世纪 60 年代末

我常年在外拍戏，两个孩子都围在妈妈和外婆身边。家里有什么烦心的事情，不管是多大难处和烦恼，我老伴儿都自己默默承受，从来不写信告诉我，怕我分心。有时候，我受了伤，也是在外面治好了才回家，怕家里担心。除非伤有点严重，卧床不起，不得不回到家里养，都是我老伴儿照顾。我老伴儿说我是“工伤私养”。

有我老伴儿在，我身上一分钱都不用带，都交给她管。我挣的钱都是交给老伴儿的。过去，家里的大事小事，都是我老伴儿操持着，尤其是在上有老、下有小那些年。为了两个儿子的成长，她操碎了心。

两个儿子毕业分配工作的时候，学校看我就是个普通演员，没什么社会背景，不待见我们，不管不问的。我老伴儿就到校长办公室一坐，不给孩子分配工作就不走。最后，学校没办法，只好把我俩孩子的工作给安排了。

上海的冬天很冷的，当年也没有取暖设备，家家都烧一锅开水，放到草做的一个篓里保温，留着这一天洗澡、洗脸用。毛子（王侃的乳名）一岁多的时候，是他外婆照看。我老伴儿要上班。王侃调皮，就把那锅开水扒翻了，从头浇下来。他的棉袄里灌的都是开水，皮都烫掉了。

暑假，在南京读大学的王惠玲回到上海，我用借来的照相机为她拍照

我当时在外地拍戏，我家里人赶紧把王侃送到医院。医生一看，烫得很严重，有80%以上面积的烫伤，没什么希望了，就不收。后来送到解放军医院，才收下来。王侃住在无菌病房里，医院不让探望。我老伴儿又心疼，又着急。

王侃住了几个月的医院，很长时间屁股都是黑的，好在后来没留下疤痕。当初多亏解放军医生和护士的精心治疗和护理，王侃才捡回来一条命。后来，我对王侃说，要记得去感谢解放军，听说那个医院搬到南京去了。他一直打听这家医院，惦记着去感谢人家。

那时候，家里人有病很少上医院，我来当医生。有一次，王侃背上生个疮，肉都翻起来了。我老伴儿用筷子夹着纱布塞进去，把里面的脓清理出来。我把缝衣针在火上烤一下，给伤口缝上。王侃肯定很疼的，他忍着不叫。正好我们家邻居是药厂职

左起：张维、我、王惠玲、王侃

工，拿来草药，用砂锅熬，给伤口敷上。我岳母生病要打针，我就用铝制饭盒煮针头消毒，给她打针。

老伴儿的付出

我今年 89 岁了。

从 1945 年拍第一部电影《圣城记》至今，我的演员生涯已经整整 78 年。很多日子、很多过往，都被记忆的筛选慢慢漏掉了。在电影、话剧、电视剧作品中，我扮演的角色超过 200 个，这些就是我留下的实实在在的东西。世间的一切，能随风吹走的，都是天意。

我做演员这个工作，常年在外面跑，经常不在家，我老伴儿从来没埋怨过。除了上班、管孩子、做家务，她还得照顾我养的那些花花草草。她如果知道我晚上回家，不管多晚，都做好了饭等着。有时候，我在外面吃过了，忘记告诉她，她就自己扒几口冷饭。

我老伴儿这一辈子，就是个普普通通的教师。后来，她的嗓子坏了，声带发不出声音，就调到工厂里工作。我认识王惠玲的时候，她是个资本家小姐，而我是无产阶级出身。党告诉我，我有责任改造她的思想。用当时的话说，就是让她去掉那些资产阶级情调，成为自食其力的劳动者。实际上，那个时代改造了每一个人。

2016 年，我与王惠玲、王侃在上海

我记得，我老伴儿经常到银行办贴花储蓄，存起来留给孩子。她把家里的废报纸都留着卖点儿零钱。那时候，献血是给十几块钱补贴的，还给两瓶牛奶。我老伴儿去献了几次血，给家里增加点儿收入，现在想起来，都是很辛酸的事。

我老伴儿后来一点儿娇气都没有，从来不跟人家攀比，也不炫耀。她不光是俭朴，而且到了很苛刻的程度。我们家还有一套房，她每周去打扫，饿了都不舍得买吃的。有一次，她买了两个包子，吃了一个，还给我带回来一个。

我老伴儿没出嫁的时候，基本上不会做家务，就会炒个鸡蛋，里面还掉进去蛋壳。以前，各地电影界的朋友到了上海，都到我家做客；上影的同事来得更多了。我老伴儿要下厨，慢慢地就学厨艺，能做一桌子拿手好菜，像那个炒猪肝，我孙女最爱吃了。我儿子王侃后来开餐厅，也是受家里妈妈的口味影响。

我老伴儿从一个民族资本家的大小姐，

我在 20 世纪 70 年代末

20 世纪 60 年代初的我与王惠玲

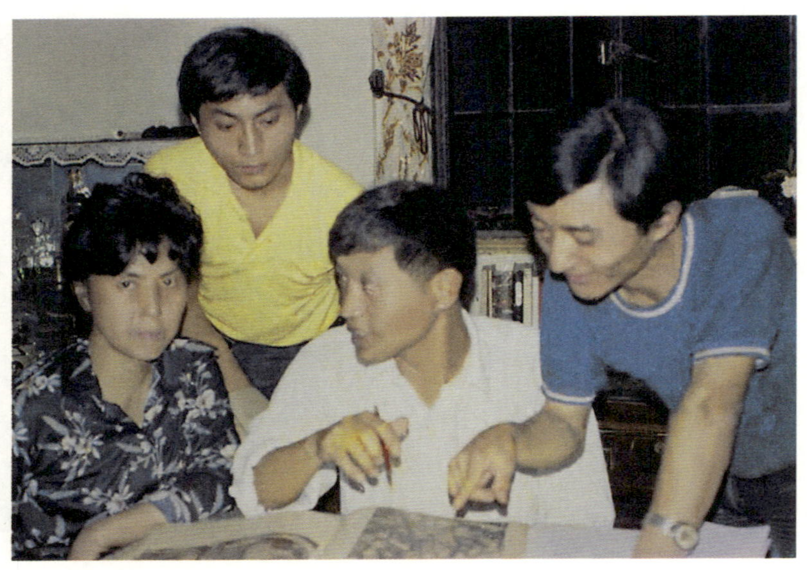

“战高温”期间的全家福，左起：王惠玲、王侃、我、张维

20 世纪 50 年代的王惠玲（左）与她的大姐（中）、三姐

变成了任劳任怨、勤俭持家的主妇，相夫教子的妻子和母亲，勤勤恳恳上班的好职工。这个家如果没有她，那就塌了。从前，我们家大事小事都是老伴儿安排。她走了不久就过年，家里的事没人操持了，一大家人才感觉到她留下的空白，再也填不上了。我常常想起老伴儿在的日子。她任劳任怨一辈子，没让她享到福，这是我最大的愧疚。很多事情都是失去了才知道无法弥补。

在大学读书期间，20 岁左右的王惠玲

从青春到白头

等孩子都长大了，自己成家搬出去住了，我怕老伴儿在家里寂寞，有时候就带她一起到外景地。我们结婚 60 多年，从来没一起出国旅游过。2017 年，我陪老伴儿去了一次陕西和甘肃，到敦煌看石窟。到了上面的两层，老伴儿说，她实在走不动了，就没有继续爬。那是秋天，满地是金黄的银杏叶。在西安，我们吃了羊肉泡馍。那次，她吃了满满一大碗。她已经很长时间没吃过那么多，那么开心。

2015 年，我与王惠玲在绍兴

那是我唯一一次陪她旅游。那次回到上海，她躺了没几个月就走了，没有留下一句告别的话。她最惦记孙子和大儿子的工作。在病中，她有一次跟我说，洗手间里有一条内裤，让我帮她洗了。按北方人的习惯，女人内裤是不让男人洗的。那是她一生中对我唯一的要求，因为她实在没力气洗了。

病重的时候，她说想喝鲫鱼汤，我专门跑出去买鲫鱼；她爱吃绿豆芽，我给她做了四碟小菜。她从来不求我做事。我常年在各地拍戏，家里的事都是她一个人操持，包括两个儿子出生，都是她自己上医院。如今回想起来，我非常亏欠她。

2018 年 2 月 9 日，农历腊月二十四，我老伴儿走了，还差一个星期就过年了。有一天，我儿媳妇整理老伴儿留下的东西，衣服都是补了又补的；两个儿媳妇给她买的衣服，连标签牌子都没拆。儿媳妇说，婆婆平时对她们很慷慨，对自己就这么节省。

我老伴儿病重住院的时候，我想着把家里装修一下，等她出院回家，能有个新环境。正准备开工，我老伴儿就去世了。现在，房子装修好了，但是，我老伴儿已经看不到了。想起这一切，我对老伴儿和家庭是充满愧疚的。

我老伴儿一走，在我心里留下了很大的空缺。

老伴儿走了 5 年多，但是，我觉得她一直没离开这个家

“战高温”期间，王惠玲穿着当年结婚时的衣服与我补拍结婚纪念照

她的照片，一直摆在我每天都能看到的地方。我总觉得，老伴儿的影子还在，她还是这个家里的女主人。几十年的老习惯是无法改变的，我到如今还有这个依赖感。

老伴儿比我小 3 岁，风风雨雨，坎坎坷坷，一起过了 60 多年，从青春到白头。老伴儿从来没有享过清福。她的心全都扑在这个家上，没有给自己留一点儿清闲。年轻的时候，我还想改造这个资产阶级大小姐，其实，是她自己改造了自己。跟她相比，我只有惭愧。

人世间如果有真挚无私的友情、爱情和亲情，那就是永远的相欠，无法弥补和回报。有人问我，快 90 岁了还坚持拍戏，我哪里来的动力和活力？除了我对电影的热爱，还有老伴儿对我的期待。这是一份情，我辜负不起。

孙女王昕是我和老伴儿第三代的第一个孩子，给我们带来了莫大的欣喜

儿孙满堂

我小时候吃过太多苦，所以，对任何东西都满足。很多东西，能吃的、能穿的，绝对不能扔、不浪费。过去，我的袜子都要补后跟儿的。袜子破了，我自己补。不是破了就扔掉，实在不能穿了，我还把它做成拖把擦地板。

孩子们总是说，哎呀，爸爸，你吃了过期变味儿的东西，会生病的，还得看医生，得不偿失。我说，只要不变质，就可以吃。我享受社保，生了病可以免费治疗。话说回来，我身体很好，从没生过病。

我觉得，人嘛，不要活得太金贵了。为什么大家现在都吃粗

2017 年 12 月，我与孙子张能懿在家中

我与老伴儿的休闲时光

粮，还说粗粮是上等食品？我小时候，连粗粮都吃不饱。如今吃的玉米面，都是磨得很精细的，品种也比以前好多了，跟我理解的粗粮概念不一样。到学校参观，我就对孩子们说，你们一定要爱惜粮食。我看饭厅里扔的白馒头、包子都有，觉得很可惜，不能那么浪费。挨饿的时候，你不知道那个滋味有多难受，他们真没经过挨饿的年代。

现在，我已经有了孙辈，给我们一家带来了很多快乐，真的是天伦之乐。我的孙女王昕是在日本出生的，如今已经是幼儿园教师了。不久前，我的小孙子张能懿给我表演讲故事，绘声绘色地讲电影《泰坦尼克号》，很有表演天分。我这个大家族经常团聚，就是少了我的老伴儿。日子好过了，她也不在了。

2016年，我们全家人在北京电视台演了一个小品《怕老婆》，我和老伴儿、两个儿子、两个儿媳、孙女、孙子都参加了。现在，网上还可以找到这段视频。我每次重温，都是很动情的怀念。

牛犇携全家演出小品《怕老婆》

2016年，我们全家在北京电视台表演小品时留影，左起：二儿子王侃和二儿媳姚瑶、孙女王昕、我、老伴儿、大儿子张维和大儿媳张晶，前面是小孙子张能懿

2020年6月28日，我在上海的全家福，左起：大儿媳张晶、大儿子张维、我、孙子张能懿、二儿子王侃、二儿媳姚瑶、孙女王昕

第二十二章　为电影而生

没有丢失的初心

三句话不离本行。我已经 89 岁，还在坚持演戏。这是我的终身职业，也是我的精神支柱。人对生活的热爱，都体现在对事业的坚持。人的一生不可重复。你说是命中注定也好、选择也好，复杂也好、简单也好，我一直就是一个演员。这就是我的职业。与其说是我爱电影，不如说我就是为电影而生的。

我家里的获奖证书和奖杯太多，这些只是一小部分

为什么“文化大革命”耽误那 10 年，我觉得特别可惜？因为我

20世纪80年代，我（前排右二）参加上海电影制片厂演员剧团慰问解放军活动

被剥夺了演戏的权利。小时候在香港，人家就叫我“童星”，后来又叫我“明星”。其实，对我来说，“演员”这两个字就足够了。在旧社会，有战乱、有灾难。很多年轻人想追求进步，都得背叛家庭。人成年之后，都有自己的判断，有自己的选择。在一个时代，你追赶了什么潮流，就决定了你有多大价值。

在旧中国，电影界的大部分人是跟着市场需求跑的，有拍色情片的，拍那些低俗玩意儿，也有反映民生疾苦、批判旧制度的，追求的东西不一样。时过境迁，你再看看每个人走过的轨迹、留下的作品，历史会给一个公道的评价。

20世纪30年代，中国电影在上海是第一个黄金时期。那些追求进步的人，都是关注底层百姓、启蒙社会的。他们不是为自

我（中）与牛得草父子合影，猜猜哪个是父亲牛得草？

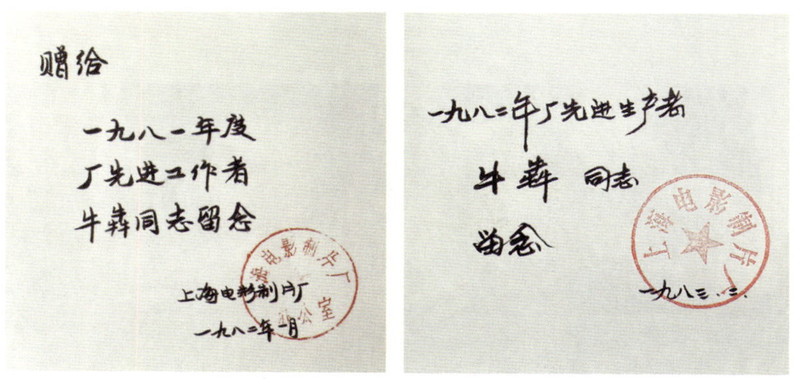

赠给

一九八一年度
厂先进工作者
牛犇同志留念

上海电影制片厂
一九八二年一月

一九八二年厂先进生产者
牛犇 同志
留念

一九八三.三.

我获得 1981 年度和 1982 年度上海电影制片厂先进生产者称号

己，而是为大众争一个好生活，也争来了社会对他们的尊重。他们为穷人说话，跟日本侵略者斗争，这才是那个时代的主流。所以，他们是被历史记住的。

很长一个时期以来，电影界有一种让人很不舒服的东西，有一种腐败的味道，不是艺术的清新空气。有专门发电影财的人，

拍个皇宫题材的片子之后，家里摆的都是皇宫的东西。这些都是艺术的蛀虫。不忘初心指什么？我们这一代都是吃过苦的人，当年为了老百姓能过上好日子，才离乡背井去干革命，今天怎么能忘了那个初衷呢？

改革开放之后，我又和海外演员有了很多合作的机会。我小时候在香港电影界工作了两三年，对那时的香港演员是熟悉的。再度和香港演员合作，他们的敬业精神和专业态度让我很敬佩。其实，香港的华语片底子是上海去的电影人打下的基础。后来的香港演员对那时候的传统继承得很好，讲究职业道德和操守。当然了，在香港，你不兢兢业业做事，是会丢饭碗的。

我与台湾导演李行在一起

20 世纪 90 年代，我与香港演员白荻在上海

1999 年，我与香港演员沈殿霞（前右）等人合影

20 世纪 90 年代，我与香港演员万梓良在剧组

我与香港演员袁咏仪在电视剧《无情海峡有情天》剧组

我与香港演员欧阳震华（右）、沈敏（左）在电视剧《上有老》剧组

老艺人是永远的经典

我从一个幼稚的孩子、一个不懂电影为何物的流浪儿，一下子就演到现在80多岁。大家称我老师，我很惭愧。我没有多大的本事，只是比别人早入行几年。在电影的道路上，我只不过是在走路。而且，是在老电影人的呵护和培养下，我才一步步走过来的。前辈有很多东西值得我学习，也值得我一生受用，是我一辈子学习的榜样。我如今就在享用前辈给的精神营养。这就是电影带给我的觉悟，它们才是最珍贵的。

1985 年，我（前）与电影界的前辈孙道临、陈强、鲍方、于洋（后排左起）在深圳

有一次，我在一个纪念活动上遇到项堃。那时候，他已经坐轮椅了。我对他说，咱们一块儿拍张照片吧。你就坐在轮椅上，我蹲在旁边儿。他说，那怎么行？他一定要从轮椅上起来。别人扶他，他都不让。当时，他说，说不定以后就见不到了。果然，那次是我们最后一次见面。1954 年，我们合作过电影《湖上的斗争》，他演游击队队长，我演游击队队员。你看看那个片子，那时候的项堃不到 40 岁，非常英俊，看上去就是 20 多岁的“小鲜肉”。

黄宗英是大家熟悉的演员，也是著名的作家。她是非常有才华的艺术家，戏路很宽，正派、反派都演得好。她和赵丹合作的电影就有《幸福狂想曲》《丽人行》《乌鸦与麻雀》《武训传》

《聂耳》。赵丹在“文化大革命”期间入狱，家里的事都是黄宗英一个人承担，不只是贤妻良母那么简单。

那次，我到医院探望王丹凤。别人，她都记不住了，认不出来对方是谁。可一见到我，她就说：“小牛犇儿。”她这一声“小牛犇儿”，叫出了我们几十年的友情，包含了很多的含义。当时，我的眼睛就湿了。记得当年随中国电影代表团到台湾访问，路过香港，我特意到王丹凤和她丈夫柳和清开的素食餐厅功德林探访，谈起在香港共事，后来一起返回上海的往事。

我很喜欢的男演员张伐，是20世纪40年代的“硬派小生”。我们在《龙须沟》合作过，他演那个人力车夫丁四。后来，我们在上影演员剧团一起“下生活”，一起拍过《鼓乡春晓》。他的话剧和电影都演得好。

我与项堃在北京，背景里还有姜文（左一）和濮存昕（左二）等人

2015 年，我到上海华东医院看望黄宗英

很多人都知道梅阡吧，他也是天津出生的，在北京人艺导演过 20 多部戏。他有丰富的中国古典文学知识，而且能够吸收到话剧艺术中。他改编并导演的《骆驼祥子》《咸亨酒店》，还有《女店员》《丹心谱》《王昭君》等等，都是北京人艺的保留剧目。

在如今不少人看来，当演员就一定要当明星、演主角，不然就是失败。这是不懂真正的艺术。可能很少有人熟悉梅阡的太太黄素影。她是话剧演员出身，演过《雷雨》《日出》《北京人》《孔雀胆》等名剧。她进北影很早，1950 年出演了第一部电影《吕梁英雄传》，后来扮演《马兰花开》《风暴》《暴风骤雨》《洪湖赤卫队》《小兵张嘎》《早春二月》《烈火中永生》《海霞》中的一些角色。

黄素影扮演了近 70 年的小角色，从来都是那么认真。有的小角色连台词儿都没有，甚至演员表上都没个名字，她不在乎这些。这才是真正热爱艺术的人。黄素影在 84 岁时，凭借《世界

2015 年，我到上海华东医院看望王丹凤

我与张伐

黄素影（1919—2017）

上最疼我的那个人去了》，获得第九届中国电影华表奖优秀女演员奖，成了当时中国获奖年龄最大的影后。她自己开玩笑说，她不是“影后”，是“太后”。2000 年，她又出演了李安导演的《卧虎藏龙》。黄素影活了 98 岁。电影事业就需要这样内心有追求的艺术家。

我给你说个笑话儿：当年，赵丹他们同学 4 个从南通到上海考美术专科学校，住一间房子。床很小，挤了 4 个大小伙子。大家都面朝同一个方向睡觉，翻身都要一块儿翻。

我与林默予

我们那一代人经历的磨难太多了，就像我最喜欢的一句台词说的：今天的生活来之不易。从前，中国4亿人都吃不饱、穿不暖；现在，我们14亿人，有吃有喝。你说，我能不感谢党和改革开放吗？我是从旧社会过来的人，从军阀混战、日本占领时期、国民党统治时期，再到新中国，都经历过。今天的社会，没有过去任何一个时代可以比。

恩师谢添和白杨

1995年夏天，谢添到上海拍戏。他约了我和我老伴儿，一起去看望生病的白杨。见到谢添和白杨，我格外激动和开心，他们是我第一部电影的合作者，也是我最早的老师。回想拍《圣城记》，已经整整50年过去了。那时候，我11岁；再见面，我也年过花甲了。

那次，谢添给白杨写了“静养”两个字，给我写了“春风无价”，还题了款儿：“小牛子长大了，也有了很大成绩，但大羊（指白杨）说，在我们跟前，你还是小牛子，所以，你还得继续努力，更要珍惜你的成绩，它是无价的。”题款儿之后，谢添还补了一句：“当年的神父老外”。谢添写完了，发现没带印章。他风趣地说：“就学杨白劳，按个手印儿吧。”白杨马上对他说：“我有印章，借给你用。”然后，白杨也给我写了一句话：“咱们的真情也无价。”

1995 年夏天，谢添（左）和我在上海探望病中的白杨

1995 年夏天，我与谢添在白杨家中

白杨第一次演电影，也是11岁。那是联华分厂在北平拍的无声电影《故宫新怨》，白杨被侯曜导演选中，演了一个小丫头。后来，也是白杨介绍我到香港一起拍《火葬》。当时正赶上解放战争那几年，如果在内地，我的演员生涯能不能延续下去，都很难说。

新中国一成立，白杨就到了上影。1950年，她和张骏祥友好分手，跟蒋君超结了婚。蒋君超也是20世纪30年代就在上海出名的戏剧和电影演员，也是第二次婚姻。蒋君超原来的夫人白璐在上海国际饭店一次电梯事故中去世了。抗日战争时期，白杨就是中共中央南方局领导下的进步艺术家，在重庆戏剧和电影界影响很大。1961年，周总理和陈毅副总理到上海考察期间，专门到白杨家做客。

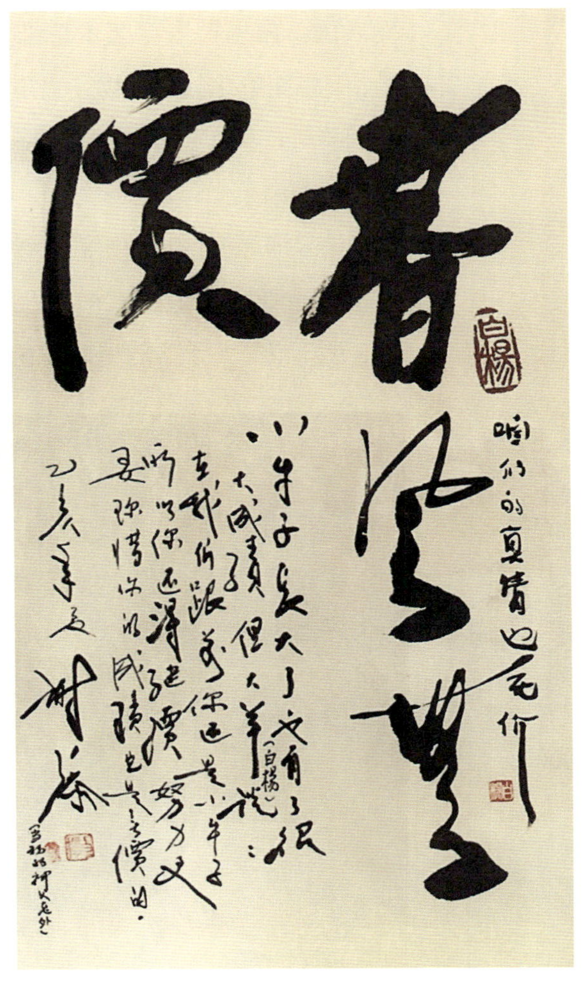

谢添和白杨两位恩师为我题字

白杨的姐姐杨沫，就是小说《青春之歌》的作者。本来，白杨和姐姐说好了，把《青春之歌》改编成电影。

她和蒋君超连剧本都写好了，但等他们申报的时候，这个项目已经被北影内定了，女主角林道静也定了由谢芳演。白杨和蒋君超花了几年的心血，最后没用上。

白杨不仅是表演艺术家，她在1961年就写过关于电影表演的理论文章，叫《电影表演技艺漫笔》，在《文汇报》上分两天发表的。白杨把表演艺术总结为“三忌”和“八诀”。“三忌”是：一忌简单化创造人物，使角色缺乏艺术感染力，让观众感受味同嚼蜡；二忌老套化按固定格式演类型人物，只有共性，缺少个性，苍白无力；三忌吃力化，在一个镜头里样样东西都想塞进去，结果演员演得吃力，观众看得吃力，独少艺术感染力。

白杨概括出来的表演“八诀”是：品、熟、脉、稳、神、趣、明、化。“品”是掌握角色人品气质；“熟”是熟悉角色的

1995年夏，在白杨家中，左起：谢添、我、王惠玲、白杨

生活、思想、言行;“脉”是弄清全剧来龙去脉;“稳”是把握演员心神;“神”是刻画人物出神入化、形神兼优;“趣”是以妙趣、乐趣、美趣、拙趣展现角色;“明”是塑造鲜明人物形象;“化”是将作品的主题思想、人物关系、情节故事,融化到典型性格中。

那次和谢添、白杨两位老师见面后第二年,白杨就病逝了。她去世那年,正好是她主演第一部片子《十字街头》60 周年。正是有这些德高望重的老艺术家在,中国电影才没有跑偏。像孙道临,80 岁还坚持拍《詹天佑》。

我们上影演员剧团的老团长张瑞芳,1938 年在重庆就加入了中国共产党。在晚年,张瑞芳倾尽毕生积蓄,和上海老教育家顾毓青共同创办了“爱晚亭”养老院。直到弥留之际,她还牵挂着这个养老院。她曾经留下一句嘱托:“即使中国电影的发展遇到困难,演员剧团也不能散。”

还有秦怡,93 岁还上青藏高原拍《青海湖畔》,96 岁做我的入党介绍人。在他们面前,我永远是电影界的晚辈,他们身上的品德、技艺和经验,是我一辈子都学不完的。

再说说铁牛。他比我大 10 来岁,山东人,当过新四军。我在天马厂的时候,他是演员组的领导,后来当过上影演员剧团的党支部书记和副团长。我们一起共事和拍戏也很愉快,在《球迷》和《红色娘子军》里都合作过。他也是很优秀的喜剧演员,《南征北战》里的小胖子、1986 年版《西游记》里的弥勒佛,都给观众留下很深的印象。铁牛生病住院后,我经常去看他,给他一些零用钱。

2016 年，电影《青海湖畔》剧照，后为秦怡

1982 年，电影《泉水叮咚》剧照中的我与张瑞芳

铁牛在生活中也很有故事。他胆子大，睡觉打呼噜，而且睡得很死。有一次，他被抬到庙里的条案上睡，半夜被打雷惊醒，看到泥塑的哼哈二将，吓得魂飞魄散。铁牛很胖，行动不方便，上洗手间都要带个椅子扶着。他很喜欢我的二儿子王侃，还认王侃当干儿子。王侃经常去给他剪指甲、洗内裤。

铁牛（1922—2015）

中国电影后继有人

改革开放以后，中国电影走上了复兴之路。随着第五代导演的崛起，中国电影又让人们看到了希望。这首先要感谢时代的大环境，正是经历了“文化大革命”的精神苦难之后，一代有追求、有才华、有作为的年轻人担当了新时期电影人的使命。

说到年轻演员，我很喜欢刘晓庆。她是值得中国女演员学习的。刘晓庆是个全才，能拉会唱，长得也很漂亮。她的经历很坎坷，在表演上是让同行钦佩的。我第一次看她的戏是《瞧这一家子》。从那时候开始，我一直看她的片子，算是她的影迷吧！

我和张艺谋导演在《活着》里合作过。张艺谋拍这个戏呕心沥血，我是亲眼所见。我跟很多人说过，张艺谋确实是个天才，是一位令人尊敬的导演。为什么？就是因为他肯吃苦，为了艺术，自己折磨自己。他拍戏的时候，一天只休息四五个钟头，其他时间都在工作：开会，现场拍戏，看碟片，剪当天的样片……

电影《活着》片段

他会参考一些国外的片子，从现场回来之后，晚上给全体演员开镜头会议，讲解第二天的戏怎么拍，怎么布置镜头的角度、光位。他还要求演员拿着剧本对台词，有3个场记在现场记录。演员跟张艺谋交流完了，场记把记录交给张艺谋，他就分镜头；场记再复印给大家，从房门下面塞到每个演员的房间。这时候，已经半夜了。演员回去休息，张艺谋接着看当天的样片。

1993年，我与张艺谋、巩俐在电影《活着》剧组

第二天到现场，张艺谋拿两个馒头、手里抓一把蒜瓣儿就来了。他就是这么个工作狂。张艺谋拍戏是这样的：所有的细节都贴在墙上。这个细节应该搁这儿；那个细节不对，挪到后头。他是这样布局的。墙上这些东西，整个儿就是一部电影。像这样的导演，怎么会不成功？现在的很多新导演能做到吗？有这样吃苦和认真吗？

如今有些年轻演员，动不动就摆排场、耍大牌，保镖前呼后拥的，这是缺乏起码的艺术修养。这种人就是践踏艺术，把艺术当成博取个人功名的工具，其实是很丑陋的。演员归根到底还是靠手艺，不是靠排场。你的戏演得好，在电影节拿奖，而不是谁排场大，奖就给谁。我接触的很多老演员都是很朴素的。

2000 年，张艺谋执导的电影《幸福时光》杀青

值得记住的张刚导演

说起改革开放初期的中国电影，有一个人物是应该提一笔的，这个人就是张刚导演。张刚是 20 世纪 80 年代一个很另类的电影人。说他另类，因为那时候电影界的主流还是国营电影厂体制，张刚是最早的电影个体户。他自己投资，自己编剧、导演、参演，还成立了南昌电影电视创作研究所，对于影视界走向市场是起到推动作用的。

张刚本来是个喜剧艺术家。我们国家的喜剧片到“文化大革命”就萎靡不振了，都在讲“政治”。但是，老百姓是需要喜剧的，生活也离不开喜剧。从 1983 年到 1990 年，张刚创作了一个喜剧电影系列，塑造了一个善良、真诚、执着的小人物，叫阿满。

我在 20 世纪 80 年代

我和张刚导演的合作是很愉快的，参演过他的几部电影。之前，我们在《燎原》里合作过，我们都演矿工。说起来，张刚虽然是非主流的民间电影人，但他不是草根出身，电影也不是他的业余爱好。他比我大一岁，1950 年就参加解放军文工团，后来当过江西省话剧团的演员，参与创作话剧《八一风暴》。

当然，阿满喜剧系列在艺术上是有缺点的，阿满这个人物没有固定的演员来演，制作上也有些粗糙。中国的六代导演，那都是学院派的划分，张刚这种人肯定不在其列的。但是，从当代电影史的角度，中国电影从百废待兴到复兴，张刚的作品做了市场化的探索，也填补了那个年代老百姓看电影需求的空白，他是一个有贡献的人。

我专门说张刚，不是因为跟他有多少私交，有一个重要原因是，电影人应该记住他对喜剧的坚持。中国电影是有喜剧传统的，但现在并没有坚持好。我们的电影缺少喜剧，或者说拍不好喜剧，不是因为我们的生活已经足够快乐了，而恰恰是由于快乐匮乏。

20 世纪 80 年代，我（左）与张刚导演在片场

20 世纪 80 年代，我（右）参演张刚导演的阿满系列喜剧电影

在老上海电影界，韩兰根、殷秀岑、韩非和关宏达都是很好的喜剧演员。我和关宏达还合作过相声，正好是一胖一瘦。我和他在喜剧电影《球迷》里也合作过。可惜，后来拍喜剧

1990年，张刚执导的电影《小丑历险记》剧照，右四是我

的机会很少，这是很遗憾的事。

我是很喜欢喜剧的，在生活中也喜欢用幽默的方式与人相处。也许是性格原因，我从小就在剧组里搞恶作剧。电影界的前辈没有认为我调皮捣蛋，反而以看待喜剧的态度宽容和保护了我，这对我后来的成长影响非常大。喜剧是生活的润滑剂，它是充满智慧内涵的。在“文化大革命”期间劳动改造的时候，在“下生活”到贫困地区的时候，我就是凭借乐观的心态，熬过了那些日子。

先进工作者的红花，是对我最大的褒奖

除了电影，张刚在电视连续剧领域也是有贡献的。当时，福建电视台和张刚做聊斋系列，一共80集。这个数量凭单打独斗是不行的，张刚就提出采取市场化、多家分开拍的模式。我当年在上影厂负责电视部，也做了聊斋系列的导演和演员。张刚拍了20多部电影，也做了很多电视剧，2006年去世，也是壮志未酬。

20 世纪 80 年代，我（右二）在电视剧《聊斋新编之陆判》剧组

演员要有公益心

作为一个电影人，才华和专业水平都是有限度的，但是，有两个东西是时时刻刻不能降低要求的，这就是社会责任感和公益心。

20 世纪 90 年代中期，我到河南信阳的新县拍电影，在那里遇到了一个年轻的小工厂厂长，叫熊维政。我在当地了解到，那里有个民间传统药“虎骨麝香膏”。后来因为老虎受到国家立法保护，虎骨禁止入药，熊维政厂里生产的虎骨麝香产品就做不下去了。这时，熊维政又找到一个药方，叫“骨质增生一贴灵”，

但，企业刚刚转型和起步，没钱打广告。

我见到小熊的时候，他非常希望我能做他们产品的形象代言人，并说能不能慢慢凑钱，请我拍广告，还问我的片酬要多少。小熊艰苦创业的精神打动了我，我就说，一个贫困地区的小工厂，我应该支持。这个广告我拍，报酬就不要了。

后来，熊维政带领企业越做越大。河南羚锐制药股份有限公司于2000年10月在上海证券交易所上市，成为中国橡胶膏剂药业第一家上市公司。除了骨质增生一贴灵（现在叫通络祛痛膏），他们还开发出系列产品，都有独家知识产权，被列入国家中药保护品种和国家医保产品。公司所有产品剂型和生产车间都通过了国家药品GMP认证，质量标准与国际接轨。羚锐制药曾经被评为全国中药50强企业、国家火炬计划重点高新技术企业，已经成为中国驰名商标，也是同行业第一个驰名商标。

20世纪90年代中期，我（左）与熊维政

一个作坊式的小工厂，十几年时间就发展成国家高新技术企业、国内知名制药企业，羚锐制药的名气越来越大，熊维政当上了全国劳动模范和全国人大代表。他很感激我当年不要报酬为他的产品拍广告，还把我列为他们企业的荣誉职工。

当年免费为熊维政的小工厂拍

2008 年，我（最后一排左五）参加上海著名电影艺术家联谊会

广告，对我来说是举手之劳，我图的是圆一个有志青年让家乡脱贫的梦。我也是苦孩子出身，知道贫困的滋味，不光是没饭吃挨饿，更痛苦的是那种无助的感觉。

熊维政的家乡河南新县，地处鄂豫两省交界的大别山腹地。那里是革命老区，是许世友、李德生、郑维山等近百名将军的故乡，是中共在鄂豫皖最早领导的黄麻起义发祥地。鄂豫皖革命根据地组建最早的一支红军——中国工农红军第十一军三十一师就诞生在这里，是红四方面军最早的班底。所以说，新县作为中国工农红军的重要诞生地是当之无愧的。

我很理解熊维政对我知恩图报的心情，这是和他的人品联系在一起的。他能够带领企业获得成功，也是和他成长的经历、背景相关的。熊维政的家乡很穷，是地处偏僻、交通不便造成的。但是，我们不能忘了，今天有那么多现代化的大城市，国家经济繁荣，也强大了，都是革命前辈当年在最贫困的地方闹

革命换来的。

现在，很多人都把“感恩”两个字挂在嘴边儿。我们有今天的幸福生活，最应该感恩那些流血牺牲的前辈，包括那里的父老乡亲。那里走出的每一位将军，都代表千千万万的先烈。一个忘本的民族是没有希望的，习近平总书记说的“不忘初心”的含义就是这么深刻。

大别山的红色历史传统，造就了像熊维政这样有作为的人。2018年，我听到一个好消息，新县终于脱贫了。我想，这和熊维政的企业对家乡的贡献也是分不开的。当年的小熊，现在也是奔70岁的人了。他不负乡亲们的众望，硬是把一个小作坊做到大上海来敲钟上市，这一直是我很欣慰的一件事儿。

2020年，我应邀做了深圳遗嘱库的形象代言人。这是一个非营利性公益项目，我觉得非常有意义。因为受封建思想意识残余影响，有些人很迷信，认为预先设立遗嘱不吉利。其实，很多家庭因为逝者没留下遗嘱，导致财产纠纷，亲人反目、亲情撕裂，非常令人痛心。

我有两个儿子。我对他们说：“你们俩应该牢记，你们是手足，是最亲的人。不要反目成仇，不要为鸡毛蒜皮的事吵，闹得不愉快，这是绝对不应该的。”遗嘱就是长辈要留下的话、应该传下去的家风。我献身的这个公益事业，是个浩大的工程，是需要足够的献身精神，才能从事的一个崇高的事业。

2020 年 12 月，我在深圳遗嘱库形象代言人聘任仪式上

2017 年，我与陶玉玲（左）、袁霞获得第十六届中国电影表演艺术学会金凤凰奖终身成就奖

20 世纪 50 年代，我（左一）参加上海电影制片厂演员剧团的青年活动

我与刘涛（左）、王千源相聚

1983 年 5 月，我（前左）作为中国电影代表团成员，参加第三十六届戛纳国际电影节

第二十三章 “从今天起，我是你们的同志了！”

Film

入党是我数十年的渴望

我没读过多少书，拍了大半辈子戏，教育我的是共产党的政策，剧本就是我的课本。2018 年 5 月 31 日，我光荣地加入中国共产党，成为一名预备党员。尽管在 84 岁才实现入党的愿望，但我不觉得来得迟、来得晚。这是因为，我一直按照共产党员的标准要求自己。我在心里一直把党组织当成自己的精神家园，以优秀共产党员为榜样，慢慢长大成人。

1949 年 10 月 1 日，新中国成立那天，我跟着老一辈演员们到香港的大屿山上，用人体拼五角星的图案。他们告诉我：中国人民解放了。共产党是太阳，照到哪里哪里亮。是共产党解救了穷人和老百姓，给了我们新生活。我当时听了还似懂非懂，他们又说：“从今以后，你回家就有饱饭吃了。”

2002 年，我（二排左八）参加中国电影人纪念毛泽东《在延安文艺座谈会上的讲话》发表 60 周年会议

我从参加工作到退休，一直在上影厂。刚从香港回来的时候，我还不到 18 岁。我在上海举目无亲，我的亲人就是党组织。我敬佩的那些老演员，像黄宗英、王文娟、白杨、秦怡，都先后加入了中国共产党。

1952 年，赵丹作为中国人民第二届赴朝慰问团成员，到朝鲜前线和志愿军战士一起生活了两个月。回国以后，赵丹就递交了入党申请书。他们都把入党当成一件很神圣的事，他们的选择一定是正确的。所以，我也一直积极要求进步。

和老一代优秀演员相比，我的差距太大了，但我没有灰心：只要我没有放弃，早晚有一天，我也能入党。就像上海市高级人民法院原副院长、全国优秀共产党员邹碧华说的：“我们生活的这个世界本来就不完美，但正因为它的不完美，才需要我们去努

2010 年，我（二排左三）参加张骏祥诞辰百年纪念活动

力、去奋斗，我们的存在才因此有了价值。”

我从香港一回到内地，就到北京参加了电影《龙须沟》的拍摄。在北京，我加入了中国新民主主义青年团。青年团员是党的助手和接班人。团徽，我一直保存着；入党的心愿，我也保存着。我从几十年前就开始写入党申请书，直到在上影厂退休，我的这个心愿也没实现。有一段时间，我有点儿心灰意冷，一方面，是看到现实中有的党员的表现也不够先进；另外一方面，我觉得，没入党也一样为党和人民作贡献。

我虽然退休了，但是，我的演员生涯没有结束。退休演员也是有组织的，我还是上影演员剧团的人。我还是要写入党申请书，因为，我人生最大的心愿还没实现。我努力争取了几十年，没有入党，说明我进步不够。近年来，特别是聆听了习近平总书记

我在电影《邹碧华》中扮演一个上访老人

在党的十八大上作的报告，又看到这些年在党的领导下国家发展欣欣向荣，我打心底里钦佩，要求入党的愿望更强烈了。

2016年，我和上影演员剧团的团长佟瑞欣一起参加电影《邹碧华》的拍摄。这是上影集团的重点影片，佟瑞欣扮演邹碧华，我扮演一个上访老人。当时，上影剧团通知我拍戏，我立刻就从外地赶回来了。尽管只有两场戏，我也一丝不苟，认认真真塑造角色。后来给我片酬，我坚决不要。给上影剧团拍戏，就是给家里拍戏，我怎么能拿钱呢？

当时，《邹碧华》剧组成立了临时党支部。我看到有青年演员在写入党申请书，对我的触动很大。2002年，刘琼去世。我在他的追悼会上才知道，刘琼在1983年就入党了。后来，孙道临、乔奇、谢晋相继去世。给他们送别的时候，我才知道他们都

2016 年，我和王惠玲与佟瑞欣在一起

是中共党员。

《邹碧华》杀青的时候，上影集团开了一个表彰会。邹碧华是优秀共产党员的楷模，事迹十分感人。当时任上影集团党委书记、董事长的任仲伦在会上表扬了我们剧组。我就觉得，我努力了这么多年，也演过共产党员，但我还不是党员，说明我努力得不够，还得继续奔这个目标前进。在会上，我就写了一个纸条。会后，我叫住佟瑞欣，把纸条递给他。我写的是：“我们一块从今天起考虑塑造自己成为一个合格的中国共产党党员吧。”

到了 2018 年 1 月，我又一次向党组织递交了入党申请书。这份入党申请书，我写了几乎一整夜，很多内容的年份必须准确，等查清楚都半夜了。我在桌上趴着睡了两个钟头，醒来已经凌晨三四点钟，我就继续写。

我没有打草稿，写得这么顺，大概是我把这些话搁在心里

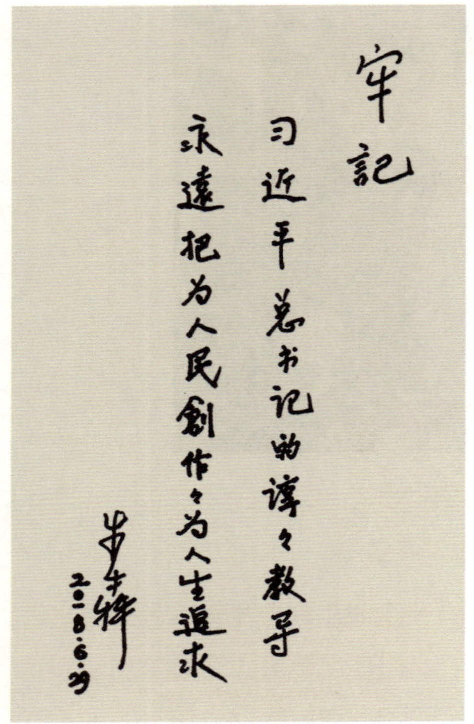

我的自勉座右铭

已经大半辈子了。我写道：“我的年龄已经80多岁，为党工作，就算不睡觉也不会太长，我一定要珍惜。只有跟着共产党，才能把自己有限的生命活得更有意义。我也深知，自己虽然年纪不小，但对党的认识很少。我愿加入中国共产党，决心不改，努力成为党员的目标不变，请党接纳我，请党考验我。在我有生之年，愿为党的电影事业，也为共产党努力地工作，最终成为为共产主义事业奋斗终身的人。”

人生的高光时刻

递交入党申请书之后，我被确定为入党积极分子，和很多年轻人一起，参加上影集团的入党积极分子培训。2018年5月31日上午，在虹桥路广播大厦18楼会议室，中共上海电影（集团）有限公司演员剧团支部委员会召开党员大会。我那天穿了一件红色的格子衬衫，坐在椭圆桌子的中间位置。我看着周围的人，都是熟悉的面孔。我在这里开过很多次会，但这一天的感觉非同寻常。

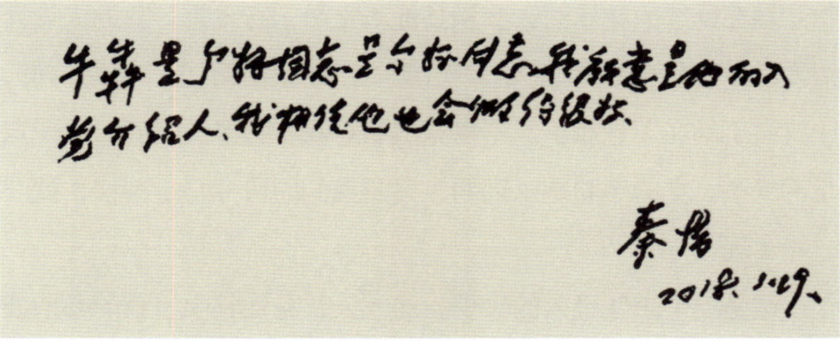

我的入党介绍人之一秦怡在医院病床上写的字条

我的入党介绍人之一、时任上影集团党委书记兼董事长任仲伦说：“牛犇同志在思想上、行动上始终与党中央保持一致，坚持四项基本原则，执行党的路线、方针、政策，有为共产主义理想奋斗终身的坚定信念。多年来，他自觉以党员标准要求自我，为人正派、甘于奉献。该同志从事表演事业多年，不忘初心，坚持为人民创作，参演过多部精品力作，为党的事业和社会主义文艺繁荣作出了重要贡献。我认为他具备了共产党员的条件，我愿意介绍牛犇同志加入中国共产党。”

我的另一位入党介绍人是秦怡。她是在华东医院的病床上写好字条：“牛犇是个好同志，是个好同志。我愿意是他的入党介绍人，我相信他也会做得很好。”

经过无记名投票，党员同志们认为我已经具备共产党员的条件，一致同意吸收我为中共预备党员。当时，上影演员剧团党支部最年轻的党员，把一枚党徽别在了我胸前。宣读入党志愿书的时候，我的眼睛里都是泪，看不清字，抑制不住的哽咽，抑制不住的情绪。

站在鲜红的党旗前，我和其他新党员一起宣誓。我的入党介绍人之一任仲伦是领誓人。那个时刻，我泪水不止。坚持信仰，让我终于站在了党旗下。不管党组织对我考验多长时间，我一点儿不气馁。党的考验是永远的，只要我们的目标坚定不移，就一定能实现。

这是一个盼望已久的日子。这一天，身处其中，我的心情波涛汹涌。我从小没有妈妈。我觉得，党就像我的母亲；入党的日子，就是我的生日。

我是在旧中国受苦受难下成长的城市贫民，家里穷，没吃过饱饭，从小就死了父母，随着哥哥流浪……少年时代，我去了香港，看到在英国殖民统治下的中国人依然是没有地位、受人欺压

1999 年 9 月，赴台湾参加影展时，我与秦怡游览中影文化城

2018 年 6 月 6 日，我在入党宣誓仪式上

的。是共产党解救了我一家，给了我新生活。我从回到新中国的怀抱开始，就暗下决心，要一辈子跟着共产党。我从懵懵懂懂接受革命思想影响开始，慢慢看到了中国社会的变化和方向。我认识到：只有跟着党，才能把有限的生命活得更有意义。

我现在步入耄耋之年，却是一个新党员。入党那天，我说："成为中国共产党党员，是我一生中最大的幸事。我人生中最重要的时刻，就是现在。我可以骄傲地说：从今天起，我是你们的同志了！"2018 年 6 月 26 日那天，我到上影演员剧团党支部交纳了入党后的第一笔党费。那天，我特意带着老伴儿王惠玲去世前留给我的一个红色票夹。我想，老伴儿如果知道我入党了，她一定会为我高兴的。我拿着她留给我的票夹，多带上一点钱。交党费是一个标志，一定要按时交齐。

习近平总书记的鼓励

2018年6月25日，中共中央总书记、国家主席、中央军委主席习近平写信给我，祝贺我入党。这封信是这样写的：

牛犇同志：

你好！得知你在耄耋之年加入了中国共产党，实现了自己的夙愿，我为此感到高兴。

你把党当作母亲，把入党当成神圣的事情，60多年矢志不渝追求进步，决心一辈子跟党走，这份执着的坚守令人感动。

几十年来，你以党员标准要求自己，把为人民创作作为人生追求，坚持社会效益至上，塑造了许多富有生命力、感染力的艺术形象，受到人民群众高度评价和充分肯定。希望你发挥好党员先锋模范作用，继续在从艺做人上作表率，带动更多文艺工作者做有信仰、有情怀、有担当的人，为繁荣发展社会主义文艺贡献力量。

顺祝身体健康、生活幸福！

习近平

2018年6月25日

习近平总书记专门写信祝贺我、勉励我。我很荣幸，也深深感到肩负的责任重大。这封信，我看了无数遍，给了我最大

2018 年，我站在党旗前心潮澎湃

2005 年，我（左一）与祝希娟、黄准、刀美兰（右起）在北京参加中国电影诞生百年纪念活动

的褒奖和肯定。我想，这封信不仅是给我一个人写的，而是给所有坚持正确艺术观、不忘初心的电影人写的。在旧中国，艺人被叫作“戏子”，是被人看不起的。比如唐若青，当年在《清宫秘史》中演慈禧太后，被称为“第一太后”，红极一时，最后惨死在街头。

2019 年 6 月 3 日，我转正成为中国共产党正式党员。演员王铁成是第一个打电话向我祝贺的。也许很多年轻人不理解，我都到了这个年纪，为什么还如此珍惜自己的政治生命？我们成长的年代不同，在世界观、人生观和价值观上确实是有“代沟”的。我在旧中国就开始追求光明、追求进步，受到进步文化人的影响，知道了中国共产党，这不是一个简单的过程。我从小时侯学

我在电视剧《一仆二主》剧组，左起：尤勇、鲁园、我、高放、张嘉译

唱抗日歌曲开始，就萌生了朴素的革命理想。这些都是对我的革命思想启蒙。

在奋斗中创造精彩

电影《周恩来的四个昼夜》片段

新中国成立后，我到广州参加慰问解放军，又跟随进步电影人，从香港回来建设新中国，这些不都是在党的旗帜指引下吗？回到新中国，我从参演第一部电影《龙须沟》，到 20 世纪 50 年代开始“下生活”，不都是因为相信艺术要为人民服务，要深入人民群众的现实生活吗？

在“文化大革命”期间，我到“五七”干校劳动、“战高温”，都没有放弃演戏的理想，不也是因为对中国共产党信任吗？2012 年，我参演了《周恩来的四个昼夜》，还获了奖。在这部影片反映的那个年代里，老百姓没吃没喝，但没有一个人埋怨共产党，依然是那么热爱党，这就是中国人。他们有这个信念，心里就有希望在。

我心目中的共产党员，都是优秀的人，都是吃苦在前、享受在后的人，都是把困难留给自己、把幸福留给别人的人。我这一生，都在追求做一个高尚的人。所以，加入中国共产党确确实实是我人生的政治归宿，这让我抵达了自己心灵的高地。我一生渴望光明、追随进步，把为人民服务作为人生追求。今天，我成为一名共产党员，没有辜负老一代电影人对我的期望，没有给中国

2013 年，电影《周恩来的四个昼夜》剧照中的我（左一）

电影人丢脸。这是我最大的欣慰。

上海是中国共产党的诞生地。这座城市传承着红色基因，承担着重要使命。2018 年 6 月 28 日上午，我参加了上海市庆祝中国共产党成立 97 周年座谈会。在会前，时任中共中央政治局委员、上海市委书记李强专门会见了我，向我表示敬意和问候。在会上，李强说，牛犇同志入党是“上海党的建设的一个佳话”，“充分说明追求信仰不分早晚，坚定理想需要终身践行”。

李强勉励沪上各级党员干部：“我们要按照总书记的要求，以坚定的信仰、真挚的情怀、强烈的担当，永葆共产党人的初心和本色。”李强还说，上海的党员干部需要通过学习牛犇同志这样的典型，来明白一件事：所有人都需要争当“改革开放再出发的领跑者、本领高强的实干者、干事创业的奋进者”，在自己的日常本职中，“努力创造无愧于时代、无愧于人民、无愧于历史的不凡业绩”，“站在新的历史关口、面对新的时代要求，必须深刻领会习近平总书记重要讲话精神，以更大的责任担当为党和人民事业作出应有的更大贡献”。

2018 年 6 月 28 日下午，上海市委宣传部召开了一个座谈会，主题是“学习贯彻习近平总书记致牛犇同志的信，做有信仰、有情怀、有担当的宣传思想文化工作者”。

会上，时任上海市委常委、宣传部部长周慧琳宣读了习近平总书记给我写的信。周慧琳说：“习近平总书记的信，既是对牛犇同志的高度评价和充分肯定，也是对广大党员和宣传思想文化工作者的谆谆嘱托和莫大鼓舞。我们要深刻领会总书记这封信的

2018 年，我在上海参加电影党课活动

2020 年，我参加电影党课

精神实质，坚定理想信念不动摇，坚决维护核心不动摇，坚守文化自信不动摇。要有博大的家国情怀，有质朴的为民情怀，有深厚的人文情怀。要把牢正确方向，勇于改革创新，着力打响品牌，争做有信仰、有情怀、有担当的宣传思想文化工作者。”

在这次座谈会上，我的入党介绍人之一、时任上影集团党委书记兼董事长任仲伦回忆了 2017 年春节前夕，我给他写信的事情。我在那封信里表达了深藏心中几十年的入党愿望，并且恳请他能当我的入党介绍人。任仲伦说：“这次上影出品的《邹碧华》，牛犇老师扮演上访老人，只有两场戏，也演得栩栩如生。坚持为人民创作、坚持表现真善美、坚持塑造富有生命力和感染力的艺术形象，是牛犇老师得到人民群众肯定的根与本。”

佟瑞欣是我入党过程的见证人，他说：“上影集团召开了集

2018 年 7 月 5 日，人民出版社副总编辑陈鹏鸣向我赠送《初心：共产党员纪念册》

团内部对于《邹碧华》的创作表彰大会，牛犇老师和我一起参加了大会，也获得了荣誉。就在那个会上，牛犇老师给我写了一张小纸条。当我用手去拿纸条时，他含泪说：‘这是我们的秘密。’字条上面写着：‘我们一块从今天起考虑塑造自己成为一个合格的中国共产党党员吧。’他当时流着眼泪，我也被他感动了。我打电话给上影集团党委书记任仲伦。任总当时就回复我：‘我们共同完成老人的心愿！’从牛犇老师第一次把一个写着他内心秘密的字条塞到我手上开始，到牛犇老师戴上党徽，再到习总书记给牛犇老师写这封信，我们剧团所有的同志都为他在耄耋之年入党而高兴。”

2018 年 7 月 5 日，人民出版社副总编辑陈鹏鸣一行专程来到上影集团，向我赠送了那年“七一”之前出版的《初心：共产党员纪念册》一书。作为一个新党员，这是我收到的一份珍贵礼物。这本书不仅是党性教育的重要载体，也是党员永久珍藏的个人纪念册。

尽到演员的本分

回看我的职业生涯，我不敢自称艺术家。电影艺术是我毕生的追求，这个追求是无止境的。它不是一句空头口号，而是老一代艺术家率先垂范教育我的，也是我从自己的人生磨炼中体验和领悟出来的。对于电影演员来说，一定要有一个很纯粹的方向和

2010 年，我与黄宗英（前排左一）、秦怡（前排左二）等人在一起

目标，不能被低俗的东西污染。

真正的艺术都是有传统、有传承的，不管有没有能力超越老一代，你至少应该知道他们存在过，就像你也不想被后代忘掉一样。几十年来，我演电影、演电视剧，还做过电影和电视剧的导演；我也演过话剧、导演过话剧，像《风雪夜归人》《北京人》《南海长城》《第十二夜》《甜蜜的事业》等等。视觉艺术之间，越来越相通。我多年的表演经验和剧组经历，也有了更宽广的用武之地。

有人说我个性强、牛脾气。实际上，每个人都有自己的个性。我记得，20 世纪 80 年代，《大众电影》对电影人做过一个调查。我说：我喜欢的政治家是邓小平，喜欢的演员是刘晓庆，喜欢的颜色是绿色，喜欢的动物是鱼。其实，人都要有自己正确的方向，然后一直去追求，这样，你的个性才有意义。如果活得平平淡淡，

2017 年，我获得第三十一届中国电影金鸡奖终身成就奖

对社会没价值，你再有个性都是很庸俗的东西，很可能成为烦恼。

说到当下中国的电影，整体水准并不令人满意。很长一段时间以来，社会的审美和价值观取向出了问题，中国电影宝贵的传统被丢掉了。拍出好电影不是光靠金钱，还需要电影人有时代高度、有艺术高度。这不是一个人、两个人能做到的，需要一代人来做。

我为什么还坚持拍戏？就是为了让中国电影能够走上真正的艺术道路。我的使命就是传承老一代中国电影人的精神。我要在有生之年，多拍几部有意义的片子，给自己多出点儿难题。

三百六十行，每一行都有自己的好传统，不然，要么失传，要么就走样儿了。传统不是一句空话，而是很具体的东西。比如，演员要先读懂剧本，理解自己扮演角色的性格，这个就是“人设”。一部电影里有很多角色，哪一个人物都是重要的，你就是露一个脸儿、说一句台词，也得出彩。

再比如，编剧写剧本里的角色，他不知道最后谁来演。你演这个角色，至少得让你说出来的是人话。演对手戏，两个人的搭配有没有违和感，都得琢磨。还有，你说台词的时候，手上是什么动作？很多细节，你不能都去问导演，反而应该主动提建议。要自己动脑子，才能塑造好人物形象，因为戏是你在演。

我拍的电视连续剧《老酒馆》，老二两这个人物在剧本里的戏很少。我很喜欢这个角色——不管世事变幻，坚守做人做事的规矩。塑造这个人物，我用心揣摩过。比方喝酒，我没有呲牙咧嘴那种夸张的表情，也不会抹嘴。我是慢慢地品，回味酒在嘴里的余香，传达人物饱经沧桑的淡定和释然。如何端酒杯、怎么放

2001 年，我在电视剧《上有老》中的扮相

牛犇回忆电影人生

下……都说表演最重要的是控制，你融入了角色，一切都是恰到好处。

自从收到习近平总书记的信，我更感到责任重大、使命如山。我想，哪怕走不动了，哪怕没力气了，我也要为上影演员剧团、为上影、为观众、为时代再出一份力。如果有好的剧本，又有社会意义，我就去演。我不挑角色大小，不计较镜头多少，也不问给多少酬劳，就是要尽一个演员的本分。

现在，我年纪大了，可是，如果有公益或者老年题材的戏，我还是会动心的。我看了一个公益广告：一位从养老院回家过年的老人，从兜里掏出来一个烂饺子。他说："我儿子从小就爱吃饺子。这是我给儿子留的。"你看美国的几部老年题材电影——《猜猜谁来吃晚餐》《金色池塘》，都是很打动人心的。

老年人的经历是留给下一代的精神财富。一个民族的文化和一个社会的文明是要传递下去的，老年人就是最有责任的传递者。所以，老年才是人生真正的青春，我的青春才刚刚开始。

这三年多以来，新冠疫情改变了世界，人们增加了很多焦虑和迷茫。放眼这个不平静的世界，只有中国，才是最稳定、最安全的，老百姓的幸福感最强。有幸生活在今天，我很满足。作为中国人，是最自豪的，因为我们的祖国强大了。对于这一点，没有经历过屈辱、战乱和贫穷的人体会不深；没有失去过尊严的人理解不了，也不会去想，中国今天的强盛是怎么来的？

我们今天的电影和各种艺术走过的道路，与我们民族、国家的命运轨迹是一样的。作为一个老演员和新党员，我就是要告诉新一代的人：靠低俗的艺术，我们走不到今天。生活和时代无论变化多大，电影的方向没变，永远都是为人民的艺术；朝着人民的方向，就是朝向阳光的。

凤凰卫视《名人面对面》节目
专访牛犇：《生命不息，战斗不止》

王僎　后记　父亲的心愿与我的欣慰

放下手中的笔，父亲牛犇的自传《演一辈子小人物》脱稿了。从开始酝酿到最终定稿，经过了 4 年多的资料收集和反复修改，终于完成了父亲的心愿，父亲、刘深老师和我共同举起了庆功的酒杯。

这次完成父亲的自传，我见证并参与了资料收集和整理的全过程，其间得到很多亲人和朋友，以及很多已去世老一代艺术家的亲友和晚辈们提供的照片与资料。父亲总是希望在他的自传中，不要遗漏曾引领和陪伴他成长的每一位哥哥、姐姐和朋友们，通过自传，表达对他们在天之灵深深的缅怀。

经历这本书的写作过程，我第一次全面了解了一直那么严厉的父亲背后不为人知的人生经历。书中叙述的很多人和事，在我童年的记忆中是那么熟悉和亲切；许多在普通观众眼中难以见到的电影明星，都是我们家的座上客。

每一次，当父亲回忆起与老艺术家们共事的点点滴滴，他总是满含泪水、意犹未尽。我知道，这是父亲在用他一生的努力进

2020 年 6 月，牛犇与王侃（右）及本书执笔人刘深（左）合影

取，来告慰前辈的培育之恩。“再长的路，一步步地走，也能走完”，父亲正是用这样真挚的信念，诠释了自己毕生的艺术追求。

正是从小在父亲的影响和上影艺术环境的熏陶下，我如今也走上了影视表演的道路。我曾经抱怨过，父亲从没利用他的人脉关系，助我一臂之力。通过这次整理父亲的自传，我深深感悟到，父亲对表演事业有着深厚的感情和崇高的责任感。艺术容不得私心杂念。父亲用自己对艺术的坚守，用自己的一言一行，潜移默化地影响着我。因此，我也从不以父亲的成功而炫耀自己。

父亲对家庭，付出了应尽的责任和全部的爱——他爱着我的母亲，也爱着他的孩子们。他靠自己一生的奋斗，表现了对电影事业的热爱。他希望靠自己的努力，证明对这份职业的尊重。父亲走在艺术道路上的每一步，都是感恩和报答曾帮助他成长的前辈与挚友，这些都将成为引领我成长的动力。父亲对党矢志不渝地追随与向往，终于在晚年实现了自己入党的夙愿，更是我努力进取的楷模。

至此，我为能帮助父亲完成艺术人生的心愿而深感欣慰。

王　侃

2023 年 8 月 13 日

牛犇家人的回忆

刘深　后记　只有小演员，没有小角色

Film

能够有机会采写牛犇老师，是一件万分荣幸的事。

2019年元宵节的晚上，因为我们事先的约定，牛老婉拒了和家人的团聚，在上海亲和源迎丰老年公寓等我。我进门的时候，牛老正在煮元宵。他边煮边说："这些元宵是老年公寓专门送过来的，放久了会黏在一起。"

牛老问我吃了元宵没有，我诚惶诚恐地支吾了一声。他坚持问我吃了没有，我只好坦白说没吃。牛老为我盛了一碗元宵，对我说："过节了，元宵是要吃的。"他一边看着我吃元宵，一边告诉我："这一种是甜的，我小时候就有这种元宵，是栗子蓉馅儿；那一种是上海特有的菜肉馅儿，荠菜和肉的，有点儿像馄饨馅儿的做法。"牛老还说，虽然在上海生活了几十年，他还是北方人的习惯，到现在还不习惯吃咸元宵。

我吃着元宵，没留意牛老说的两种元宵馅儿，因为心里满满的都是歉意——元宵佳节，牛老应该和家人在一起团聚的。看着牛

2010 年，牛犇在北京

老的表情，我眼前浮现出他从少年到青年，直至现在那些银幕形象，一个个画面叠在一起。牛老指着桌子上的两个宠物玩偶说："我今天从家里带回来两个小玩具：一个小狗、一个小猪。2019年是猪年嘛，这两个玩具的造型蛮特别的。"我们见面没有刻意的客套，就像相熟相知的忘年交，一切都那么自然和随性。

我是看着牛老的电影长大的。从童年到年过花甲，那些老电影伴随着我的成长。我小时候能看到的电影不多，很多画面和台词都记忆犹新。像《海魂》《红色娘子军》《牧马人》，都是耳熟能详的经典。如今，能和牛老面对面聊天，而且是在元宵节的夜晚，真是我的福气。

牛老早期演的电影，比如《圣城记》《海誓》《龙须沟》《飞刀华》《山间铃响马帮来》《海魂》，我是后来补看的。牛老的银幕形象，对我成为职业导演和编剧有教科书一般的影响。从专业角度看，一部电影中的角色不分主次，只有分工，只有出彩和不出彩。牛老演了很多“小人物”，演成了大艺术家。从牛老的守约，从他的平易近人、他的举手投足、他说话的神态和言语，我不仅看到了老一辈电影人的职业习惯，还有他的生活态度和事业心。

在本书采访和写作过程中，牛老回忆了他的成长经历。点点滴滴的细节、非常有画面感的描述，有沉思，有激昂，有说有唱，惟妙惟肖，呈现在我面前，简直就是一部传记影片。牛老回忆他童年的苦难、吃不饱饭的日子，回忆进入电影圈的往事，回忆多次在拍摄中受伤。最让牛老感怀的，是老一代电影人给他的温暖和教育，滋养了他的艺术生命；最让他遗憾的，是“文化大

2019 年 2 月 19 日元宵节，牛犇在上海亲和源迎丰老年公寓

2010 年，牛犇与京剧表演艺术家梅葆玖

革命”中 10 年被剥夺拍戏的权利。这些代价是难以想象的。这就是牛老的专业精神和职业道德，对我们这些晚辈同行来说，是最值得学习和敬重的。

牛老的人生和职业轨迹几乎是重合的，从第一代导演卜万苍、沈浮开始，他一直合作到第六代导演。牛老合作过的演员，横跨中国电影史初期至今的历代电影艺术家。他经历了战争与和平年代，经历了旧中国和新中国，经历了一个个银幕形象的塑造。牛老的心，因为电影而执着，因为坎坷而豁达，因为坚持而坦荡。

在牛老的众多作品中，恐怕《两个人的教室》并不为观众所熟悉。这个片子是在新疆拍的，董玲执导，2007 年上映。《两个人的教室》是牛老很用心拍的一部作品，讲的是患艾滋病的孩子丁保健上学的故事。丁保健的病是被外出打工的父亲传染的。他的父母死后，他得病的消息也传开了。村民都不让孩子和他一起上课。

丁保健面临歧视和失学。牛老扮演的村会计老赵，一个人给小保健上课。所以，这个特殊的学校，就成了只有两个人的教室。老赵不仅是小保健的老师，也相当于他的家长。他们之间的感情很深。

这个戏里有个情节：小保健帮赵老师洗澡。为了让这场戏更加真实，需要拍牛老的背面裸体。这个光屁股的镜头拍不拍？当时，导演也很为难。有人说，这个镜头拍了也可能被删掉。牛老

2007 年，电影《两个人的教室》剧照中的牛犇

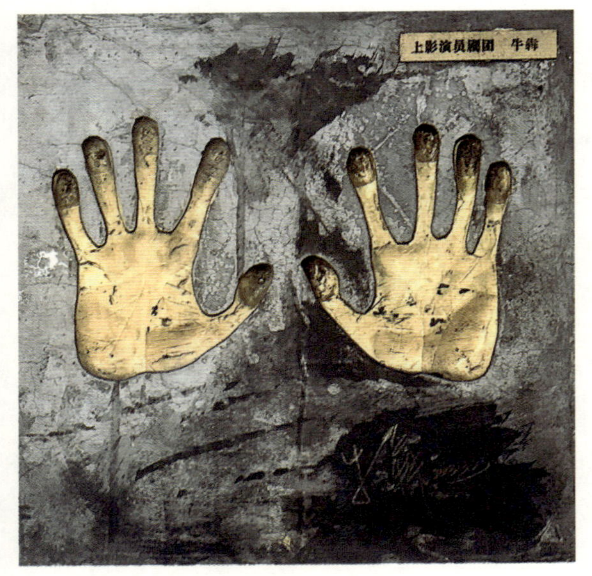

牛犇在上影演员剧团的纪念手印

觉得这是一个很感人的细节，坚持自己拍，不用替身。导演也同意了。当时，天气很冷，拍那场戏的时候，在旁边给牛老备好了衣服。后来，这个镜头完成得很好。

牛老演赵老师这个角色，本来有机会让他再获一个最佳男配角奖，据说内部已经评定了，却因为种种原因，临时被别人替换。但是，牛老谈起此事并不觉得遗憾。获奖当然是对他表演的肯定，但演戏并不是为了获奖。一个好的角色不是刻在奖杯上，而是留在观众心里的。

改革开放之后，牛老迎来了新的艺术青春，继续塑造银幕和荧屏上的“小人物”。之前，我有所不知，牛老还是中国电视连续剧的开拓者之一。他导演了新中国第一部长篇电视连续剧《蛙女》，是中国电影家协会第五届理事。中国电影和电视剧今天的成绩，是有牛老一份心血和贡献的。2017 年，牛老获得了中国电影金鸡奖终身成就奖。

牛老朴实、坦诚、认真，这是他 80 多年没变过的人生基调。牛老对表演一丝不苟，甚至到了非常苛刻的程度。他从不掩饰自己的观点，看到别人的缺点，或者触犯他的原则底线，一定给予一针见血的批评。有一部古装戏，牛老扮演一个盲人，表演时始终是闭着眼睛的。有一幅导演在旁边说戏的剧照，牛老在照片旁边批注：我演一个瞎子。导演总戴着眼镜，睁着眼睛说戏，莫怪我演出来不像瞎子啊！导演最好别在演员面前表演……

牛犇在 1955 年画的素描

牛老不仅是率真耿直的人，也是一个幽默俏皮的人。在我们的交谈中，我经常被他的故事逗得捧腹大笑。牛老的幽默来自他的睿智，来自他挨过贫困和艰苦的精神支撑。牛老还是一个心灵手巧的人，这来自他从童年开始的求生本能。牛老总是毫不保留地向年轻一代传授表演经验；他很细心、很耐心，不摆架子，不卖弄，不故弄玄虚。这些都得益于老一代电影人的真传。

牛犇在 1954 年创作的剪纸作品

牛老平素低调做人。他是国家一级演员、享受国务院政府特殊津贴。他是在中国第一代导演的作品里出道的，与几代灿烂夺目的电影明星都合作过。他的职业生涯迄今已经 78 年，伴随了大半部中国电影史。每当回忆起合作过的老导演、老演员和剧组同事，牛老总是情不自禁地表达深深的敬意和缅怀。老一代艺术家像家长、像兄长，是他

牛犇在上海参加电影宣传活动

牛犇在小品《柜中缘》里的小丑扮相

崇敬的老师。所谓的职业操守和艺德，所谓的专业素养和敬业精神，不是矫情的标签和口号，而是有传承的。

牛老保持着良好的视力、听力，旺盛的精力。更难能可贵

20 世纪 80 年代，牛犇与相声表演艺术家马季（中）、李文华（右）

的是，他保持着惊人的艺术创造力。这是因为，他从来不养尊处优，从来不偷懒、不懈怠。这是职业演员的本色，也是中国电影的底色。

牛老在生活中是一个心灵手巧的人，在艺术上是一个多才多艺的人，除了演电影、话剧和电视剧，相声和小品样样在行，也是电视综艺节目的常客。什么样的人能称得起“表演艺术家”？靠的是手艺，是德行。牛老就是这样一个德艺双馨的人。他不假，不虚，不矫揉造作。在牛老身边，你会得到一种动力，会懂得人为什么要努力，会明白坚持的道理。即便觉得望尘莫及，也会充满敬意地仰望他。

1997 年 2 月，为了纪念牛老从影 50 周年，画家王仲清专门为牛老画了一幅水墨画。画中是一头犄角戴花的牛，旁边坐着一个老农，叼着烟袋若有所思。王仲清题款：

吾乡古俗：每年岁尾，要为牛贺生。是日一早，蒸糯米捣之并染色成花形粘于双角，而后牵赴水边让牛观之，以谢一岁之劳苦。据云，牛每见戴花之己影，会忍不住潸然泪下。斯时，唯伴牛之老农，能与之心心相印耳。

王仲清是张大千的弟子，他是四川人。牛老回忆，画这幅画，王仲清有过好几个构思，最后定了这个取材家乡的习俗。牛老看到这幅画是在火车上，当时就非常感动。这头勤勤恳恳的牛就是牛老人生的真实写照；旁边的老农犹如牛老作品的观众，是老牛的知音。这幅画和当年谢添、白杨的题字都挂在牛老家的客厅里，是牛老非常珍爱的作品。

2020 年 6 月，我再次来到上海，在牛老家中拍摄纪录片，并见到了他的两个儿子张维、王侃，以及牛老的儿媳妇和孙辈一家人。更为难得的是，我见到了牛老阔别 20 多年的妹妹张学兰女士。

我和摄影团队随牛老一家寻访了他们的旧居——建国西路 657 号。物换星移，时空交错，牛老回首往事，感慨万千。当时，这栋 3 层小楼里住了 8 户人家，牛老一家住在 2 楼。遇到隔壁顾也鲁的女儿，牛老和她拉起家常，回忆和顾也鲁一起在香港拍戏的往事。

牛老还记得邻居住着原来上影厂的老木工张鑫，据说已百岁高龄。牛老执意要前去看望，我们找到了老木工的家，从邻居那里得知，老人刚刚离世。

国画家王仲清为牛犇画的水墨画

2020年6月，牛犇与导演刘深在上海建国西路657号旧居拍摄纪录片

2014年，牛老和秦汉、曾江、雷恪生一起到欧洲，拍摄旅行类电视综艺节目《花样爷爷》。这四个“花样爷爷”都是老戏骨。网友留言：

——我喜欢爷爷们，那是一种超越年龄的精神，仿佛看到他们那年轻的背影。

——牛爷爷童心未泯吃货老头儿。

——偶然看到这个节目，特别好看，四位爷爷都好可爱，特别是牛犇爷爷。希望能有第二季。

——分别那一段，感动得哭了。祝福爷爷们健康！

——很不错，喜欢牛犇！老顽童～

《花样爷爷》剧组赴欧洲拍摄期间，牛老的老伴儿王惠玲、

牛犇和佟瑞欣拜访于蓝（中）

孙女王昕分别写了明信片与贺卡寄过去，表达了这一家人浓浓的亲情、满满的天伦之乐。

在武康路 395 号上影演员剧团，我采访了剧团团长佟瑞欣。那天早上传来了表演艺术家于蓝病逝的消息，我们一起瞻仰了于蓝留在上影演员剧团的珍贵手印。牛老和佟瑞欣追忆当年代表上影演员剧团拜访于蓝时，于蓝还送给牛老一本画册，并在扉页上题字，祝贺牛老光荣入党。

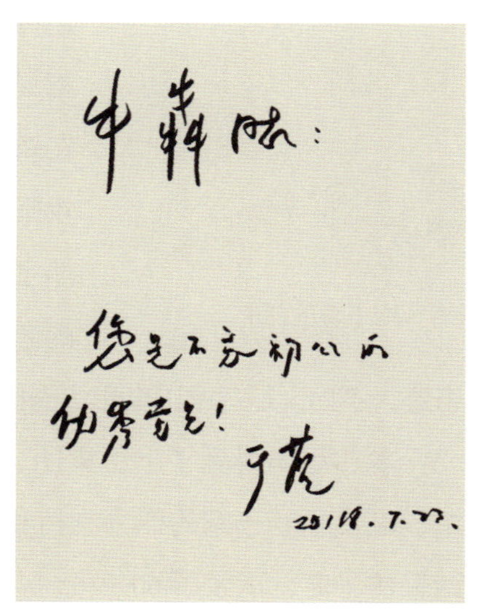

牛犇同志：

您是不忘初心的
优秀党员！　于蓝
2018.7.23.

于蓝祝贺牛犇入党写的贺词

牛老的配角生涯在晚年

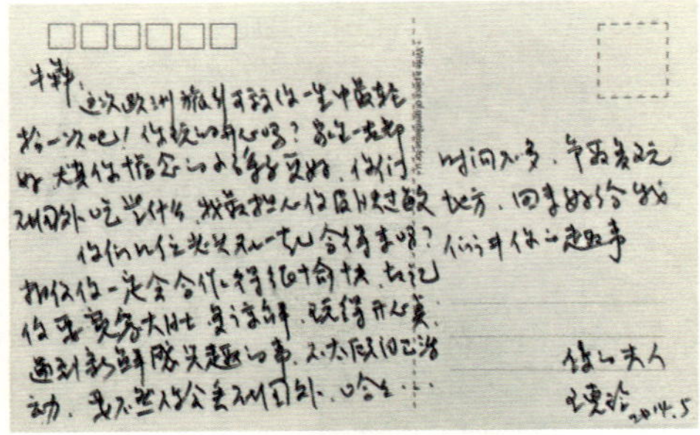

牛犇：

这次欧洲旅行对于你一生中最难忘的一次吧！你玩得开心吗？[illegible]

你的夫人
王惠玲 2014.5

王惠玲写给牛犇的明信片

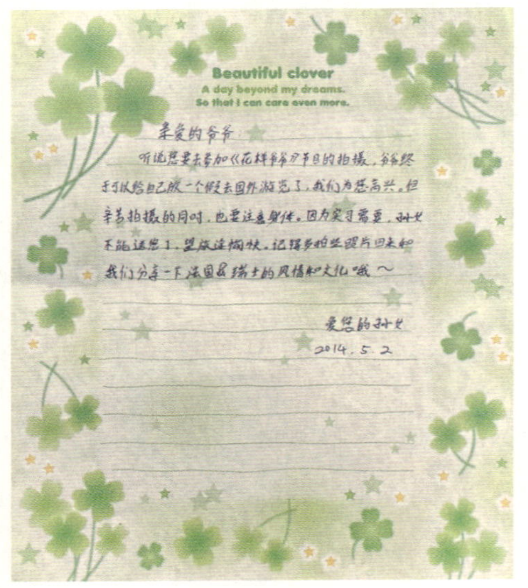

亲爱的爷爷：

听说您要去参加《花样爷爷》节目的拍摄，爷爷终于可以给自己放一个假去国外游览了，我们为您高兴。但辛苦拍摄的同时，也要注意身体。因为实习需要，孙女不能送您了，望旅途愉快。记得多拍些照片回来和我们分享一下法国及瑞士的风情和文化哦～

爱您的孙女
2014.5.2

孙女王昕写给牛犇的贺卡

已经达到巅峰状态。比如，他在姜文导演的《一步之遥》中扮演痴迷粉丝牛大爷，与著名演员舒淇搭戏。那个刻入骨髓的土豪影迷形象，无论表情、腔调还是肢体语言，都充满了希望和绝望搅拌在一起的爆发力。2019 年播映的电视连续剧《老酒馆》中，牛老扮演潦倒但恪守为人之道的老二两。戏份儿虽然不多，但凭着认真的态度和炉火纯青的演技，牛老再次受到了观众的激赞。

牛老 1995 年 10 月退休，到如今还在拍戏。他每年接的戏比年轻演员还多，这对任何一个职业演员来说，都是非常难做到的。进入 2020 年，在新冠疫情期间，他还坚持拍摄脱贫攻坚题材的公益片。一年多，牛老参演了 10 多部戏。对于一位年近九旬的老人来说，这与其说是年届高龄的奇迹，不如说是对中国电影优秀传统最好的诠释。

本书写作得到了上影集团、上影演员剧团、上海电影博物馆，以及牛老一家的鼎力支持和热情协助；我 20 多次当面或电话采访牛老，积累了 60 多个小时的录音、录像素材，并拍摄了牛老及其家人的纪录片素材。

需要说明的是，本书附录中的牛老影视作品，有些角色的姓名有待考证。本书图片主要由牛老提供，他还特别让我表达对很多朋友和影迷提供图片及资料的谢意，部分图片来自媒体、图书资料和网络，在此一并致以最诚挚的谢意！

有幸为牛老执笔本书，让我有机会重温中国电影史、香港电影史、上海电影史和上影历史，记录老一代电影人的艺术道路和精神，也因此结识了众多电影学者、演员、电影工作者和影迷。感谢他们无私与真诚的帮助，在此深深地鞠躬致敬！

刘　深

2019年2月26日初稿于深圳

2023年3月26日定稿于深圳大梅沙

电影《一步之遥》片段

电视剧《老酒馆》片段

牛犇（左二）在电影《一步之遥》拍摄现场

牛犇与姜文在电影《一步之遥》剧组

附录一

牛犇影视作品表

参演的电影

2021 年

《歌 · 带你回家》中饰老书记

2020 年

《掘地求生》中饰老钱

2019 年

《我和我的祖国》中饰弄堂老人

《梦里回到昨天》中饰爷爷

《一切如你》

《第十一回》(《如是你闻》)

《再见少年》

《不老年华》

2018 年

《那些女人》中饰陈老爹

《因果启示录》中饰吴贵

《漂亮的村事》

2017 年

《爱的帕斯卡》中饰理发师

《紫薇飘香》中饰地雷

《邹碧华》中饰上访老人

《感恩有缘》中饰老年严福德

《六年，六天》

2016 年

《爱的钟声》中饰雨生爷爷

《爷爷的琉璃瓶》

《二胎》

《茉莉花开的时候》中饰老校长

《刘伦堂》中饰刘中堂

《狐妖之美人狐》中饰张国荣

2015 年

《海鸥老人》中饰老人

《爱我就陪我看电影》中饰牛爷爷

《一路惊喜》中饰老贺

《西北之北》中饰张建业

《剩男圣女嗨起来》中饰父亲

《桑榆街 9 号》中饰付涛

2014 年

《深夜前的五分钟》中饰阿良师傅

《一步之遥》中饰牛大爷

《宝贝快跑》

《最后一头战象》

《情笛之爱》中饰天乐爷爷

《爷爷的小戏文》中饰成有才

2013 年

《周恩来的四个昼夜》中饰郭百岁

《飘香》中饰爷爷

《老班主》中饰丁百雄

《共青城》中饰腾海林

《不肯去观音》中饰余秀峰

2012 年

《飞越老人院》中饰老金

《铜雀台》中饰老宦官

《秋雨绵绵》中饰罗召福

2011 年

《女儿》

《倮·恋》中饰乌和老爹

《旋转的晚风》中饰姚伯仲

《女兵还乡》中饰长寿

2010 年

《河长》中饰张清水

《大兵小将》中饰老年孔子

2009 年

《桔乡傩缘》中饰甘火旺

2008 年

《和爱一起飞》中饰薛大伯

《海上有片红树林》中饰阿公

2007 年

《两个人的教室》中饰赵老师

《大电影 2.0 之两个傻瓜的荒唐事》中饰公车乘客

《夜・上海》中饰老修理工

2006 年

《第 601 个电话》中饰李老头

2004 年

《最后的爱，最初的爱》中饰方爸

2003 年

《军火》中饰李警长

《三十八度》中饰旅客

2002 年

《生死速递》中饰爷爷

2000 年

《幸福时光》中饰老牛

1998 年

《媳妇你当家》中饰曹三冒

1994 年

《女人万岁》中饰钟园长

《活着》中饰镇长

《乔迁之喜》中饰孔亮

1992 年

《祝你好运》中饰老付

《山神》中饰英子爹

《教堂脱险》中饰老彭

《望父成龙》中饰老校长

1991 年

《不要问我从哪里来》中饰大智

《妙探》

《新潮姑娘》中饰林老黑

1990 年

《多此一女》中饰钟经理

《面目全非》中饰钟科长

《小丑历险记》中饰师父

1989 年

《大丈夫的私房钱》中饰陆老师

《怪音》中饰王爷爷

《假大侠》中饰章避火

1988 年

《男女有别》中饰老何

《棋王》中饰书记

《笑出来的眼泪》中饰钟又坚

1987 年

《让世界充满爱》中饰马科长

《偷来的爱》中饰顺兴

《温柔的眼镜》中饰吕学宾

1985 年

《高中锋矮教练》中饰教练

《日出》中饰小顺子

《淘金王》中饰王保子

1984 年

《邮缘》中饰老韩

1983 年

《鼓乡春晓》(《远去的鼓声》) 中饰针鼻子

1982 年

《笔中情》中饰酒店主

《牧马人》中饰郭骗子

《泉水叮咚》中饰大刘

1981 年

《天云山传奇》中饰王立汉

1980 年

《405 谋杀案》中饰看守

1978 年

《大刀记》中饰乞丐

1963 年

《飞刀华》中饰李少雄

1962 年

《球迷》中饰裘糜

《燎原》中饰李魁

1961 年

《英雄小八路》中饰周小虎

1960 年

《红色娘子军》中饰小庞

1959 年

《沙漠追匪记》中饰小姜

1958 年

《消防之歌》中饰消防员小王

《苗家儿女》中饰奥香

《新安江上》中饰小陆

1957 年

《海魂》中饰虞文孝

1956 年

《春天来了》中饰小皮猴

《沙漠里的战斗》中饰小朱

1955 年

《南岛风云》中饰游击队员

《湖上的斗争》中饰游击队员

1954 年

《山间铃响马帮来》中饰密乌

1953 年

《生与死》(影片散佚)

1952 年

《诗礼传家》(《活葬》)中饰蒋家栋

《狂风之夜》(《大地的吼声》)中饰方性海

《神·鬼·人》

《龙须沟》中饰二嘎子

1951 年

《火凤凰》中饰李丽华弟弟

《虎口余生》(《聪明误》)中饰小明

《血海仇》(《珠海魂》)中饰小牛

1950 年

《冬去春来》中饰二娃子

1949 年

《春雷》

《山河泪》

《大凉山恩仇记》

《火葬》中饰孟长春(署名"牛犇")

《海誓》中饰小雄(署名"牛犇")

《春风秋雨》(《虾球传》第一部)中饰牛仔

1948 年

《十三号凶宅》

《满庭芳》

《碧血千秋》（秋瑾）

1947年

《甦凤记》中饰小虎子（署名“张学景”）

《天桥》中饰乞丐

1946年

《圣城记》中饰小牛子（署名“张学景”）

参演的电视剧

2020年

《湾区儿女》(《弯弯的大湾》) 中饰老曾

《遍地书香》中饰李木林

2019年

《老酒馆》中饰老二两

《风雨上海滩》

2018年

《外滩钟声》中饰老虎灶爷爷

2017年

《飞吧！骚年》中饰薛大伯

《求婚大作战》中饰健哥

2016 年

《海棠依旧》中饰沈钧儒

《硝烟散尽》(《北上海 1950》)中饰三舅舅

2015 年

《乌鸦嘴妙女郎》中饰唐先生

2014 年

《一仆二主》中饰秋大爷

《家大业大》

2013 年

《海上孟府》中饰上海老人

《远山的土楼》

《硝烟散尽》中饰三舅舅

2012 年

《异镇》中饰温大夫

《先结婚后恋爱》中饰乔父

《传奇》中饰老铁匠

《穷孩子富孩子》中饰刘师傅

《知足常乐》(《我和丈母娘的十年战争》)中饰老先生

2011 年

《夏妍的秋天》(《安居乐业》)中饰赵大爷

《你是我的幸福》中饰老赵头

2010 年

《月嫂》中饰项妍的外公

《天涯织女》中饰王公公

《吴承恩与西游记》中饰李老夫子

《雷锋》中饰六叔公

2009 年

《绝恋》中饰红荞姑父

《大生活》中饰丁爷

《房奴》中饰丁志成

2008 年

《道德底线》中饰王父

2007 年

《聊斋奇女子之连城》中饰顾生

《谍战古山塘》中饰老医生

《女人本色》中饰严九

2006 年

《中年计划》中饰简父

《误入军统的女人》中饰阿静爸

《郑板桥外传》中饰米店老板

2005 年

《错爱一生》中饰德旺

《大宋提刑官》中饰老狱卒

《白银谷》中饰何举人

2004 年

《夏日里的春天》中饰小克的爷爷

《围屋里的女人》中饰朱须公

《大盐商》(《自流井》)

《湖上人家》中饰倪三伯

2003 年

《公安局长》中饰乡长

《上有老》中饰李一帆

2002 年

《信是有缘》中饰练建平

2001 年

《爱情跳棋》

2000 年

《无情海峡有晴天》中饰康福

《侠女闯天关》中饰白老怪

《汪洋中的一条船》中饰老赵

1997 年

《慈禧秘传》(《梨园生死情》)中饰刘老板

《官场现形记》中饰贺根、冒得官

1998 年

《婆婆媳妇小姑》中饰仇和尚

《新天仙配》(《新天仙配之七仙女正传》)中饰贪县官

《夫唱妻和》中饰刘二立

1995 年

《花落花开》中饰赵承甫

《野大嫂》中饰窦大爷

1994 年

《聊斋喜剧系列》中饰白父、丐仙、胡不图、朱老秀才

1993 年

《猴娃》中饰老虎娘舅

《小绍兴传奇》

《离别广岛的日子》中饰老宋头

1990 年

《平凡的世界》中饰孙玉亭

1989 年

《上海的早晨》

1988 年

《聊斋新编》中饰男仆杨万钟

导演的电视剧

1993 年

《蒋氏姻缘》

1988 年

《聊斋新编之陆判》(两集)

1986 年

《蛙女》

1981 年

《1+1=3》

《父亲》与蔡钧合作

《喜中缘》与于杰合作

1980 年

《踏浪》

《新郎之死》

《藏金记》与于杰合作

《婚变》

《卖瓜不说瓜甜》

（注：此表和本书标注的影视作品年份均为上映时间）

附录二

牛犇获奖一览表

中国电影金鸡奖

2017 年

第三十一届中国电影金鸡奖终身成就奖

2007 年

第二十六届中国电影金鸡奖最佳男配角奖提名（《两个人的教室》）

1983 年

第三届中国电影金鸡奖最佳男配角奖（《牧马人》）

大众电影百花奖

1999 年

第二十二届大众电影百花奖最佳男配角奖（《媳妇你当家》）

1997 年

第二十届大众电影百花奖最佳男配角奖（《夫唱妻和》）

1983 年

第六届大众电影百花奖最佳男配角奖（《牧马人》）

华鼎奖

2019 年

第二十六届华鼎奖中国电视剧终身成就奖

上海电视剧制播年会暨第四届中国电视剧品质盛典

2019 年

上海电视剧制播年会暨第四届中国电视剧品质盛典年度特别致敬

上海国际电影节

2015 年

第十八届上海国际电影节之第十二届电影频道传媒大奖最佳男主角提名（《海鸥老人》）

中国电影表演艺术学会金凤凰奖

2017 年

第十六届中国电影表演艺术学会金凤凰奖终身成就奖

2009 年

第十二届中国电影表演艺术学会金凤凰奖特别荣誉奖

1993 年

第四届中国电影表演艺术学会金凤凰奖学会奖(《多此一女》)

中国电视好演员

2020 年

第七届中国电视好演员艺术成就演员

电视电影百合奖

2015 年

第十五届电影频道电影百合奖评委会特别奖

中国优秀农村题材电影表彰典礼

2013 年

第一届中国优秀农村题材电影表彰典礼优秀男配角（《倮·恋》）

绍兴·柯桥新锐电影节

2018 年

第一届绍兴·柯桥新锐电影节终身成就奖

视频索引

电影《英雄小八路》片段　/ 223

电影《燎原》片段　/ 227

电影《飞刀华》片段　/ 232

电影《球迷》片段　/ 236

电影《牧马人》片段　/ 290

电影《泉水叮咚》片段　/ 297

电影《淘金王》片段　/ 299

电视剧《汪洋中的一条船》片段　/ 324

策　　划：陈鹏鸣
责任编辑：侯　春
封面设计：王春峥

图书在版编目（CIP）数据

演一辈子小人物 / 牛犇　口述　刘深　执笔 .—
　北京：人民出版社，2023.10
ISBN 978－7－01－023998－9

I. ①演…　II. ①牛…　②刘…　III. ①牛犇—自传　IV. ① K825.7

中国版本图书馆 CIP 数据核字（2021）第 256791 号

演一辈子小人物
YAN YIBEIZI XIAORENWU

牛犇　口述　刘深　执笔

人民出版社　出版发行
（100706　北京市东城区隆福寺街 99 号）

北京新华印刷有限公司印刷　新华书店经销

2023 年 10 月第 1 版　2023 年 10 月北京第 1 次印刷
开本：710 毫米 ×1000 毫米 1/16　印张：30.5
字数：320 千字　彩插：8 页

ISBN 978－7－01－023998－9　定价：138.00 元

邮购地址 100706　北京市东城区隆福寺街 99 号
人民东方图书销售中心　电话（010）65250042　65289539